本书系国家社会科学基金青年项目"历史唯物主义与古典经济学理论传承关系研究"（15CZX004）最终结项成果，并受吉林大学哲学社会学院一流学科建设项目资助。

吉林大学哲学社会学院一流学科建设丛书

历史唯物主义的古典经济学渊源及其当代效应

THE CLASSICAL ECONOMIC ORIGINS
AND CONTEMPORARY EFFECTS OF
HISTORICAL MATERIALISM

袁立国　著

中国社会科学出版社

图书在版编目（CIP）数据

历史唯物主义的古典经济学渊源及其当代效应 ／ 袁立国著. -- 北京：中国社会科学出版社，2025. 7.
（吉林大学哲学社会学院一流学科建设丛书）. -- ISBN 978-7-5227-3875-8

Ⅰ. B03；F091. 33

中国国家版本馆 CIP 数据核字第 2024FX6618 号

出 版 人	季为民	
责任编辑	朱华彬　郝玉明	
责任校对	谢　静	
责任印制	李寡寡	

出　　版	中国社会科学出版社	
社　　址	北京鼓楼西大街甲 158 号	
邮　　编	100720	
网　　址	http:∥www. csspw. cn	
发 行 部	010-84083685	
门 市 部	010-84029450	
经　　销	新华书店及其他书店	

印　　刷	北京明恒达印务有限公司	
装　　订	廊坊市广阳区广增装订厂	
版　　次	2025 年 7 月第 1 版	
印　　次	2025 年 7 月第 1 次印刷	

开　　本	710×1000　1/16	
印　　张	15. 5	
字　　数	251 千字	
定　　价	79. 00 元	

目　录

前　言

　　马克思与古典经济学的关系问题是一个老话题。在学界，一般认为马克思在其思想形成中主要有"三个来源"，分别是德国古典哲学、英国古典政治经济学和法国空想社会主义，相应地，它们组建了马克思主义哲学、政治经济学、科学社会主义这"三个组成部分"。[①] 无疑，这一高度精练的概括能使人们快速掌握马克思与西方思想传统的基本关系，迄今影响深远。但从今日学术史研究的视野来看，"三个来源"一方面已经不足以完整地揭示出马克思思想所从出的深厚广博的诸多西方思想史资源（如古希腊哲学、启蒙哲学、浪漫派、青年黑格尔派等）[②]；另一方面，长期以来，人们对"三个来源"说的教条性理解，导致马克思主义的整体性受到损害，仿佛德国古典哲学只是对马克思主义哲学，古典经济学只是对马克思主义政治经济学，空想社会主义只是对科学社会主义，才形成直接的影响。基于这一问题意识，本书超越主流的经济学史的范式，明确以唯物史观基本问题为导向、以近代西方思想

---

　　① 　《列宁论马克思主义》，人民出版社2003年版，第66—71页。

　　② 　在这方面，阿伦特（H. Arent）的《马克思主义与西方政治思想传统》和伯尔基（R. N. Berki）的《马克思主义的起源》是两部通论马克思与西方思想传统的力作。此外，麦卡锡（G. E. McCathy）的《马克思与古人：古典伦理学、社会正义和19世纪政治经济学》《马克思与亚里士多德——十九世纪德国社会理论与古典的古代》就马克思思想的古希腊哲学渊源，维塞尔（L. P. Wessell）的《马克思与浪漫派反讽——论马克思主义神话诗学的本源》就马克思与浪漫派哲学的渊源，以及德拉-沃尔佩（Della. Volpe）的《卢梭和马克思》就马克思与卢梭哲学的关系进行了深入研究，等等。在国内学者中，张盾的《马克思哲学研究的思想史路径》（《哲学研究》2010年第1期）一文较早提出了马克思哲学的思想史研究路径；邹诗鹏的《从启蒙到唯物史观》（上海人民出版社2016年版）一书对马克思与启蒙哲学的关系进行了研究；张文喜的《自我的建构与解构》（上海人民出版社2002年版）从主体概念剖析了马克思与西方近现代主体性哲学的关系；臧峰宇的《苏格兰启蒙运动与马克思的正义论》（《哲学研究》2014年第1期）就马克思与苏格兰启蒙哲学的关系进行了阐释。

史为视域、以马克思恩格斯经典文本为依据，在多重维度上重估历史唯物主义与古典经济学之间复杂的理论关系；与此同时，本书还从一些新视角揭示古典经济学的丰富内涵与现代社会的理论关系，并在当代资本主义批判语境中探索历史唯物主义的具体化路径，激活马克思哲学的批判性潜能。

其一，历史唯物主义理论来源再探讨。一种具有广泛影响的观点认为，马克思对历史唯物主义的创立在某种意义上是一种"黑格尔+费尔巴哈"模式，即认为马克思以费尔巴哈的感性自然人扬弃黑格尔的自我意识主体、以黑格尔的绝对精神的运动扬弃费尔巴哈的自然直观，从而赋予费尔巴哈自然唯物主义以历史性，赋予黑格尔"无人身的理性"以肉身性，得出了以"现实的人"及其物质劳动为核心的实践唯物主义。这一解读模式所存在的理论难题是：如果说历史唯物主义实现了社会历史观的巨大革命，那么它绝非仅仅通过对唯心史观的"颠倒"，就能完成理论的科学转变。因为无论如何辗转腾挪于自然（费尔巴哈）和精神（黑格尔）之间，都根本无法开显出历史唯物主义的认识对象——"现实的人"的物质实践活动。马克思对历史唯物主义认识对象的呈现，是从对"德意志意识形态"的全面清算中开始的，也就是从观念论"重新退回"到"实在"的起点——"事物本身及其真实的历史"①。根据马克思自述："重新退回"到"实在"之所以可能，势必借助一个异质于德国观念论的理论中介——政治经济学。马克思正是在批判黑格尔法哲学的过程中，意识到政治经济学对于解剖市民社会、正确认识国家和法的本质的理论意义，并由此转向了对政治经济学的研究。对此，本书第一章围绕市民社会概念诞生以及古典经济学的正义论、历史观、财产权、自由等问题的研究，表明了马克思对历史唯物主义的建构，不仅在诸多问题域中都深受古典经济学影响，而且在问题的彻底性和理论的科学性方面决定性地超越了古典经济学的视界。

其二，从政治经济学批判深化历史唯物主义的研究视域。马克思主义体系中的一个核心问题是政治经济学批判与唯物史观的关系问题。一种常见观点认为，唯物史观所回答的是社会历史发展的普遍规律问题，而政治经济学

---

① ［法］路易·阿尔都塞：《保卫马克思》，顾良译，商务印书馆2006年版，第66页。

批判要回答的是资本主义的特殊规律。而后者之所以可能，在于它本身就是前者（唯物史观）在资本主义社会中具体"运用"的结果。或者说，政治经济学批判对资本主义具体规律的研究"验证"了唯物史观的基本原理。从文本线索来看，上述解读似乎并无不妥，但其由于把历史唯物主义抽象化为一个既成的僵化的体系，失却了马克思分析方法的实际性特征。在本书中，唯物史观与政治经济学批判不再是"原理"与其"应用"的关系，相反，历史唯物主义作为活的分析方法，它是一种"从抽象上升到具体"的思想进程。这一思想进程始终以现实的共产主义运动为定向，其运动条件是从现有的前提中产生的，因此它始终聚焦于对历史特定性的资产阶级社会存在进行把握，而不能停留于唯物史观一般原理的层面。在这个意义上，只有从政治经济学批判的视角才能理解，马克思唯物史观对人类社会发展规律的探寻是一个由表及里、由浅入深、从抽象到具体的理论逻辑持续深化的过程，才认识到历史唯物主义的解释力，在于它是一个发展的原则和具体的理论。基于这一认识，本书第二章在古典经济学的问题域（社会问题与政治问题、生产与政治、穷人经济学与富人经济学）中重构政治经济学批判的话语，不仅把历史唯物主义呈现为一个探寻资本主义生产机制的认识过程，并且从政治经济学批判的前提反思中重思马克思哲学存在论、认识论、内在性唯物主义和时代精神等议题。就此而言，无论就历史唯物主义的理论来源，还是整个马克思主义的当代发展，都更有赖于对政治经济学批判的深化研究。

其三，从政治哲学视角阐释古典经济学与历史唯物主义。当我们把历史唯物主义研究推进到政治经济学批判的界面，必然触及政治哲学的相关问题。因为古典经济学在其本意上就是一种现代社会的政治哲学，而作为唯物史观内核的政治经济学批判因此也具有现代政治批判的意味。[①] 这一视角通过挖掘马克思资本主义批判理论中所内含的规范性和价值的维度，将其总体性地把握为一种经验与思辨、事实与价值相统一的马克思政治哲学。可以说，对历史唯物主义的政治哲学阐释既内在于"人类解放"这一马克思主义的理论旨

---

① 相关论述可以参见本书"附录"，以及周可《古典政治经济学的政治哲学向度——以资本概念为中心的考察》，《马克思主义哲学研究》2017 年第 1 期；程广云《马克思的政治经济学批判——一种政治哲学理解》，《中国社会科学报》2015 年 12 月 8 日。

趣，同时也展现出与当代西方政治哲学思潮进行对话的理论空间。譬如，虽然正义论被认为是现代西方政治哲学关注的核心问题，但基于对启蒙政治经济学的思想史考察，可见正义问题实则有着深厚的思想史渊源，现代正义概念的基础就是由古典经济学思想所奠定的，正是从亚当·斯密、大卫·休谟等人开始，正义问题的探讨被置于财富生产与交换的政治经济学语境中。进一步，马克思从历史唯物主义出发对斯密的交换正义、李嘉图学派的分配正义的全面批判，开辟了通向建构"自由人联合体"的（生产）正义的理论路径。此外，共产主义作为马克思哲学的理论旨归，也是历史唯物主义政治哲学阐释无法绕过的议题。本书认为，古典经济学的个人与社会概念，表征了启蒙现代性的现实后果——碎片化、原子化的"私人社会"的到来。而马克思的政治经济学批判正是在"共同性"层面重新激活了共产主义的观念，以资本逻辑的彻底扬弃，重建人的社会性存在。这也意味着，在今日资本主义全球化的语境中复活对共产主义观念的探讨，乃是推进马克思主义政治哲学话语体系建构的重要课题。

其四，以当代资本主义批判为立脚点，探索历史唯物主义的具体化路径。本书对历史唯物主义与古典经济学的关系阐释，一方面是希望通过思想史研究，深入呈现马克思与西方思想传统的批判性继承关系，从而推进与深化历史唯物主义的学术史研究；另一方面是通过这一思想史的迂回，分析当代资本主义新形态的历史性本质，进而尝试对各类新自由主义话语进行反思与批判，推进历史唯物主义理论的具体化。譬如，在反思"历史终结论"和"晚期资本主义"的大背景下，20世纪中期自福柯开始，直至德勒兹、阿甘本、朗西埃、哈特和奈格里等人的著作中，形成一股日趋声势浩大的"生命政治学"思潮。这些人作为广义上的"激进左翼"理论家，各自从不同角度呈现了当代资本主义体制对于人类生命的隐性支配与规训的社会结构，从而激活了有关当代资本主义批判的理论话语。对此，本书通过对政治经济学思想谱系的考察，发现生命政治的诞生实际可追溯到古典政治经济学中。因为政治经济学就产生于早期自由主义对以君主权力和"国家理由"为名的"治理"的反对（参见第四章第三节），它作为一种新的理论范式，不同于传统自然法的规范性论证，而是以一种内在于社会（自然）的理由反对统治与治理，但结果却建构了一种新的规训生命的模式。而如果说政治经济学内蕴着生命政治学思想，那么，马克思的政治经济学批判毫无疑问也具有生命政治学批判的向度。尽管马克思未曾言明生命政治学概念，但实际却比福柯等人更早地表达了生命政治批判的思想。所以，深入挖掘历史唯物主义的生命政治批判思想，将敞开一种当代资本主义批判的新维度。

　　在政治经济学批判的存在论分析中，生命权力的背面是资本权力，因此，生命政治批判最终要深化为当代资本权力批判。同19世纪自由资本主义阶段相比，当代资本主义的生产图景早已发生了巨变，尤其是近数十年来，随着大数据、人工智能等网络信息手段与资本主义生产相结合，资本主义被推进至数字化资本主义或算法资本主义的阶段。如何运用政治经济学批判剖析数字资本主义的生产方式、剥削方式与人的存在方式，从历史唯物主义立场展开当代资本主义批判，是马克思主义面向现实的重要课题之一。（参见第四章第二节）此外，基于资本主义治理批判的分析探索社会主义治理的合理性，以及对新自由主义经济学人力资本理论的生命政治学分析，也都体现了对历史唯物主义具体化的理论思考。

第一章 历史唯物主义生成中的
古典经济学线索

第一节 近代市民社会理论与德国观念论的融合

在近代西方思想史上，以亚当·斯密为代表的苏格兰启蒙政治经济学派开辟了现代社会理论的传统，他们以关于社会演化的实证分析和历史观点取代契约论学派的观念论方法，确立了现代政治的核心是市民社会。而作为斯密的同时代人，康德在更高的视野中综合了经验论和唯理论，通过把市民社会置于历史哲学的先验反思中，克服市民社会的自然主义维度。到了黑格尔，他完全立足于整个现代性的成就之上，把市民社会重新纳入绝对观念论的反思系统中，实现以伦理国家对市民社会的否定性统一。黑格尔政治哲学对现代社会中经济—政治关系的整合，为马克思历史唯物主义视野中彻底解决市民社会与政治国家、经济存在与政治存在的关系问题敞开了道路。

（一）古今的政治观念论

所谓政治观念论，即观念论的政治哲学，它包括古代的政治观念论和近代的政治观念论，其共同特征在于从一整套的理性系统中理解政治的本质，把政治视为超越感性自然的精神创制物。区分之处在于，古代的政治观念论所依托的理性是客观的理性秩序，是理性和自然的同一性，超越于个体性和经验性；近代的政治观念论则把自然理性抽象为主体化的形式理性，坚持从心灵和内在意志出发建构政治，由此把经验、历史与习俗排除在政治哲学的视野之外。政治哲学史家欧克肖特认为，近代理性主义政治在本质上是技术霸权和工程主义思维，相信理性确定性能够建立绝对完美、放之四海而皆准的"一式的政治"，其伟大导师就是培根和笛卡尔，他们对知识确定性的孜孜探求和技术崇拜正是这种政治观念的代表。① 这个观点卓有见识，但他把近代政治哲学全部划归为单一的理性主义政治则显草率，尤其是忽略了苏格兰启蒙学派市民社会理论和德国观念政治哲学的重要位置，这导致他对近代思想本身的复杂性估计不足，因此没能实现对近代政治哲学的总体性把握。

政治哲学是一门古老的学问，一旦人们把有关获得好生活、好社会的知识作为理论的目标，政治哲学就出现了。与一般的政治思想不同，"政治哲学是用关于政治事物本性的知识取代关于政治事物本性的意见的尝试"②，对知识和意见的区分预设了有关人类生活的本质善的存在。在柏拉图和亚里士多德那里，对最佳政体的探讨第一次把政治哲学作为超越的伦理体系提升到现实城邦之上，他们认为，正义的城邦及其法律是实现善好之人的手段，它引导公民趋向正义与道德，个人唯有在城邦中通过选择道德生活而获得幸福。随着希腊城邦的衰落，斯多葛学派兴起并开创了具有个人主义特色的自然法，他们认为，个人通过内在的理智的沉思就能获得精神的自足，"将美德的生活及通过真善美而获得精神幸福的理念，置于粗鄙的感官享受、对财富的追求及生命的傲慢之上"③。同样，斯多葛派的自然法完美地体现了古代政治哲学的观念论特质，通过将自然与理性同质化，逻各斯精神被保留在了自然法中，由此使得自然法超越于各种地方性法律之上并作为衡量其正当性的永恒法而存在。这种自然法作为对经验事实的超越，开创了西方政治哲学以"应当存在的正义"为尺度的理想主义传统，即以应然尺度而非事实尺度对政治的评价原则。④

古代自然法的理性主义特质在近代哲学中得到一定程度的延续。近代政治观念论的主流是契约论，而第一个为契约论提供严格论证形式的是霍布斯，

---

① ［英］迈克尔·欧克肖特：《政治中的理性主义》，张汝伦译，上海译文出版社 2004 年版，第 2、6、16 页。

② ［美］施特劳斯：《什么是政治哲学》，李世祥等译，华夏出版社 2011 年版，第 3 页。

③ ［德］海因里希·罗门：《自然法的观念史和哲学》，姚中秋译，上海三联书店 2007 年版，第 19 页。

④ 张盾：《马克思政治哲学中的个人原则与社会原则》，《中国社会科学》2013 年第 8 期。

随后又在洛克、卢梭和康德的政治哲学中获得了更为多样的发展。霍布斯构建的是一种"原始契约"，他关注的是政治秩序的起源问题。这个起源必须追溯到自然状态，它以人类的自然条件与社会条件相区分的假定为前提，所指向的是一种前政治状态。在自然状态中，所有人具有自然的自由和平等、相似的欲望和激情，生活就是不断追求欲望的满足，像斯多葛主义追求的那种心灵的内在宁静是不存在的。受欲望和激情的驱动，自然权利天然地具有暴力性，由此引来了人与人的相互威胁，最终导致自然状态下的生活难以为继，于是，人们愿意转让出自我统治的权力，并将其授予一个共同承认的人格——主权者。在霍布斯之后，洛克对契约论进行了一次重大修正：他立足于霍布斯的个人主义前提，又通过对自然权利的绝对强调来限制主权者。在洛克笔下，政治权威只是一种有限的权力，在于使个人摆脱自然状态下获取的不便性，"简而言之，洛克的契约论是以个人生命、自由和财产权利的名义，为抵制政治权威进行辩护的理论"[1]。经过霍布斯和洛克，政治哲学从强调德性和不朽的自然正当论变成了注重舒适和财富的自然权利论。然而，近代契约论固然放弃了古代政治哲学的道德超验性，但它仍具有突出的观念论品质。古代自然法基于理性—神学的本体论前提，它把自然视为客观的理性秩序，从中奠定政治的正当性。随着近代实验科学的兴起，机械论自然观取代古代目的论自然观，主体的形式理性取代了客观的自然理性，一举瓦解了古代自然法传统。当霍布斯、洛克把自然法内置于人性之中，政治哲学就从超验的伦理体系转向人类学。在近代契约论看来，政治社会从不是自然的，而是理性选择的结果，但理性本身却并不构成政治的目的，而不过是获取个人利益的工具。政治社会作为个人选择的结果，表达自身为一种理性的创制物。

　　近代契约论对"自然状态"的预设表明其并不理解现代社会的"社会性"本身的来源。按照契约论的功利主义逻辑，其他人的效劳是我们达到目的必然手段，最直接、有效的手段就是暴力和欺诈，结果造成了互相的毁灭和征服。帕森斯认为，霍布斯的社会概念"几乎没有规范性的思考"，当他以

---

① ［英］迈克尔·莱斯诺夫：《社会契约论》，刘训练等译，江苏人民出版社2006年版，第74页。

社会契约来解决规范性时，"实际上是在要紧处把合理性的概念从它本身的范围里扩展到了这个理论的其他方面去，直到行动者认识到处境是一个整体，而不再从自己最切身的处境考虑去寻求各自的目的，从而采取必要行动来清除武力和欺诈，牺牲进一步使用暴力和欺诈会得到的好处，以换取安全"①。也就是说，霍布斯对社会规范性的思考其实是"政治的"，它虽然显示了理性的建构性力量，但同时也表明了政治观念论在有关社会自身构成的问题上，并不具有真正的可理解性。针对这一难题，卢梭试图把理性进行公共化的运用，寻求新的解决方案。在《社会契约论》中，卢梭把核心问题定位于理想的政治秩序"应当"如何建成。"应当"的政治来源于人性中具有普遍维度的理性原则，理性不是工具性的，而是共同的目的本身。在真正的政治社会中，每个人都放弃对一己私利的关心，并欲求全体欲求的普遍对象，由此建成一个关注公共利益、具有共同意志的道德共同体。在此，卢梭建构了一种理想的契约（the ideal contract）模型，它虽然奠基于个人主义，把政治社会理解为个人的理性选择的结果，但又超越了个人的主观性，能够直接作为共同体的"公共意志"，引导其成员走向自由的联合。作为柏拉图理念论的现代表达，理想契约的观念昭示了这样一种内涵：政治哲学作为一种观念和理性的创制，不是对任何一种经验事实的描述，而是作为一种理想的（ideal）正义引导现实。在霍布斯和洛克开创现代性政治的基础之上，卢梭把观念论政治推向极致，在一个新阶段上恢复了古代政治的伦理内涵及其对自然存在的超越性。

（二）亚当·斯密与"社会"的兴起

事实上，真正揭示了现代社会之"社会性"的并非契约论思想家，而是当时的苏格兰启蒙学派。受孟德斯鸠和牛顿的影响，苏格兰启蒙学派更加注重对社会—经济层面的分析，其中最伟大的思想家是亚当·斯密。孟德斯鸠是现代社会理论的源头式人物，他在《罗马盛衰原因论》中写道："世界不是由命运主宰的。这一点可以问罗马人，他们在某个方面有过持续的繁荣，但

---

① ［美］帕森斯：《社会行动的结构》，张明德等译，译林出版社 2003 年版，第 104—105 页。

在另一方面却屡遭失败。这中间有精神和物质的普遍原因。这些因素在各个朝代中起着作用，或者使其兴旺，或者使其维持原状，或者使其走向衰亡。"① 对这些普遍原因的解释，必须从一定的地理、气候、风俗、贸易、人口等自然和社会要素中去寻求，孟德斯鸠超越了对政治本质的观念论阐释，开启了一种唯物主义的分析思路。同样，受牛顿的自然科学方法所影响，苏格兰启蒙学者认为，那些大谈自然状态的人罔顾事实，他们没有像自然史学家那样遵循严格的经验论方法，而是依据"假设""推测"与"想象"建构社会契约②，但事实上，人类在社会状态之前并不存在一个自然状态阶段，因为从没有一个签订契约的历史时刻，现代政治文明是社会的自然史演进的结果。其中，斯密对现代社会的"社会性"进行了深刻阐释，成为现代社会理论和古典经济学的奠基人。

斯密自诩为"社会科学的牛顿"，他要在社会科学的研究中实现牛顿般的成就，这项工作不能从任何观念上的预设出发，而是必须对社会自身进行经验、实证的研究，以社会原因解释社会现象。政治观念论认为，社会的形成源于人们为了解决共同生活的成本和效益，根据一定的理性原则所选择的组织形式。这种理性主义解释正是斯密所反对的，在思考现代社会时，斯密不再选择政治的视角，其著作中不再具有关于自然状态和政治状态的区分，而是以经济关系和社会组织模式作为界定区分野蛮状态与文明社会的标准，进而划定最高的、合理的经济生活形态与其他劣等的社会形式的不同。因此，社会是直接从某种生活的物质条件来定义的，是特定历史时期的财产制度与风俗的产物。通过历史勘察，斯密指出，封建势力的消亡是逐渐到来的，这一后果的促成并不是靠某种法律的颁布，而是商业和制造业那悄无声息的运转的结果，是以财产和风俗的形式出现的社会变革。这个过程经历了四个历史阶段，分别是最早出现的野蛮而低级的狩猎民族社会、更高一级的游牧社会、定居式的农业社会以及最后出现的最为

---

① 转引自［法］雷蒙·阿隆《社会学主要思潮》，葛智强等译，上海译文出版社1988年版，第21页。

② ［英］亚历山大·布罗迪编：《苏格兰启蒙运动》，贾宁译，浙江大学出版社2010年版，第231页。

进步的文明社会。① 文明社会本质上就是商业社会，这时农业、制造业和贸易全面兴起，大范围的普遍交往逐渐形成，社会阶层趋于同质化，传统共同体的生产和生活关系被以财富获取为目的的市民生活所取代。这种社会类型就是斯密的理论对象。

斯密的"历史四阶段"理论先于历史唯物主义思想就社会和政治的关系进行了正确认识，"在经济决定政治这一点上，斯密的工作在自由政治思想史上标志着一个重要的分水岭，它代表着这样一个决定性时刻，即无论是好是坏，自身规范的社会与经济领域的'科学'概念，被认为是统治着伦理和政治领域的，而伦理和政治以前则被认为是独立的领域"②。在政治和社会之间，斯密认为政治发乎人为，（文明）社会出于自然。文明社会脱胎于大自然的隐蔽计划，它作为自然的工具努力促成人的生命保存和延续。斯密指出，过去的那些大封建领主和僧侣由于聚敛了大量自身无法用尽的财富和粮食，通常赠予仆从和家奴，由此形成了封建的人身依附关系。但随着商业交换逐渐发达，他们不愿再将其散予众人，而宁愿换来一些奢侈品进行自我享受，由此不得不放弃建立在财富统治上的政治权力，最终招致封建社会人身依附关系的解体。商业社会就奠基于这种人的趋利避害、自我保存、追求舒适的自然本性。当现实的财富出现剩余、个人只能消耗极为有限的部分时，开始把消费不了的剩余物交换自己所需的别人的劳动剩余，"于是每个人都得靠交易过活，或者说，都在一定程度内变成了商人"③。因此，商品交换和社会分工就是这种自然本性自由发展的结果，"分工的形成，是因为人性当中有某种以物易物的倾向；这种倾向的作用虽然是逐步而且缓慢的，也完全不问分工是否会产生广泛的效用；然而分工却是这种倾向必然产生的结果"④。斯密把文明社会等同于商业社会，从这一

① ［英］亚当·斯密：《国富论 Ⅳ-Ⅴ卷（全译本）》第五卷第一章，谢宗林夏译，中央编译出版社 2011 年版。

② ［英］唐纳德·温奇：《亚当·斯密的政治学》，褚平译，译林出版社 2010 年版，第 6 页。

③ ［英］亚当·斯密：《国富论 Ⅰ-Ⅲ卷（全译本）》，谢宗林、李华夏译，中央编译出版社 2011 年版，第 22 页。

④ ［英］亚当·斯密：《国富论 Ⅰ-Ⅲ卷（全译本）》，谢宗林、李华夏译，中央编译出版社 2011 年版，第 12 页。

视角看，社会的繁荣和衰落源自无数个人的成败荣辱，其产生并非理性选择的结果，而是在解决生存需要的推动下个体之间相互交往的结果，这种结果造就了不同的历史阶段和社会制度。商业社会之所以是最佳的社会模式，就在于它容许个人自由地凭一己之力去改善自己的条件，可谓一种发乎人性而又顺应自然的自由体制。

不同于霍布斯的个人概念，斯密认为，自利性个体之间的碰撞却并不必然导致"一切人对一切人的战争"。自然本身是一种自发性存在，个人也在自然需要的推动下自发地形成交往与合作，其结果却产生了一个超出任何个人意志的具有一定规范性、整合性的总体组织——社会。就此，沃林把斯密的社会概念描述为一种"非政治性模型"，"是一个由各种互相作用的力量所组成的封闭体系，似乎无需一股'外部的'政治力量的帮助而能够维持它自己的存在"①。在这个意义上，契约论的政治理性并未真正理解现代社会的本质，无法就社会关系进行内在合理性的解释。同样，在古代和中世纪，经济学之所以没有成为一门社会科学，就在于不仅经济活动本身没有成为社会的普遍活动，并且商业被看成非正常行为，个人仍遭受政治权威和政治等级的压制。相反，商业社会具有这样一种整合性：虽然每个人都从自己的利益出发，但在分工发达的市场中，个人之间因为利益纽带而形成普遍交往与合作，从前狭隘的地方性生产被社会化的工业生产所取代，由此促成了劳动生产力的进步。在《国富论》中，斯密有一段非常重要的话："我们每天有吃有喝，并非由于肉商、酒商或面包商的仁心善行，而是由于他们关心自己的利益。我们诉诸他们自利的心态而非人道精神，我们不会向他们诉说我们多么可怜，物质又是如何的匮乏，而只说他们会获得什么好处。"② 这个例子说明，自利是促使人的经济活动的原初动机，虽然与仁慈和善行相比，每个人在经济行为中对于他人的利益漠不关心，但这并不意味着自利就等于自私，它只是人的不偏不倚的自然情感，结果导致的合作与协助却是自然的。经济关系的客观性就在于它是物质的、无偏见的，

---

① ［美］谢尔登·S.沃林：《政治与构想：西方政治思想的延续和创新：扩充版》，辛亨复译，上海世纪出版集团2009年版，第310页。

② ［英］亚当·斯密：《国富论　Ⅰ-Ⅲ卷（全译本）》，谢宗林、李华夏译，中央编译出版社2011年版，第13页。

仁慈和美德在这种关系中没有地位。因此，在霍布斯那里，自私贪婪的个人是反社会的，而斯密却认为个人的自利性正是重建社会性的密匙。在商业社会中，个人利益和社会福祉并不冲突，而是通过合作、分工和贸易实现相互一致，这种一致性就是后来那个广为人知的比喻——"看不见的手"：

> 他通常确实无意于增进公众利益，也不知道自己增进了多少公众利益。他偏好维持国内勤劳甚于维持国外勤劳，只因为他想确保自己的资本安全；他努力引导这个国内勤劳，使它的产出尽可能有最大价值，为的只是想尽可能增加他自己的利益；结果，在这种场合，和其他许多场合一样，他宛如被一只看不见的手引导，增进了一个在其意图之外的目的。而且，社会也不会因为这个目的不在他意图之内而一定更糟。经由追求他自己的利益，他往往会比他真想增进社会利益时更有效地增进社会利益。我从来没听说过，有哪些装模作样要为公众利益而经营贸易的人完成多少好事。①

对此，政治经济学家凡勃仑认为，"看不见的手"是对传统自然法思想的隐喻。② 这个观点其实还比较表面，它忽视了斯密的社会概念对传统政治观念论的超越性意义。无论是在古代还是近代，自然法本质上都是超出现实社会关系的先验的客观秩序，而斯密的解释性话语则描述了从对市场的事后性态度中所看到的受利益驱动的行为如何产生超出预料之外的社会的普遍福利。"无形手的形象让大家看到，人即使是在自然的局限中，他的私欲与多数人的（也许是所有人的）好处也可以调和起来……在维护生存的事上——即生活资料的生产与分配上，惹人讨厌的利己色彩，就像机械运作般，给改换成对社会、对人类有利的行为。"③ 不过，这种和谐画卷的实现也建立在一定的制度前提上，那就是市场的自由交换和充分竞争的原则，而政府除了能够为这种

---

① ［英］亚当·斯密：《国富论　Ⅳ - Ⅴ卷（全译本）》，谢宗林译，中央编译出版社 2011 年版，第 511 页。

② ［美］托尔斯坦·凡勃伦：《科学在现代文明中的地位》，张林、张天龙译，商务印书馆 2012 年版，第 101 页。

③ ［美］约瑟夫·克罗普西：《国体与经体：对亚当·斯密原理的进一步思考》，邓文正译，上海人民出版社 2005 年版，第 165 页。

规则提供保障之外，其他任何对经济事务的干预都要被引起高度的警惕："他（政府—引者注）似乎以为，他能够像下棋的手在安排棋盘上的每颗棋子那样，轻而易举地安排一个大社会里的各个成员……但是，在人类社会这个巨大的棋盘上，每一颗棋子都有它自己的移动原则，完全不同于立法机关或许会选择强迫它接受的那个原则。"① 因此，"看不见的手"并非在描述一个有关经济领域的先验规律，而只是表达了在自然正义条件下自由市场所取得的和谐效果。在这个意义上，斯密认为，个人利益和社会利益具有真实的一致性，社会是一个内在规范的总体，而不需要任何政治权威的外部干预。

（三）康德、黑格尔与"政治的回归"

随着斯密对市民社会理论的奠基，近代政治哲学形成了一条超越政治观念论的道路。在方法论上，政治观念论以静态的、先验的理性主义方法寻求具有精确性和终极性的制度规范，社会理论则诉诸历史的、经验的方法强调经济与制度的相对性和历史性。斯密超越观念论的方法，发现市民社会是一个自身具有内在规范性的系统，是有别于一切政治设置的一个实体。在价值论上，这种社会理论反驳了古代政治的道德主义观点，相信成功的社会不再需要依赖某种独特的政治德性，借助真实的人性（自利），道德和公正就能在暗地里运作，实现一个不为个人所预见的社会全体的和谐。相反，一种人为的制度，当其竭力将理性和道德抬高到自然之上以刻意促进共同善的时候，却只会产生对社会的伤害作用。② 尽管如此，斯密也并非对市民社会所面对的现代难题视而不见，他充分注意到了商业文明的根本缺陷：个人在劳动分工中"变成一个极端愚蠢与无知的人……他那种生活模式甚至会腐蚀他的身体活力，使他无法精神饱满且不屈不挠地在任何工作上运用他的力气，除非是他习于从事的那种工作"③。针对这一问题，马克思的异化劳动论可谓斯密观

---

① ［英］亚当·斯密：《道德情操论》，谢宗林译，中央编译出版社 2008 年版，第 295 页。

② ［英］伯尔基：《马克思主义的起源》，伍庆、王文扬译，华东师范大学出版社 2007 年版，第 72 页。

③ ［英］亚当·斯密：《国富论 IV-V卷（全译本）》，谢宗林译，中央编译出版社 2011 年版，第 904 页。

点的延续，但斯密认为这是一个文明社会兴起过程中的"必需阶段"，或者说，是人类在实现文明过程中所必须付出的代价。

在斯密所止步之处，对市民社会的反思构成了德国古典哲学的理论背景。在这一阶段，一度被否弃的观念论方法被康德和黑格尔所复活，他们实现了对政治观念论和社会理论的新的整合。

通常认为，康德伦理学的根本特点在于通过划分自然与自由的界限，把感性、激情、欲望全部划入了人性的自然界面，并把纯粹意志的自我立法认定为自由，由此第一次超出了传统伦理学的自然主义倾向，开创了与近代功利主义不同的先验伦理学。但康德伦理学并非无关现实、只求内省的纯粹意志自由，相反，其先验方法的背后积淀着深刻的历史感和现实感。面对历史，康德不满足于经验论方法，而是要从杂乱的历史事件中反思出一条含有内在目的的理性历史进程。这种从特殊性中见出普遍性、于杂乱中发现秩序的是反思判断力，从思想史来看，反思判断力延续了政治观念论的道德"应然性"，是一种规范性视角。这种具有敞开性的历史概念是一种"无目的的合目的性"，它把近代政治观念论的理性概念重塑为一条超验的精神原则，作为先验反思系统中的"范导性理念"超然于现实之上并构成评判现实世界的尺度。斯密的社会概念始于自利的个人，止于普遍和谐的社会。但这里似乎发生了从事实向价值的僭越，以康德哲学来看，社会的自发性不可能完成这个实际上超出了社会自身的理性目标，因为纯粹的自发性只是自然，现代思想立足于机械论自然观之上，自然和自由之间的隔阂注定难以敉平。然而，在反思判断力的目光中，自然可以被具有立法能力的理性存在者赋予无限丰富的、可敞开的秩序和意义。大自然的目的因而是可被期待、可被认识的，它在人的力量的对象性建构中展开为世界和历史。因此，康德的历史概念不是僵硬的自然史，而是把自然史融入观念论反思的道德史。

从长远来看，生产活动作为人与自然之间最根本的交涉活动，其意义就不仅仅在于满足感性需要，最终则是要有意识地使自然界服从于整个目的系统的最后目的——伦理的目的王国。在满足感性需要的层次上，人类在理解自然、创制自然中发挥"适应性"，追逐"幸福"。但"幸福"即便仅仅作为

对人性自然之维的界定，实际也已经超越了自然的自在性，提升到了反思性
精神维度：它"只是对某种状态的理念，他想要使该状态在单纯经验性的条
件之下与这理念相符合（而这是不可能的）……以至于就算自然完全屈从于
他的任意，自然却还是根本不能为了与这种动摇不定的概念及每个人以任意
的方式给自己设置的目的协和一致，而表现出任何确定的、普遍的和固定的
规律"①。因此，"幸福"是人超越感性经验所提出的对自然的更高要求，因
为即使最粗陋的生产活动，也已经受到了精神的浸润，根本不同于动物式的
自发本能。市民社会和自由国家制度作为"地上的幸福"，是被现代人有意识
反思的结果："它被理解为人的一切通过在人外面和内面的自然而可能的目的
的总和；这是人在地上的一切目的的质料。"② 当历史行进至此，人类作为地
球上唯一具有知性的能给自己建立目的的存在者，必然要反思到"地上的幸
福"只是一种过渡，最终目的应该是进一步扬弃质料存在而达到纯形式的
"文化"阶段。文化是人作为理性存在者区别于自然的标志，是人与自然之间
"适应性"的生产过程，它"把意志从欲望的专制中解放出来"不再让本能
充当我们的枷锁，从而为了更高的理性目的来驯化感性。③ 康德认为，社会分
工固然难免导致劳动异化和社会不平等，但这正是法制、道德、科学、艺术
各种文化形式得以生长的契机，现代社会是一面生产大量的财富与文化，又
一面生产苦难和不公的社会。④ 面对这一境况，康德对政治进行了一种积极的
理解：政治不是与社会相对立的外在关系，相反，政治和法律是社会自身被
有效反思的结果，是对自然社会的"教化"，它作为自然实现最终和谐的"形
式条件"，用来规训人们之间的冲突。对此，康德重新恢复了建立在市场之上
的"公民社会"概念，认为只有在公民社会中人的自然素质才可能得到最大
发展，才可能"把服务于文化的一切才能发展到最高的程度"，从而为文化的
"第二个要求"（也就是科学和艺术的"教养"）做好准备。⑤

---

① ［德］康德：《判断力批判》，邓晓芒译，杨祖陶校，人民出版社 2002 年版，第 285—286 页。
② ［德］康德：《判断力批判》，邓晓芒译，杨祖陶校，人民出版社 2002 年版，第 287 页。
③ ［德］康德：《判断力批判》，邓晓芒译，杨祖陶校，人民出版社 2002 年版，第 287 页。
④ ［德］康德：《判断力批判》，邓晓芒译，杨祖陶校，人民出版社 2002 年版，第 288 页。
⑤ ［德］康德：《判断力批判》，邓晓芒译，杨祖陶校，人民出版社 2002 年版，第 289 页。

与斯密的经验主义色彩的社会概念不同，经由康德的先验反思，法律和社会被提升到了文化和道德的界面上，由此以一种启蒙人本主义精神驱动了自由主义政治的回归，并最终导向黑格尔的政治哲学建构。黑格尔既善于在思辨的表述中揭示现代经济和政治关系的现实，又能够在描述经济问题时将其推进至哲学的反思视域，这使他超越了德国浪漫派对社会异化的审美救赎观点，能够立足于现代性的整个成就之上去思考社会团结的问题。

黑格尔看到，随着商业文明的兴起，近代社会生活达到了高度分化的形式，但这种社会领域的分化不是一个堕落的过程，相反，它蕴含着价值的丰富性和文化的复杂性。在理解了古典政治经济学之后，他把注意力集中于近代社会结构内部，寻找建立社会团结的新的可能性。近代社会是个人主义全面伸张的时代，其直接基础是经济关系中的个人，黑格尔就是要扬弃古典经济学基于个人主义原则的"自然和谐论"，建立一种真实的制度安排。古典经济学认为，私有财产和劳动分工的确立使市民社会从政治权威和宗教氛围中分化出来，创造了独立于国家和家庭的中间领域，其政治意义是使个人从封建依附关系中解脱出来并依靠劳动而自己生活。正是在这一经济—历史事件中，孕育着实现个性的丰富性和社会性之统一的完整形式的可能性。黑格尔认为，个体劳动在表面上是为了满足一己需要，但劳动的本质却是社会的、普遍的内容，"每个人的工作按其内容来说是普遍的劳动，既看到一切人的需要，也能够去满足一个个人的需要：换句话说，劳动是有价值的。单个的个人的劳动和财产，并不是它们对他个人来说所是的那种东西，而是它们对一切人来说所是的那种东西。需要的满足是一切特殊的个人在其相互关系中的一种普遍的依赖关系……每个人虽然是具有需要的个人，却变成为一个普遍的东西"①。所以，劳动的本质不是个人性，而是社会性，是满足社会需要的行动。社会劳动和社会需要是直接的自然需要同观念的精神需要之间的环节，市民社会作为"需要的体系"含有解放性，自然状态下的自然满足只是自在的非反思阶段，自由存在于"精神对自然的反射中"②，即只能实现在社会关

---

① 〔德〕黑格尔：《耶拿时期实在哲学》，转引自中国社会科学院哲学研究所西方哲学史研究室编《国外黑格尔哲学新论》，中国社会科学出版社 1982 年版，第 284 页。

② 〔德〕黑格尔：《法哲学原理》，范扬、张企泰译，商务印书馆 1961 年版，第 208 页。

系中，使人超出直接的自然规定并朝向自由个性的发展和社会性的统一。市民社会就是这样予以特殊性（个人）以全面发展和伸张的权利，但它却必须以普遍性形式（社会）的中介来实现，并受到普遍性的限制，这是对特殊性的"教养"，个人必须把自己提高到社会性层面从而学会作为一个"人"去生活，"特殊的东西必然要把自己提高到普遍性的形式，并在这种形式中寻找而获得它的生存"①。所以，特殊性只是市民社会的非反思的假象阶段，普遍性和伦理才是其本质存在。市民社会的兴起固然瓦解了直接性和自然性的家庭伦理，但却可以通过克服这种分化达到理念的现实性。

　　沿着康德的道路，黑格尔认为这个对市民社会进行"教化"的伦理毕竟是真实存在且能够实现的，而这必须在更高的阶段上重建政治观念论，以使伦理的理念实现为一种切实的制度安排。黑格尔意识到，如果靠市民社会的自发生长，这种解放是形式的，社会需要的无限性必然导致奢侈和贫困的同步增长，因此必须超越市民社会的非反思性进入自由的更高级规定——经由司法体系和警察、同业公会，最终复归国家。同斯密相区分，黑格尔不仅重新认识到了市场的有限性，并且力图建构积极的政治力量来克服市民社会的内在危机。首先，基于自发性的市民社会固然生长着相互依赖和社会团结的伦理力量，但这种自发性模式具有一定的偶然性，实则相当脆弱，"人数众多的阶级赖以维持生活的一些工业部门，由于时式的改变或由于别国的新发明而造成的产品跌价等等，而突然破产倒闭"，结果，"（市民社会，笔者按）这个体系以一种盲目的、可怕的方式向这个或那个方向运动，就像一头野兽那样要求加以管制和束缚"。② 所以，必须建立公共权威和警察结构对需要的体系进行必要的调节，否则，经济生活的紧张就极可能导致其内部团结遭到破坏。在这个意义上，黑格尔把斯密所定义的管理型政府扩大为积极的介入性力量。但这种公共权威并不是要一手操控市场，而是要力求在放任主义和绝对管制之间保持必要的张力。因为个人事业的发展和市场的平衡是现代性取得的最重要成就，而绝对管制型政府必然造成个人和国家之间的异化，就

---

①　［德］黑格尔：《法哲学原理》，范扬、张企泰译，商务印书馆1961年版，第201页。
②　［德］黑格尔：《耶拿时期实在哲学》，转引自中国社会科学院哲学研究所西方哲学史研究室编《国外黑格尔哲学新论》，中国社会科学出版社1982年版，第289页。

此而言，绝对的威权政府和彻底的放任主义都是错误的，"现在流行着两种主要看法。一种看法主张警察应对一切事物实行监督；另一种看法以为警察在这里没有什么可以规定的，因为每个人会按照别人的需要来指导自己的行动"①。合理的观点应该是个人事业和社会利益的和谐一致，个人事业并不消失在公共权威中，却只有在现代国家中才能得到保持。最终，理想的国家应该被这样安排："普遍物既不能没有特殊利益、知识和意志而发生效力并底于完成，人也不仅作为私人和为了本身目的而生活，因为人没有不同时对普遍物和为普遍物而希求，没有不自觉地为达成这一普遍物的目的而活动。现代国家的原则具有这样一种惊人的力量和深度，即它使主观性的原则完美起来，成为独立的个人特殊性的极端，而同时又使它回复到实体性的统一，于是在主观性的原则本身中保存着这个统一。"② 这种统一的实质是个人与社会、私利与公共善的统一，建立在个人所有权原则之上的现代市民社会，其实仍是一种"自然状态的残余"③，其通过伦理国家实现再政治化就是要重建一种超越市民社会私人状态的公共生活。黑格尔的国家概念超越了古典经济学对政治作为行政手段的功能主义解释，其认为市民社会只是"伦理性的东西的现象界"④，政治国家才是伦理的本质，它通过客观的制度设计存在于"我"与"他人"积极的肯定性的关系中。在这一政治共同体中，个人利益在以公共善为目标的框架内被重新安排为合法的权利。同时，现代个人通过把自身提升为一个政治人格参与到国家中，以其作为政治性的自由存在扬弃作为市民社会成员的利己主义的自然存在。在这个意义上，国家才是社会的最高本质，是政治经济学和市民社会理论的终极目的和最高愿景。

自斯密开始，现代政治哲学必须立足于市民社会之上重思人类生活的安排方式，在这一背景下，德国古典哲学开始有意识地把政治经济学同人的发展与自由共同体的建构相联系。在德国古典哲学的影响下，马克思进一步融合政治经济学和哲学，把唯物史观诠释为关于"现实的人及其历史发展"

---

① ［德］黑格尔：《法哲学原理》，范扬、张企泰译，商务印书馆1961年版，第240页。
② ［德］黑格尔：《法哲学原理》，范扬、张企泰译，商务印书馆1961年版，第260页。
③ ［德］黑格尔：《法哲学原理》，范扬、张企泰译，商务印书馆1961年版，第211页。
④ ［德］黑格尔：《法哲学原理》，范扬、张企泰译，商务印书馆1961年版，第195页。

的总体理论，其要点有二。其一，通过批判"德意志意识形态"，马克思放弃了对市民社会进行"政治超越"的德国道路，重新退回古典政治经济学对市民社会问题的原初探索。在这一方向上，马克思继承政治经济学的经验论和实证性的方法，从具有历史特定性的物质生产中揭示社会关系结构以及与其相适应的法律和政治形态，而斯密的"历史四阶段"理论也构成了唯物史观的重要来源。其二，基于对黑格尔法哲学中伦理国家的观念论本质的批判，马克思把黑格尔"绝对精神"自我实现的"概念辩证法"改造为社会运动和社会革命的"历史辩证法"，以此揭示走出资本主义物化社会的现实路径。通过资本逻辑的批判和建立在消灭私有制基础上的自由生产者联合，在共产主义的"人的世界"图景中，人的个性存在和社会性存在将实现否定性的统一。

　　总之，自斯密以降的古典经济学传统，以及自契约论的政治观念论到德国观念论传统，它们共同构成了马克思思想的谱系。作为马克思哲学本真精神的历史唯物主义，实现了对古典经济学和近代政治哲学在更高历史阶段上的思想综合。

第二节　历史·正义·科学：古典经济学
与唯物史观的共同视域

　　长期以来，学界主要从资本、地租、劳动、价值等经济学范畴考察马克思对古典经济学的继承关系，并把《资本论》视为古典经济学的理论延长线。然而，从今日马克思哲学研究的学术史视野来看，马克思与古典经济学的理论关系远比我们所想象的要复杂得多。其中，被长期边缘化的苏格兰启蒙政治经济学派开始进入视野，其对于马克思创立历史唯物主义的重要影响开始被越来越多的学者所注意。虽然这一问题在 R. N. 伯尔基、S. H. 里格比、R. 米克等人的著作中已有所揭示，但总体而言，国内外学界对这方面的研究仍处于相对薄弱的状态。在近代西方思想史上，苏格兰启蒙政治经济学从文明的物质形态视角对社会秩序演化的分析、对市民社会的正义论建构以及对政治经济学"新科学"品质的探索，不仅总体地构成了启蒙哲学的社会现实，并对此后历史唯物主义的问题意识和理论话语方式形成了深远的影响。就此而言，对历史唯物主义的当代阐释，必须把苏格兰启蒙政治经济学派纳入视野，才能更准确、深入地理解马克思哲学的历史来源和理论实质。

（一）历史观与社会理论

在马克思哲学研究中，长期存在着一种教条性的观点，即认为历史唯物主义来源于马克思以费尔巴哈自然唯物主义对黑格尔历史唯心主义的"颠倒"性改造。对此，阿尔都塞警示我们：如果说历史唯物主义是人类认识史上的一次科学革命，那么，它所阐明的新的对象、新的领域、新的境界就决然不同于黑格尔的思辨历史观，而是马克思从形而上学迷雾中抽身出来，把理论生产指向一个全新的社会现实。因此，马克思对黑格尔的"颠倒"绝不是简单地把被黑格尔"头足倒置"的观念对物的优先关系重新掉转为物对观念的本体优先性（因为对形而上学的"颠倒"只不过是另一种形而上学），而是从观念论"重新退回"到实在的起点、事物本身和真实历史中。①

对"事物本身及其真实的历史"进行研究，必须从市民社会及其政治经济学出发。马克思的早期手稿表明，其政治经济学研究开始于苏格兰启蒙学派，其中大卫·休谟、亚当·斯密、亚当·弗格森、詹姆斯·斯图亚特都对马克思产生了一定的影响。当时德国落后的社会政治状况决定了它是浪漫主义和保守主义意识形态的温床，不可能就经济生活同历史与社会发展的一般关系提供正确的见解。反之，"法国人和英国人尽管对这一事实同所谓的历史之间的联系了解得非常片面……但毕竟作了一些为历史编纂学提供唯物主义基础的初步尝试，首次写出了市民社会史、商业史和工业史"②。事实上，苏格兰启蒙学派对市民社会史的书写并非仅仅是对历史事实进行直接的经验性描述，而是以政治经济学和道德哲学的互文重构了现代市民社会的政治伦理秩序。它既从人性论层面论证了现代市民社会的"自然"秩序原理，又立足于市场经济和商业文明提出了重建市民德性的伦理目标。并且，苏格兰启蒙

---

① ［法］路易·阿尔都塞：《保卫马克思》，顾良译，商务印书馆2006年版，第65页。
② 《马克思恩格斯文集》第1卷，人民出版社2009年版，第531页。

政治经济学不仅具有明显的政治与伦理特征，它也在拒斥思辨理性的社会概念、强调经济关系的基础性地位的意义上，创唯物史观之先声，从而影响了马克思。

在青年马克思一度以之为基础的近代欧陆哲学中，它们对社会的主流理解是契约论，而社会契约论明显地带有观念论和思辨理性主义的特征。尽管有科来蒂（Lucio Collett）和沃尔佩（Della Volpe）这样的学者把卢梭视为科学社会主义的精神源头，但始终存在一个不容回避的问题：卢梭等契约论思想家通过预设自然状态与公民社会的二分，把社会解释为个人出于自我保存和自我利益的思虑而进行的有意识的联合，这种非历史的社会概念显然与历史唯物主义的社会概念扞格不入。契约论作为一种"观念论政治"，认为社会在其本质上是个体的理性选择的结果，因此，其理论的深层目的在于证成统治的合法性根源是基于人民的"同意"（content）原则。这导致契约论作为一种规范性的概念，其现实解释力是极为薄弱的。亚当·弗格森认为，契约论思想家关于自然状态的设计不过是一种文学的、诗意的"想象"或"推测"，并没有任何历史事实作为依据。斯密和休谟也都说明了人类社会在历史上从不曾存在过一个签订契约的历史时刻。[1]

不同于契约论思想家，苏格兰启蒙学派不相信有先于社会存在的个人，而是认为个人是社会的产物并自然地具有社会性。社会不是理性选择的结果，而是从家庭、习俗、物质生产等历史性的自然过程中产生出来的，个人只能接受社会提供的法律和价值。同样，政府的合法性来源于强力和征服，"时效性原则"则使其获得了权威的地位。对于立法者而言，他们总是倾向于从传统中接受确定性的秩序，在此基础上使自身统治与传统精神相协调，而非实行激进的革命。[2] 在此意义上，苏格兰启蒙学派体现出一种健康的源于经验主义的常识理性的原则，此后被20世纪新自由主义者哈耶克推崇为一种"自发秩序原理"。对当代而言，新自由主义对古典自由主义传统的继承固然已是

---

① ［英］亚历山大·布罗迪编：《苏格兰启蒙运动》，贾宁译，浙江大学出版社2010年版，第231、232页。

② ［英］亚历山大·布罗迪编：《苏格兰启蒙运动》，贾宁译，浙江大学出版社2010年版，第237页。

历史唯物主义的古典经济学渊源及其当代效应

"老生常谈"，但苏格兰启蒙学派所开创的新原则的思想史意义却非比寻常，因为正是这些不同于往昔的思想，促使马克思从德国观念论的精神迷雾中抽身出来，重新用一种冷峻而直接的目光看待历史发展。因此，尽管我们不能说唯物史观全部来源于苏格兰启蒙政治经济学，但它关于经济形式决定政治社会的统治秩序的观点，无疑对马克思产生了重要的理论启示。

英国马克思主义史学家 S. H. 里格比认为，马克思强调物质生产资料的根本重要性观点，绝非其历史理论的独创性贡献。"诸如《德意志意识形态》等著作至多只能算是将法国和苏格兰启蒙思想家所主张的唯物主义发展到了极致。"① 在 1762—1763 年的法学讲座和《国富论》中，亚当·斯密基于对经济形式的历史考察，提出人类社会经历了狩猎时期、畜牧时期、农耕时期和商业文明四个历史阶段，并进一步在这四个阶段中围绕私有财产权的形成这一核心问题，总体性揭示了人类社会的法律与统治形式的变迁。这就是思想史上著名的苏格兰启蒙学派的"历史四阶段论"。"历史四阶段论"肇始于休谟，在斯密的著作中形成为关于资本主义商业文明的完整叙事。马克思在《德意志意识形态》中以"交往形式""生产力""生产形式"为核心范畴的唯物史观叙事带有明显的苏格兰启蒙政治经济学的历史理论的痕迹。对于斯密而言，从原始的狩猎时代到商业文明，围绕私有财产权的演进所形成的"以物易物"的普遍贸易证成了商业社会最终是实现了人类富裕、自由、平等的人类的社会文明的最后形式。历史唯物主义则通过把"生产力"与"交往形式"的辩证法上升为社会变迁的内在动力，重新敞开了社会实现自我扬弃的可能性。在某种程度上，一旦剥离掉斯密的文明叙事中的历史哲学向度，"历史四阶段论"与强调实证性的科学唯物史观已高度暗合。但马克思的理论思维反对任何形态的历史终结论，而是强调社会矛盾的历史性、永存性。"已成为桎梏的旧交往形式被适应于比较发达的生产力，因而也适应于进步的个人自主活动方式的新交往形式所代替；新的交往形式又会成为桎梏，然后又为另一种交往形式所代替。"② 在历史唯物主义的话语体系中，虽然仍保留了

---

① ［英］S. H. 里格比：《马克思主义与历史学》，吴英译，译林出版社 2012 年版，第 90 页。
② 《马克思恩格斯文集》第 1 卷，人民出版社 2009 年版，第 575—576 页。

18

斯密的"交往"与"交往形式"概念，但马克思对其使用已经具有了不同于政治经济学初创期的新内涵。一方面，它指向人与自然的交往，表现为"生产力"；另一方面，它意指基于生产资料分配关系之上的人与人的交往，表现为"生产关系"。二者之间的融合与冲突的辩证关系构成了历史发展的内在动力。

总之，历史唯物主义绝非仅仅产生于马克思对黑格尔唯心史观之本体论逻辑的"颠倒"，相反，其基本的理论模型只有在苏格兰启蒙政治经济学的历史与社会理论中才觅得一丝踪迹。苏格兰启蒙社会理论作为一种因果论历史观，不仅摧毁了以目的论为核心的古典自然法哲学，同时也实现了对黑格尔历史观念论的内在超越，进而开启了唯物史观的进程。在此基础上，马克思摆脱了西方传统政治哲学以先验理性主义对于社会建构的范导作用，并始终聚焦于政治的实际性与现实性，为现代政治哲学引入了彻底的历史性原则。基于真正的历史性原则，以物质生产为线索的"人的发展"的历史被开显出来，并通过马克思的政治经济学批判提升为以"人的解放"为最高旨趣的"历史科学"。

（二）正义论与社会问题

正如青年马克思初涉社会现实就遭遇要对"物质利益"问题发表意见的"难事"，围绕历史唯物主义与古典经济学争论的另外一个要点是贫困问题。可以说，贫困、财富与财产权作为现代政治哲学正义论的核心自不待言，马克思作为"穷人经济学家"的一贯形象亦深入人心。然而，一旦我们对这些问题做陌生化处理，以深入考察诸概念的历史性的生成逻辑，就必须对其予以实行更彻底的反思：这是何种贫穷？谁之正义？

可以说，贫困问题自古以来就存在于一切形式的人类社会中，只是随着19世纪资本主义生产方式的兴起，社会上开始出现大量的贫困人口、失业大军、流浪汉等，从而危及社会和政治的稳定，这时贫困才上升为"社会问题"并获得了思想家们的普遍关注。因此，所谓穷人利益的正当性问题，并不是从一开始就是自明的。事实上，大多数的前现代思想家并没有对贫穷表现出应有的道德关注，他们认为，社会自身的政治等级直接就体现相应的道德等级，决定了每个阶层的"正义"与"应得"。现代意义上的分配正义概念——让每个人依据人之为人的需要和自然权利都享有一定程度的物质财富的观点，完全是被启蒙哲学家所建构起来的结果。正是经过启蒙的长期宣传与教化，它才在今天成了一种深入人心的信念。其中，苏格兰启蒙政治经济学家亚当·斯密发现现代政治哲学正义论之先声，他在对政治经济学的伦理思考中就资本主义社会的"财富与正义"问题进行了思想奠基。

斯密的决定性贡献，就是把贫困作为社会问题上升到一个真正的现代高度，从而把改善穷人的命运作为一项自觉的社会政治目标。斯密以劳动价值论为起点，更进一步区分了"生产性劳动"与"非生产性劳动"，这不仅为后来李嘉图左派的分配正义论与社会主义观奠定了基调，更激发了马克思的资本主义批判理论与科学社会主义构建。因此，尽管马克思很少正面谈论正义论问题，甚至其政治经济学著作也常常以一种严格的科学性自我定位，但其内在批判原则与辩证立场则始终保持相当明确的政治定位。

值得注意的是，由艾伦·伍德和胡萨米等分析马克思主义政治哲学家所掀起的关于《资本论》中是否存在正义论和道德哲学的问题，引起英语学界40余年的争论和马克思主义政治哲学的复兴。然而，马克思在其文本中对正义的有限探讨正是以苏格兰启蒙正义论为基本背景的。苏格兰启蒙哲学家以市民社会和私有财产权为前提，意图在合理的个人利益与公共利益之间寻求平衡的规范，由此建立不同于古典自然法观念中的永恒正义论的市民社会正义论，从而构成了历史唯物主义的重要界域。[①] 不仅如此，马克思在《资本论》中以科学话语对劳动价值论、拜物教批判和剩余价值学说的诸种理论创见，也绝非在中立化意义上的价值无涉的写作，这些范畴集中指向以资本主义社会问题为标的的私有财产权批判。事实上，斯密也早就表明了，基于劳动价值论原则的政治经济学理论必然会导向劳动主体性、剥削理论和阶级对抗的观点。[②] 因为如果说劳动是创造价值的唯一源泉，那么，劳动者便不得不与其他两个阶级（资产阶级与地主阶级）共同分享其劳动创造的价值，而这

---

① 臧峰宇：《苏格兰启蒙运动与马克思的正义论》，《哲学研究》2014 年第 1 期。

② ［美］E.K. 亨特：《经济思想史——一种批判性的视角》，颜鹏飞总译校，上海财经大学出版社 2007 年版，第 48 页。

两个阶级所据以占有的资格不过是源于他们对生产资料享有所有权。这意味着正是生产资料的私人所有权赋予了某些人"不劳而获的权利"，而政府就其为了维护财产安全来说，实际上不过是为"保护富人免于穷人的伤害而设"①。在这个意义上，以斯密和李嘉图代表的劳动价值论学派内在地蕴含着激进的社会主义观点，最终通向马克思主义。然而，在斯密身后，古典经济学经过边沁、巴师夏和萨伊等人越来越表现为极具反动性地维护资产阶级利益的"庸俗政治经济学"，尽管他们创建了可量化的数学模型的实证形式，但却早已告别了启蒙政治经济学派的开明政治立场，从而体现出保守、反动的性质。相应地，无论马克思在《巴黎手稿》中对资本权力的揭示，还是在《资本论》中对剩余价值的生产过程和分配过程的科学分析，都必须基于早期启蒙政治经济学派的问题意识才能准确地把握其实质指向。关键在于，从马克思的立场来看，资产阶级社会的"社会问题"究其实质是一个"政治问题"，因为富人和穷人、有产和无产的对立是源于异化劳动所导致的资本和劳动对立的结果。资本作为私有财产的最高形式，是"不支付等价物便占有他人劳动的权利"②。因为工资是资本家所支付工人的劳动力价值，但劳动的使用权则归资本家所有。资本逻辑运行的必然后果是把大多数人完全赤贫化，变成无产阶级和产业后备军，由此引发社会革命。

当然，在马克思哲学中，对贫困问题的解决最终不仅仅事关财富之公平分配和生产资料之平等占有，事实上它已经超越了政治经济学的实证问题，更深刻地涉及人性之内在财富与生命潜能的实现。从政治哲学的当代视域来看，马克思政治经济学批判的目标全面地关联着现代正义论与伦理学的境界提升，直接通达于后现代主义对生命政治的理论想象。凡此种种，皆源于马克思以其哲人之洞见批判地继承了苏格兰启蒙学派的理论传统，并深深地影响了当代人的问题意识。

（三）政治经济学的学科性质

苏格兰启蒙政治经济学与历史唯物主义的第三个论题，涉及政治经济学

---

①　［英］亚当·斯密：《国富论　Ⅳ-Ⅴ卷（全译本）》，谢宗林译，中央编译出版社 2011 年版，第 825 页。

②　《马克思恩格斯全集》第 30 卷，人民出版社 1995 年版，第 450 页。

的学科性质与其自我理解的问题。阿尔都塞认为，《资本论》的副标题——"政治经济学批判"——极具深意，它表明马克思把政治经济学本身作为对象予以反思，"不管政治经济学宣称自己如何，在马克思看来，它没有任何存在的权利"①。阿尔都塞的分析指出，西方经济学具有与《资本论》完全不同的对象，并且由其对象的性质保证了其存在的权利。西方经济学的对象是一个既定存在的同质的经济事实的空间。其既定性在于，它是可以直接地观察到的，并不需要任何概念的中介才能理解；其同质性在于，它们是可以进行比较和计量并以量的形式予以表现的东西。全部这些经济事实构成一个同质的经济学空间，没有任何本质性的层次差异。因此，可计量性成为现代西方经济学的最高原则，并且，他们以此为由指责《资本论》中"剩余价值"等概念是"非职能性的"和"形而上学的"（不可量化），从而试图彻底否定马克思政治经济学的合法地位。

西方经济学要所求的可计量性无非是在主张经济学本身作为一门科学的"绝对客观性"和"意识形态的中立性"，但这种对既定存在的同质空间中的经济事实做直接性描述恰恰是西方经济学的最大的意识形态。其意识形态性在于，当它对经验事实做"无立场"的"客观"描述时，其实已经直接落入了经验主义的"问题式"，进而被非反思地规定了提出问题与解决问题的模式。结果，政治经济学只能对具体经验采取"非批判的实证主义"态度，成为一种极为庸俗的东西。

阿尔都塞的观点相当深刻地把马克思的政治经济学批判与西方主流政治经济学区分开了。但由于阿尔都塞没有严格区分古典经济学发展的各个阶段，其观点所针对的对象只能理解为一种笼统性的西方主流经济学。而马克思本人对资产阶级政治经济学的批判其来有自，绝对不可进行过度解读。事实上，马克思在《资本论》及其手稿中对于古典经济学的内在传统的划分极为严谨，具体表现为：对斯密、李嘉图代表的古典政治经济学派的积极继承，对萨伊、巴师夏代表的庸俗经济学派的全面批判。对此，西方马克思主义的另一位大师柯尔

---

① ［法］路易·阿尔都塞、艾蒂安·巴里巴尔：《读〈资本论〉》，李其庆、冯文光译，中央编译出版社 2008 年版，第 143 页。

施的观点似乎更为公允：政治经济学最初是作为新兴资产阶级社会的新科学而历史地产生的，这种新科学是由资产阶级在它争取实现这一新的社会经济形态的革命斗争中创立的，它构成了对伟大的欧洲启蒙运动现实的补充。①

苏格兰启蒙政治经济学就是这种带有政治哲学性质的"新科学"。休谟认为，政治经济学的方法论以人性论为基础，是广义伦理学研究的一个内在部分。同样，詹姆斯·斯图亚特在推进政治经济学体系化的道路上功勋卓著，这实际上不过是推进苏格兰的政治科学化进程的必要途径。受牛顿在自然科学领域的革命性影响，亚当·斯密自诩为"社会科学的牛顿"，他要在社会研究中实现牛顿般的成就。总而言之，18世纪英国日趋成熟的自由贸易、商业竞争、制造业的兴起和资本主义城市的发展为这种社会与政治的"科学"研究提供了素材。亚当·弗格森认为，古代希腊罗马作家的政治作品在现代已经沦为一种想象的实践和理论空洞的教条，政治的新科学应该把实践和经验确立为新的起点。同样，休谟和斯密都把政治看作一门讲述人们如何在社会中相互联合、相互依赖的理论，而商业与经济必须被纳入政治学的考察范围，这是西方传统政治哲学未曾深入过的全新理念。不同于孟德斯鸠、卢梭等欧陆启蒙哲学家，苏格兰启蒙哲学家让权力政治让位于利益政治，从而将情感与正义包含其中，并把正义关联于财产与利益关系。② 在这个意义上，斯密把政治经济学定义为一门"政治家或立法者的科学"，这门科学将社会体制与历史变迁的模式联系起来，考察市民社会的运动规律与正义范围。对此，甚至有不少论者提出"《国富论》中的经济学包容了政治学""《国富论》的核心关注点是正义问题"的观点。③

正如马克思所指出，"现在的社会不是坚实的结晶体，而是一个能够变化并且经常处于变化过程中的有机体"④，历史唯物主义对人类交往方式与生产

---

① ［德］卡尔·柯尔施：《卡尔·马克思——马克思主义的理论和阶级运动》，熊子云、翁延真译，重庆出版社1993年版，第56页。

② ［英］亚历山大·布罗迪编：《苏格兰启蒙运动》，贾宁译，浙江大学出版社2010年版，第162页。

③ 参见［英］唐纳德·温奇《亚当·斯密的政治学》，褚平译，译林出版社2010年版，第159页；［匈］伊什特万·洪特、［加］米凯尔·伊格纳季耶夫编《财富与德性：苏格兰启蒙运动中政治经济学的发展》，李大军等译，浙江大学出版社2013年版，第2页。

④ ［德］马克思：《资本论》第1卷，人民出版社2004年版，第10—13页。

方式的动态考察的确与苏格兰启蒙政治经济学处于极其相近的理论平面上。尽管马克思对古典经济学进行了全面的批判，但二者在强调政治经济学作为一门总体性把握现代社会的科学形式上显然具有高度的一致性。"在资产阶级的古典学家那里，在这个社会的较早发展阶段上，自然产生了政治经济学同一般社会科学的联系；马克思主义自觉地在较高的阶段上使这种联系得到恢复。"① 作为启蒙哲学的现实补充，苏格兰启蒙政治经济学发现了广大的社会力量、独立自主的个人和积聚的资本。当斯密以"生存的人"取代古典的"政治的人"，并像马克思一样强调人是具有改善其物质生活条件的能动物（人在本质上是生产者和消费者）时，劳动成为他思想的中心范畴。至此，斯密在政治经济学上对劳动价值论的创构与笛卡尔认识论上的"我思"创构，以及与霍布斯在自然法传统中的"自然权利"创构相暗合。可以说，劳动主体、意识主体、权利主体所形成的内在性平面的"三位一体"结构，共同完成了对启蒙主体性人学的完整规划。启蒙运动作为一个世俗化过程，以内在性拒斥传统中的神圣与超验（古典的自然和宗教）对世俗事务的权威，内在性平面把主体推置于历史舞台中央，其实体性的"能指"即劳动大众（multitude）。当政治经济学热情地讴歌工厂劳动与自由贸易时，对新时代的精神而言，启蒙对内在性平面的发现证实其是一股新生的具有解放潜能的力量。因此，马克思与启蒙哲人拥有同一个真理。但我们更应该看到：当斯密沉浸于自由市场和"无形之手"的神话时，他无疑又在制造一个新的经济的超验——资本作为异己的力量，使个人在资产阶级社会中再度遭受"抽象统治"。对资本与市场这一新"利维坦"的推崇，斯密的"立法者的科学"就走向了反动的那一面。

作为启蒙的激进继承者，马克思把解放"社会的力量"、实现"社会性的自由"作为其根本目的。因为人的自我异化的神圣形象被揭穿以后，揭露人在非神圣形象中的自我异化、推翻全球资本主义新帝国的专制统治，就是当代政治经济学批判的根本任务。当马克思把具体的现实的劳动（区别于斯密

① ［德］卡尔·柯尔施：《卡尔·马克思——马克思主义的理论和阶级运动》，熊子云、翁廷真译，重庆出版社1993年版，第60页。

的一般劳动）引入政治经济学时，政治经济学的核心就不再是关于商品和利润的科学，而是开始成为真正的关于社会劳动的科学。这门科学所关心的问题是劳动力买卖一旦离开了市场，它的命运在具体的劳动过程中发生了怎样的变化？劳动与资本的关系是怎样的？劳动何以超越落后社会生产关系束缚组织成为革命的解放的力量？就此而言，马克思把政治经济学从斯密的"立法者的科学"改造为一门"革命者的科学"，其最切近的问题是劳动与资本的关系，其最高目标是彻底解放被启蒙了的内在性平面，使"社会的力量"复归于人本身，使"现实的人"直接作为社会性存在或类存在，进而克服"非神圣形象"下的"抽象统治"。

任何深刻的理论问题中都蕴含着复杂的现实问题。对苏格兰启蒙政治经济学与历史唯物主义渊源关系的考察，绝非只出于理论上的好古幽情。当今时代的现实表明，启蒙运动所开启的现代性浪潮不仅彻底改变了自然世界，它同时也在资本逻辑运动中实现了对人的诸种规训形式。在晚期资本主义语境中，随着生活世界的彻底碎片化与宏大叙事完全消解，流行的实证性社会学科早已遗失了启蒙社会理论的人学精神。正是在此意义上，历史唯物主义作为一门总体把握社会与历史的思想，才显示出其独有的理论魅力和理论力量。这也意味着，今天我们仍需要不断回到启蒙的开端，通过重访那些思想英雄的洞见以激发内在性的力量，进而在全球资本主义内部寻找解放的突破口，告别消费时代的狂欢和意识形态犬儒主义。

第三节　财产·社会·自由：古典经济学与《资本论》的对话

在马克思主义哲学史上，《资本论》的命运几经沉浮。一方面，它作为"工人阶级的圣经"对 20 世纪社会主义革命与工人运动产生了广泛而又持久的影响；另一方面，苏联政权的灭亡使得社会主义经济制度遭受重击，严重损害了马克思主义政治经济学的理论声誉。在此之后，西方马克思主义曾一度代表了马克思主义的潮流和希望，但由于它从经典马克思主义最为关注的经济与政治问题逐渐转入哲学与文化领域，导致其理论越发脱离工人阶级的革命实践，进而不再具有把握社会现实的能力。本节通过考察古典经济学思想史，表明青年马克思告别法哲学转向经济学研究的动机是出于物质利益问题所遭遇的"苦恼的疑问"，即贫困与社会问题，这也是《资本论》的理论起点。在《资本论》中，马克思对古典经济学掩盖社会矛盾的本性展开了彻底批判，认识到社会问题的制度根源与资本主义的剥削本质。但是，对社会问题的关注并没有降低马克思的政治与自由概念，而是强调只有在"联合起来的个人对全部生产力的占有"与"自由人联合体"对物质生产逻辑的重新规划中，才能打破现有的价值体系，使社会的异己力量复归于人本身、使自然的必然性转化为自由的自主性。由于马克思始终坚持在对社会问题的求解中寻求正义与自由之可能性，认为共产主义运动才是兼具现实性与理想性原则的统一体。在这个意义上，基于古典经济学视角对《资本论》主题的重释，是对历史唯物主义的理论深化和具体化。

（一）重访《资本论》的起点

按照人们通常的理解，《资本论》是马克思主义哲学在政治经济学领域中的具体化运用的产物，"辩证唯物主义和历史唯物主义为马克思主义政治经济学提供了科学的世界观和方法论。唯物史观是马克思主义政治经济学的哲学基础，剩余价值论则是马克思主义政治经济学的基本理论原理"[①]。这种观点或许正确，但若仅仅把马克思的政治经济学视为其哲学观点的"证实"的话，那就难免遮蔽了马克思走向政治经济学研究的原初动机及其《资本论》哲学的思想独立性。对此，孙正聿认为《资本论》是"建构"而非"运用"了马克思主义哲学，它在对资本主义政治经济关系及其政治经济学的双重批判中追问"人类解放何以可能"，因而是"关于现实的人及其历史发展的科学"。[②] 这一判定打开了《资本论》哲学研究的理论空间，可以说，《资本论》在其现实性上就是一部社会政治哲学著作。对此，本书基于对《资本论》经济学话语的政治分析，激活历史唯物主义的革命性与现实性的力量。

---

① 《马克思主义政治经济学概论》，人民出版社 2011 年版，第 9 页。
② 孙正聿：《〈资本论〉与马克思主义哲学》，《学习与探索》2014 年第 1 期。

那么，马克思创作《资本论》的本真之意究竟何谓？对这一问题的回答，必须回溯其思想发生史，从源头上澄清理论背后的现实意识。

纵观马克思的思想历程，其中具有决定性的转折点是从哲学与法学阶段转向了政治经济学研究，其时间轴是从1843年《德法年鉴》时期的法与政治批判到1844年转入经济学研究，最终在1845年《德意志意识形态》中确立了历史唯物主义的基本理论形态。促成这一转变的契机就是克洛茨纳赫时期的林木盗窃法案。根据马克思在《〈政治经济学批判〉序言》中的自述，源于物质利益问题所遭遇"苦恼的疑问"，促使他对林木盗窃法和摩泽尔河地区农民处境进行研究，并"推动他由纯政治转向研究经济关系，并从而走向社会主义"①。这一案件的要点是：拾捡枯木在传统上历来是穷人的"习惯权利"而不受干预，但普鲁士政府却站在林木所有者的立场上，判处穷人盗窃罪。马克思站在穷人利益的立场上，不仅从习惯法出发说明穷人的习惯"合乎本能的法的意识"，并进一步指出普鲁士国家的虚幻性：如果说国家按照其本意应该以普遍理性的尊严保护公民权利，但现实中它不仅没有对公民进行保护，反而被贬低为私人利益的手段。在黑格尔哲学中，个人利益与公共利益被拟定其在伦理国家中的否定性统一，但事实上，"私人利益的空虚的灵魂从来没有被国家观念所照亮和熏染，它的这种非分要求对于国家来说是一个严重而切实的考验"②。透过法哲学的话语，彼时马克思隐约把握到了现代政治问题与经济问题的相关性。此后，基于对黑格尔法哲学的全面批判，他就更彻底地得出"对市民社会的解剖应该到政治经济学中去寻求"的重要结论，遂由此转入了政治经济学的具体研究。

在政治经济学研究中，马克思通过亚当·斯密以降的启蒙政治经济学著作，接触到一个和黑格尔国家哲学全然不同的传统——市民社会理论。按照拉斯基的研究，亚当·斯密所做的工作是对洛克以来的启蒙政治哲学的推进，"洛克和他的学派用议会取代君主，让其更好地满足社会的需求。亚当·斯密则向前更进了一步，他补充说，排除极少数的例外情况，社会根本不需要议

---

① 转引自［英］戴维·麦克莱伦《马克思传》，王珍译，中国人民大学出版社2016年版，第46页。

② 《马克思恩格斯全集》第1卷，人民出版社1995年版，第261页。

会的干预"①。从斯密的经济自由主义观点来看，国家只能遵从经济的自然法则，而不能改变、扭曲自然法。这种新的自然法认为，个人是其自身利益的最佳判断者，国家和政府必须从对财产所有者的管制和约束中退出来，维护作为"自然的自由体系"的社会。换言之，在政治经济学的早期发展中，贫困更多地被视为一个社会的自然准则或事实，而非社会问题。而按照拉斯基的论述，在较早把贫困作为一项社会问题进行关注这件事上，保守主义者埃德蒙·伯克厥功至伟，他指出："在一个不自然的国家中，存在一个永恒不变的法则，那些最辛苦的人却享受最少的成果，而那些根本不劳动的人却能享用最多的东西。这样的体制真是超乎想象的奇怪和滑稽。"② 在 1789 年法国大革命以后，随着越来越多的工人无产者意识到自己作为劳动者的权利，在思想层面，贫困也正式被视为一种社会状态。在这一时期，就贫困作为社会问题而言，虽然出现了大量饱含创新精神的文献，"但是，任何文献的分析都不愿抓住私有财产这一中心议题。社会中出现了平等精神和对富人慷慨救助穷人的责任的颂扬"③。比如，伏尔泰就站在富裕的资产阶级立场上，认为穷人的存在是文明延续的基础。同样，狄德罗虽然同情穷人，但他仍然把富人的财产权视为神圣的绝对的权利。爱尔维修站在人道主义立场上，认为一个国家中的大多数普通人的幸福，要远远比满足少数富人的奢侈愿望更为重要。因此，尽管这一时期的思想家们都急切地想减轻社会问题，但囿于资产阶级立场和时代的局限性，早期启蒙思想家们的努力终究是有限的，只能留待后继者从更彻底的理论立场予以反思。

以上述思想史为背景，可以说，马克思在研究政治经济学的过程中同样分享了启蒙思想家对社会问题的理论意识，但更加明确地把社会问题定位为解放资本主义社会中受压迫的无产阶级。从理论谱系上而言，马克思不仅吸收了洛克、斯密这样自由主义始祖的思想，并且也延展了从卢梭、蒲鲁东、西耶斯、巴贝夫以来的近代西方政治理论的"异端传统"，即追求平等主义的

① ［英］哈罗德·J·拉斯基：《欧洲自由主义的兴起》，林冈、郑忠义译，中国人民大学出版社2012 年版，第 124 页。

② 转引自［英］哈罗德·J·拉斯基《欧洲自由主义的兴起》，林冈、郑忠义译，中国人民大学出版社 2012 年版，第 141 页。

③ ［英］哈罗德·J·拉斯基：《欧洲自由主义的兴起》，林冈、郑忠义译，中国人民大学出版社2012 年版，第 150 页。

激进政治。马克思的最大创见就是把西方的道德政治哲学从一般的权利扩展
到财产的权利，而财产权的根本是"穷人的权利"问题，也就是社会问
题。① 事实上，在《1844年经济学哲学手稿》时期，马克思就把共产主义定
义为"私有财产的积极扬弃"。而在《资本论》及其手稿中反复强调的"自
由人的联合体"概念，都是这种政治意识下的实际建构。如果说社会问题是
马克思进行政治经济学研究的起点，那么，他经历了一个漫长的过程才把握
到问题本质。虽然在法哲学时期，马克思就已经为穷人的利益进行过锐利的
辩护，但法与政治批判还更多地具有道义和情感的性质，缺少经济学的科学
分析的力量。马克思诉诸自然法捍卫穷人的利益，并不能从根本上超越资产
阶级意识形态的基础，也无法说明贫困的真正社会根源。而当他把社会问题
归结于国家的虚假普遍性时，表明他仍未理解这一问题的市民社会根源，没
有领会造成现代政治悖论的基础是现代社会的所有制结构与经济关系的内在
矛盾。这种情况直到1845年以后，马克思在《哲学的贫困》《政治经济学批
判大纲》以及《资本论》及其手稿中才深入社会结构的内部分析，以政治经
济学为实体内容在一个真正的科学平台上探索了社会问题的实质。

（二）对社会问题的政治经济学批判

对于1845年以后的马克思而言，其理论的主要批判对象是古典经济学，
既包括其中具有革命性的古典政治经济学家斯密、李嘉图，亦包括西尼尔、
巴师夏等庸俗经济学家，但主要的批判对象还是庸俗经济学。原因在于，在
斯密和李嘉图的古典政治经济学中固然也存在着理论错误，但他们毕竟坚持
科学研究的客观立场，奠定了真实的方法论基础。马克思认为，他们甚至一
度接近发现劳动价值论与剩余价值学说，走到了科学社会主义的入口处。相
比之下，庸俗经济学家们歌颂私有制、贬低无产者，赞美所有权、无视工人
劳动，他们仇视社会主义、为资本主义制度进行不遗余力的辩护。

在斯密那里，他还出于一种真诚的态度乐观地认为商业社会能够很好地
解决让人头疼的社会问题。《国富论》中有个著名的说法，即一个发达商业社

---

① 张盾、田冠浩：《黑格尔与马克思政治哲学六论》，学习出版社2014年版，第214页。

会的工人也远远好过一个落后的非洲酋长的生活。斯密认为，社会繁荣的秘密在于劳动分工，随着交往扩大、分工的精细化程度提高，结果也必然提高生产力，"于是普遍富裕的状况自然而然地扩散至每个社会阶层"①。斯密并不避讳劳动阶级遭受资本所有者的剥削，但他认为商业社会的法则保证了劳动者的份额能够在绝对水平上不断增长，穷人的生存需要必须通过富人对财富的盲目贪婪才能得以满足。而自由市场就像一只"无形之手"在暗地里运作，让每个人都从自利的动机出发，结果却推进了社会的整体和谐。

斯密的论述表达了处于历史上升期的新兴资产阶级的盲目自信。此后，随着资本主义生产方式居于统治地位，它逐渐显露出激烈的社会矛盾、动荡的阶级冲突。此时，任何对"无形之手"的盲目崇拜，都不得不引起人们对这种经济学体系的警惕。正如威廉·汤森（William Townsend）对于社会自然法则的描绘所引起的人们的怀疑那样，这位经济学家以冷峻的口吻写道："饥饿将驯服最凶猛的动物，它将教导最执拗的人正派和谦恭、恭顺和服从。一般地，只有饥饿才能激励并且驱策他们［穷人］去劳动；然而我们的法律却说他们绝不应该挨饿。必须承认，法律同样说过，应该迫使穷人们去工作。"② 汤森绕开了价值与规范问题，完全从自然角度来讨论社会。所谓自然角度，就是把人的动物性作为探讨社会的起点。这一点和古代政治哲学形成了强大反差，在古代政治哲学看来，人区别于动物的根本是政治性，甚至霍布斯也只是在前政治状态的意义上讨论具有狼性的人。然而，新政治经济学却构想了一个反对法律和政府的人类社会。正如自然界没有政府存在而生物链却保持稳定一样，人类社会也不需要政府去保持平衡："一方面是饥饿的折磨，另一方面是食物的缺乏，两者结合即重获平衡。"③ 在整个 18 世纪，有越来越多的思想家把贫困视为社会的自然选择的结果，并认为穷人是文明之所以能够延续的基础。这表明此时政治经济学已不再秉持其创立之初的人道主

① ［英］亚当·斯密：《国富论　Ⅰ—Ⅲ卷（全译本）》，谢宗林、李华夏译，中央编译出版社2011 年版，第 9 页。

② 转引自［英］卡尔·波兰尼《大转型：我们时代的政治与经济起源》，冯钢、刘阳译，浙江人民出版社 2007 年版，第 98 页。

③ 转引自［英］卡尔·波兰尼《大转型：我们时代的政治与经济起源》，冯钢、刘阳译，浙江人民出版社 2007 年版，第 99 页。

义精神，而是告别了启蒙，成为一种拥护精英阶层的理论。这种论调实际上掩盖了资本主义的历史性前提，把资产阶级社会的生产关系进行了永恒化想象。在斯密那里，虽然商业社会被认为是完美的"文明社会"，但他却以"历史四阶段"理论尝试揭示资本主义的历史起源。而到了李嘉图，政治经济学却变得毫无历史感，仿佛资本主义从来就有、永不消亡。此时的政治经济学认为，在具有自发调节能力的市场中，所有产品都以出售为目的，尤其是劳动力、土地、货币这三大工业发展所依赖的要素都被商品化。地租被认为是土地的价格，它形成了土地所有者的收入；工资是劳动力的价格，形成了劳动力出卖者的收入；利润是资本所有者售出的物价与成本的差额。对此，马克思在《1844年经济学哲学手稿》中就指出了古典经济学的内在非历史性，他认为，资产阶级社会关系的对抗性的本质——"工资决定于资本家和工人之间的敌对的斗争""资本是对劳动及其产品的支配权力"，地租是"土地所有者的权利来源于掠夺"。① 并且，在社会中资本家的联合常常有效，工人的联合却遭到禁止并给自己招致报复性的恶果。

如果说在资本主义发展之初，经济关系的人的性质还能看得比较清楚，但随着发展的深入，一旦商品形式成为整个社会的统治形式，人们就更加难以穿透物化社会的面纱。在物化的支配下，萨伊、西尼尔等人无法看透商品形式的社会关系本质，而是从市场和交换领域中寻找价值起源。譬如，在西尼尔的"资本节欲论"看来，资本、土地、劳动力作为不同的"生产性服务"共同创造了产品的价值，正如工人在劳动中牺牲了自由时间和体力，资本家却为了生产而牺牲了消费和享受。这种观点意味着，同工人获得工资一样，资本家依据资本的所有权而拿走利润也并没有什么不当。换言之，贫困并非一个社会问题，而是源于工人阶级自身的道德低下，他们迟钝、麻木、酗酒、无节制地生育，才导致自身的贫困。这就是西尼尔、马尔萨斯等庸俗经济学家的论调。在《资本论》第三卷中，马克思揭示了庸俗经济学对资本主义生产方式神秘化："这是一个着了魔的、颠倒的、倒立着的世界。在这个世界里，资本先生和土地太太，作为社会的人物，同时又直接作为单纯的物，

---

① ［德］马克思：《1844年经济学哲学手稿》，人民出版社2000年版，第7、21、35页。

在兴妖作怪。"① 这种颠倒和错认是在商品成为普遍范畴、商品形式成为社会统治形式之后，拜物教遮蔽了人们对事实的认知。"在生产者面前，他们的私人劳动的社会关系就表现为现在这个样子，就是说，不是表现为人们在自己劳动中的直接的社会关系，而是表现为人们之间的物的关系和物之间的社会关系。"② 从表面来看，人们只是在市场上使他们的各自产品作为价值彼此相等，因而仿佛考察了供给与需求关系就可以把握价格的变动。一旦接受市场的拜物教，人们就很容易把商品的价值形式自然化，仿佛价值并不是来源于劳动的社会建构，而是从资本、土地中派生出来。

在这个意义上，只有放弃流通和交换的视角，从生产视角分析资本主义社会关系的本质，才能切中问题之要害。因为从交换视角出发，只能看到交换双方的互惠与和谐，从而就会把资本主义分配方式视作天然合理的制度；然而，从劳动和生产视角出发，所观察到的则是资本主义生产关系的本质结构，即资本和雇佣劳动的冲突。可以理解，为什么马克思坚定地拥护劳动价值论而非效用价值论？这是因为，只有严格的劳动价值论才能证成剩余价值，进而说明工人阶级遭受剥削的过程实质。并且，只有当观察者把目光从商品流通领域转移到劳动过程和生产领域中时，才能洞察到这种隐蔽的价值生产与社会关系再生产的全部秘密。"因此，让我们同货币占有者和劳动力占有者一道，离开这个嘈杂的、表面的、有目共睹的领域，跟随他们两人进入门上挂着'非公莫入'牌子的隐蔽的生产场所吧！在那里，不仅可以看到资本是怎样进行生产的，而且还可以看到资本本身是怎样被生产出来的。赚钱的秘密最后一定会暴露出来。"③ 回到社会问题的语境，试问：马克思为什么创造了一个因其无法实现量化而饱受现代经济学抨击的（剩余）价值学说？答案就在于，这一学说的根本意义并不在于经济学层面，而是在于马克思从价值概念中提示了一种哲学和政治的可能性，那就是：穿越资产阶级社会的拜物教幻象，就资本统治和资本权力展开社会存在论的批判，开启"现实的人及其历史发展的科学"道路。现在，"资本越来越表现为社会权力，这种权力的

① ［德］马克思：《资本论》第3卷，人民出版社2004年版，第940页。
② ［德］马克思：《资本论》第1卷，人民出版社2004年版，第90页。
③ ［德］马克思：《资本论》第1卷，人民出版社2004年版，第204页。

执行者是资本家，它和单个人的劳动所能创造的东西不再发生任何可能的关系；但是资本表现为异化的、独立化了的社会权力，这种权力作为物，作为资本家通过这种物取得的权力，与社会相对立"①。

（三）社会问题、社会正义与自由

基于上述思想史的考察，可见《资本论》的思想革命具有明显的理论针对性和现实诉求。在 19 世纪自由资本主义语境下，马克思以更高的思想水平，又一次深刻推进了斯密在"资本的文明"开端所表明的洞见：现代人对自由的追寻，离不开财富的生产与分配。

需要注意的是，当代马克思哲学研究在理解政治经济学批判与自由问题的关系上，有两种错误的观点。一种是以政治哲学家汉娜·阿伦特为代表，否认马克思对社会问题的关注具有任何关于自由的积极含义。她在《论革命》中指出，马克思哲学的根本弊病在于受法国大革命的误导而过分关注无产阶级的贫困问题，从而把解决无产阶级贫困问题视为现代政治理论的核心。而一旦马克思把社会问题政治化并上升为政治问题，其最终后果就是放弃了建立真正的自由的政治体制，并从社会革命走向社会恐怖。因为贫困的本质乃是"肉体支配下的必然性力量"，它不能表达自由的积极意义。自由在其本义上与政治同构，即建立一个包含公共精神、公共幸福的共同体。② 与之相对，东欧新马克思主义理论家阿格妮丝·赫勒代表了另一种反对意见。出于反驳阿伦特的需要，她令人感到惊异地说明，马克思根本不关心社会问题。《资本论》第一卷中大量引用了英国工厂专员调查报告，但马克思冷峻地不受阶级命运的干扰，"而是利用这个阶级的痛苦来构建他们大胆的哲学概念"，其异化、阶级、剥削概念都是指向更高的哲学人类学计划的一部分，"马克思发明了一套关于未来的，不包括支持社会问题的任何信息的理论：在这一计划的未来中，没有社会问题"。③

① ［德］马克思：《资本论》第 3 卷，人民出版社 2004 年版，第 293—294 页。

② ［美］汉娜·阿伦特：《论革命》，陈周旺译，译林出版社 2007 年版，第 50—52 页。

③ ［匈］阿格妮丝·赫勒、费伦茨·费赫尔：《后现代政治状况》，王海洋译、陈喜贵校，黑龙江大学出版社 2011 年版，第 127—129 页。

如果说阿伦特是为阐述古典共和主义的政治精神而反对社会主义与现代性观念，从而误解了马克思的政治经济学与政治理论，那么，赫勒的"为马克思辩护"也没有提高马克思的声誉。这是因为，尽管我们可以说马克思通过政治经济学批判所指向人类解放具有高度的哲学性，但无论如何，《资本论》中对异化劳动的揭示、对资本权力的激烈批判、对工人阶级贫苦生活和悲惨境遇的同情，也都是无法被轻易忽视的可有可无的内容。事实上，马克思与恩格斯都高度赞扬工人阶级在为争取生存权与缩短劳动时间的斗争中所取得的每一次成就，这种成就相比于实现社会主义目标而言尽管还是暂时的，但其实际的重要性却不可忽视。因为如果没有现实的工人斗争的步步累积，社会主义与共产主义就可能成为空洞的乌托邦而失去现实性内容，因为"共产主义对我们来说不是应当确立的状况，不是现实应当与之相适应的理想。我们所称为共产主义的是那种消灭现存状况的现实的运动"①。

这里的关键在于，我们既要肯定工人阶级的斗争对于改变不合理的现存状况的努力，而又不能陷入任何关于资产阶级现实的改善或改良主义的陷阱当中，进而丧失社会革命这一根本目标。正如马克思所看到的，当拉萨尔派等庸俗社会主义者把争取"合理的工资"作为斗争目标时，这种执着于"合理的工资""平等分配的权利"的论调其实掉进了分配主义的陷阱，它与资产阶级政治经济学思维具有耦合性。因为"权利决不能超出社会的经济结构以及由经济结构制约的社会的文化发展"②，资本主义的交往关系连同其权利与法的观念，都与生产方式相契合而构成了一个独立的整体，在分配关系背后具有主导性的是生产方式的逻辑。从分配和交换关系而言，工人和资本家之间反倒是并无不合理之处，"生产当事人之间进行的交易的正义性在于：这种交易是从生产关系中作为自然结果产生出来的。这种经济交易作为当事人的意志行为，作为他们的共同意志的表示，作为可以由国家强加给立约双方的契约，表现在法律形式上，这些法律形式作为单纯的形式，是不能决定这个

---

① 《马克思恩格斯文集》第 1 卷，人民出版社 2009 年版，第 539 页。
② 《马克思恩格斯文集》第 3 卷，人民出版社 2009 年版，第 435 页。

内容本身的。这些形式只是表示这个内容。这个内容，只要与生产方式相适应，相一致，就是正义的；只要与生产方式相矛盾，就是非正义的"①。从这段话可见，从分配正义来理解科学社会主义显然并未抓住问题的根本。由于分配方式决定于生产方式，在任何产品分配之前首先是生产资料的分配，因此，必须从生产方式领域的变革来理解社会正义的全部规划。根据大卫·哈维的说法，那就是通过设计一套科学的路径，形成一种批判的理论，揭示出资本主义的深层结构、回应"公平交易"的路径，并且以全新的社会和物质关系为基础提出不同的价值体系，推翻资本主义的价值形式。② 这种生产方式与价值体系的重新规划，从《德意志意识形态》中关于"真正的共同体"条件下"联合起来的个人对全部生产力的占有"到《资本论》中被描述为"自由人联合体"的观念和"重建个人所有制"的规定，内蕴了一种全新的"生产正义"概念。

在这个意义上，马克思《资本论》中的政治概念不仅不同于庸俗社会主义的分配正义理论，亦与自由主义立足于国家—社会、经济—政治二元划分的政治概念相区分。近代早期自由主义把问题的焦点集中于在个人与社会之间划定明确的边界、肯定个人利益的绝对优先性，公共权力则被视为消极力量予以规避。结果，贫困等社会问题就被排除在视野之外。而在罗尔斯所代表的当代左翼自由主义那里，尽管社会问题被纳入正义论建构中，但其依据的方法论是形式化、先验化的理性原则，即从原初状态、无知之幕、最不利者的最大利益等预设出发建构正义的规范、实现社会整合。实际上，这种调节性的正义并没有对资本主义构成实质挑战，它在建构一种积极的规范时缺少对非正义状况的批判分析，更没有深入考察产生这一问题的真实根源。与之相对，马克思认为经济领域乃是真正的力量体系，在此之中形成现代社会的权力关系、主导着实际的政治结构。

而阿伦特在批评马克思过分关注社会问题时没有料到，马克思早已脱离了西方政治理论的传统习惯。基于生产方式的重建，马克思把以往属于政治概念的和平、安全、正义、自由等价值归属于社会概念。对于现代而言，最

①　[德]马克思：《资本论》第3卷，人民出版社2004年版，第379页。
②　[英]大卫·哈维：《跟大卫·哈维读〈资本论〉》，刘英译，上海译文出版社2014年版，第51页。

重要的问题固然是社会的经济结构问题，但这并不意味着人就完全堕入经济事务中而沦为动物性存在、远离自由理想。事实上，现代人的自由具有不同于古代自由的新内涵。与古代社会对财富与劳动的蔑视不同，现代人的自由并不需要为摆脱感性的制约而放弃现实中的物质财富占有，转入沉思与内省的主观道德世界。真正人的存在就立足于物质生产之上而为自己开辟着自由的道路，即运用自身的力量把自然的必然性创制成自由的自主性。在这一社会中，每个人的自由发展是一切人发展的前提条件，它代表着真正的普遍性，而不是被阶级所限制的有限普遍性。也正是因为马克思始终坚持在对社会问题的求解中寻求正义的来临与自由理念之实现，社会主义才是兼具现实性与理想性的统一体。就此而言，当代政治哲学还并未把握住马克思的问题意识，更无法替代马克思政治哲学的分析方法。

第四节　从市民社会论到"人的解放"

众所周知，马克思的学术起点是德国观念论，而其超越德国观念论的理论分界点是对唯物史观的创立。如果以 1845 年《德意志意识形态》作为唯物史观的诞生标记，此前马克思从《莱茵报》到克罗茨纳赫和《德法年鉴》时期，则处在法与政治批判阶段。[①] 在这一时期，马克思提出了比"政治解放"更为高远的"人的解放"，并在黑格尔法哲学内部窥见市民社会的基础地位，但由于缺少唯物史观的奠基，这种诉诸法的规范的政治批判仍然十分抽象。因此，马克思在完成政治批判后就转入了政治经济学研究，而作为这一转向的重要研究成果就是在克罗茨纳赫时期所写的经济学札记，它通向《神圣家族》《关于费尔哈巴的提纲》和《哲学的贫困》等转折时期文本。直到这时，马克思才从德国观念论中突围出来，完成了历史唯物主义建构。在政治经济学领域，古典政治经济学从财产权和经济视角对市民社会的历史叙事，打破了传统的思辨理性主义的社会概念，为马克思最终创立唯物史观奠定了思想

---

①　邹诗鹏：《激进政治的兴起：马克思早期政治与法哲学批判手稿的当代解读》，复旦大学出版社 2012 年版，第 9—10 页。

基础。二者的分歧在于：古典政治经济学止步于资产者利益的合法性论证，其实质是一种市民社会理论，而马克思通过诉诸政治经济学批判，在社会和历史的层面上回归无产阶级的革命目的论，为实现真正人的自由的社会敞开现实的道路。本节从思想史视角，就历史唯物主义的问题意识、理论来源和话语实质的古典政治经济学起源做出详细考证。

（一）政治批判与市民社会的凸显

马克思曾经是青年黑格尔派的成员，但随着 1842 年在《莱茵报》工作并亲身参与到社会问题的争论中，致使他重新反思自己的政治立场和思想方法。通过林木盗窃法案，马克思看到现存的国家作为法已经灭亡，且在实际上已经被"贬低到私人利益的思想水平"①。这一结论对马克思的哲学观造成了深刻冲击，而与这一现实相接榫的理论就是黑格尔的国家哲学。因此，马克思首先要对黑格尔法哲学进行批判性考察，进而开启对近代政治本身的批判，其标志性成果就是 1843 年 6 月—1843 年 10 月在克罗茨纳赫时期所写的《黑格尔法哲学批判》，以及 1843 年 10 月—1844 年 2 月在《德法年鉴》时期的《〈黑格尔法哲学批判〉导言》（以下简称《导言》）和《论犹太人问题》。

《导言》表达了这一时期的理论总体旨趣。随着宗教批判在德国基本结束，对市民社会和国家的政治批判将成为时代精神的核心议题："真理的彼岸世界消逝以后，历史的任务就是确立此岸世界的真理。人的自我异化的神圣形象被揭穿以后，揭露具有非神圣形象的自我异化，就成了为历史服务的哲学的迫切任务。于是，对天国的批判变成对尘世的批判，对宗教的批判变成对法的批判，对神学的批判变成对政治的批判。"② 宗教批判是青年黑格尔派的主题，但马克思认为，一旦宗教幻想对人的现实苦难的遮蔽被揭穿了，人就再也不必在他应该寻找自己真正现实性的地方，只去寻找他自身的"假象"和"非人"了。而人的真正现实就是他自身的世俗存在，"人不是抽象的蛰居于世界之外的存在物。人就是人的世界，就是国家，社会"③。借助于费尔巴

---

① 《马克思恩格斯全集》第 1 卷，人民出版社 1995 年版，第 261 页。
② 《马克思恩格斯文集》第 1 卷，人民出版社 2009 年版，第 4 页。
③ 《马克思恩格斯文集》第 1 卷，人民出版社 2009 年版，第 3 页。

哈，马克思看到宗教和神学的本质是"颠倒的世界意识"，与之相比，政治与社会领域更具有存在论的优先性。马克思借此推进了青年黑格尔派的问题意识，即宗教批判应该被政治批判所扬弃。

在政治哲学层面上，青年黑格尔派的理论视野其实远远低于黑格尔。黑格尔的深刻之处在于，他超越了近代理性主义和经验主义的哲学人类学，把人的发展和社会、政治的历史规定性统一起来。因此，政治哲学高于哲学人类学。就批判启蒙的抽象人性论而言，黑格尔与马克思都从个人和社会发展相统一的历史辩证法去理解全部问题。但马克思沿用了费尔巴哈的策略，指证黑格尔的观念论方法造成了国家和市民社会的"主谓颠倒"。在黑格尔眼中，国家是绝对观念的体现者，它作为逻辑的主词规定着家庭和市民社会，家庭和市民社会的存在以国家为前提。马克思认为，黑格尔从家庭、市民社会到国家的过渡具有虚假性，它们被以先验的目的论的方式设定在了同一性逻辑中。黑格尔没有真实地理解家庭和市民社会的特殊性，就急于表达了对国家的理想诉求。"这里没有阐明：家庭的信念、市民的信念、家庭的设制和各种社会设制本身，怎样对待政治信念和政治制度以及怎样同它们发生联系。"① 实际上，家庭和市民社会才是国家的前提，它们是真正的活动者，黑格尔的国家目的论把政治权力说成实体，无疑神秘化了其存在方式，遮蔽了其特定的社会基础。

然而，仅仅依据"主谓颠倒"逻辑并不能提供一种对政治形而上学的内在批判。按照哈贝马斯所揭示的那样，黑格尔的逻辑学有其符合时代精神诉求的内在理据。18 世纪末是现代性要求自我确证的时期，康德哲学对主体性原则的挖掘，以一种新哲学形式不自觉地确证了现代性问题。而到了黑格尔，才第一次自觉地使现代性上升为哲学问题，他致力于克服主体性原则所造成的自我矛盾，实现理性和现实的和解。转换为政治哲学语言，对整体性的诉求表现为如何克服现代性背景下的私人利益与公共利益、市民社会与国家的分裂。黑格尔的思路是沿用古希腊的城邦模型，通过使政治超验经济，克服市民社会与国家的分裂。因此，"黑格尔是懂得了作为市民社会科学的政治经

---

① 《马克思恩格斯全集》第 3 卷，人民出版社 2002 年版，第 14 页。

济学重要意义的首位哲学家，也是提出要对其进行有效批判的第一人"①。

这时马克思接受了黑格尔的市民社会概念，从私有财产和特殊性来理解市民社会。但他已经注意到市民社会从国家分离出来的积极意义，意识到市民社会确立了人权原则，并促使等级制向代议制转变。在这个问题上，黑格尔的君主制国家诉求显示了强硬的保守主义立场，马克思则从市民社会和现实的人出发，主张回到人民主权和民主制原则。另外，黑格尔认为官僚政治是市民社会和伦理国家的中介形式，它代表着普遍利益。马克思却揭示出，官僚政治的普遍性是虚假的，其真实基础是由市民社会及其特殊的物质利益关系所决定的。总之，马克思对黑格尔法哲学的批判促成了从国家向市民社会的转向，由此推进了现代性的政治批判，即由于政治国家"反映了一切社会斗争、社会需求、社会真理"②，进一步则应该对市民社会的真实存在和政治内涵进行考察。

在《论犹太人问题》中，马克思把近代政治的本质揭示为市民阶级的政治解放。政治解放"是同人民相异化的国家制度即统治者权力所依据的旧社会的解体"，它不仅让国家从宗教中解放出来，也从它与封建等级、同业公会、行帮和特权的联结中分离出去，由此形成了一个纯经济的社会领域。在封建社会瓦解后，个人作为国家的前提不再具有传统的出身、等级、文化程度的非政治差别，而是以人民主权的平等享有者身份参与到国家当中。这种公民身份的世俗基础是利己的个人、私有财产的所有者。现代政治由此形成了"市民社会的唯物主义"和"国家的唯心主义"相对立的二元结构。市民社会作为私人活动的领域，利己主义是其通行准则；而完成了分离的政治国家，按其本质来说，则体现为同市民社会的私人利益相对立的普遍利益的领域，"是人同自己的物质生活相对立的类生活"③，即共同体。市民社会和国家的对立进一步彰显为现代个人的分裂，这就是作为社会成员的市民同国家层面上的公民或类存在的分裂，即人的市民生活同政治生活的对立。"在政治国家真正形成的地方，人不仅在思想中，在意识中，而且在现实中，在生活

---

① ［法］皮埃尔·罗桑瓦隆：《乌托邦资本主义——市场观念史》，杨祖功等译，社会科学文献出版社 2004 年版，第 203 页。

② 《马克思恩格斯文集》第 10 卷，人民出版社 2009 年版，第 9 页。

③ 《马克思恩格斯文集》第 1 卷，人民出版社 2009 年版，第 30 页。

中，都过着双重的生活——天国的生活和尘世的生活。前一种是政治共同体中的生活，在这个共同体中，人把自己看做社会存在物；后一种是市民社会中的生活，在这个社会中，人作为私人进行活动，把他人看做工具，把自己也降为工具，并成为异己力量的玩物。"① 此时，马克思已经触及了《巴黎手稿》中的异化论题，只不过异化还是政治的异化。而消除政治异化的出路在于：政治解放必须超越自身并实现为真正的"人的解放"，使人的世界的各种关系回归于人自身。现代社会的任务是，人必须认识到自身"固有的力量"是一种"社会力量"，"并把这种力量组织起来因而不再把社会力量以政治力量的形式同自身分离"，只有那个时候"人的解放"才能完成。②

那么，应该如何把体现为人的本真存在的"社会力量"组织起来？市民阶级的政治解放只是把社会分裂为各个不同的组成部分，却没有对这些分化的领域进行批判。市民社会的需要、劳动、分工、私有财产、私人权利被看作"自己持续存在的基础"和"无须进一步论证的前提"，从而看作自己的"自然基础"。因此，政治批判必须进一步展开为社会批判，必须对市民社会的"前提"与"自然基础"——私有财产及其经济关系进行批判。在这个意义上，人类解放以社会解放为中介，资产阶级的政治解放也必然被无产阶级的政治解放所取代。无产阶级的存在是以私有财产为基础的市民社会之异化和分裂的结果，无产阶级的解放是人类解放的政治形式。马克思把黑格尔的"普遍等级"赋予了无产阶级，并指出无产阶级由于遭受普遍的苦难而具有普遍性质，只有这个阶级才能超越市民阶级的狭隘性，具有承担起人类解放的世界历史的主体意识。当然，此时马克思还不能从经济学上就无产阶级的社会关系做出科学分析，但随着从国家转向市民社会，政治批判也在更高的平面上被政治经济学批判所容纳了。因此，马克思在《德法年鉴》时期只进行了短暂的逗留，就转入政治经济学研究中了。

（二）唯物史观的古典政治经济学源头

如阿尔都塞所见，由于德国落后保守的社会政治现实，德国哲学早已成

---

① 《马克思恩格斯文集》第 1 卷，人民出版社 2009 年版，第 30 页。
② 《马克思恩格斯文集》第 1 卷，人民出版社 2009 年版，第 46 页。

为意识形态的沉重包袱，掩盖了"真实历史"和"真实对象"。这促使马克思"必须从意识形态的大踏步倒退中重新退回到起点，以便接触事物本身和真实历史，并正视在德意志意识形态的浓雾中若隐若现的那些存在"①。在这期间，恩格斯的《国民经济学批判大纲》不仅先于马克思发现了政治经济学是现代市民社会的理论分析，并且初步站在共产主义立场上，以一种新世界观和方法论对政治经济学的基本范畴与资本主义生产方式进行了批判。马克思看到，市民社会批判的理论形式只能是政治经济学批判，因此必须以古典政治经济学为中介，才能切中市民社会的真实存在，即"对市民社会的解剖应该到政治经济学中去寻求"②。

历史唯物主义是一种批判的社会学和历史学，它是马克思在古典政治经济学，尤其是亚当·斯密及其苏格兰启蒙社会理论的启发下创立的。在苏格兰启蒙学派的谱系中，经济问题在更大的平面上隶属于政治学和社会理论的总规划，政治的立法奠基于经济社会史，斯密与休谟、弗格森、斯图亚特、米勒等人首次揭示出社会发展与经济关系的历史性结构，从而以萌芽的形态孕育了唯物史观的基本观点。在《德意志意识形态》中，马克思批判德国哲学从道德、宗教、形而上学等观念形式理解社会，其本质是以词句反对词句的斗争，因此并没有深入真实的社会存在。德国落后的社会政治状况决定了它只能产生浪漫主义和保守主义的意识形态，不可能就经济生活同社会发展的联系提出正确见解。反之，"法国人和英国人尽管对这一事实同所谓的历史之间的联系了解得非常片面——特别是因为他们受政治意识形态的束缚——，但毕竟作了一些为历史编纂学提供唯物主义基础的初步尝试，首次写出了市民社会史、商业史和工业史"③。马克思对古典政治经济学的学习正是从苏格兰启蒙学派开始的。苏格兰启蒙学派以政治经济学和道德哲学相互印证的方式重构了市民社会的政治秩序，既从人性论层面引申出市民社会的自然秩序原理，又在市场经济的基础上提出了重建市民德性的伦理目标。因此，苏格兰启蒙学派的市民社会理论具有更明显的政治与伦理特征，其主要目的是拒斥思辨理性主义的社会概

---

① ［法］路易·阿尔都塞：《保卫马克思》，顾良译，商务印书馆2006年版，第64—65页。
② 《马克思恩格斯文集》第2卷，人民出版社2009年版，第591页。
③ 《马克思恩格斯文集》第1卷，人民出版社2009年版，第531页。

念，并在强调经济的基础地位的意义上影响了历史唯物主义。

我们曾指出，近代政治哲学的主流是契约论，契约论是一种非历史的政治观念，它通过预设自然状态与社会状态的划分，把社会解释为个人出于自我保存和自我利益而进行的联合。对于契约论而言，社会秩序在本质上是理性的，文明社会是个体的理性选择的结果。这种观念的缺陷在于，它把社会还原为单子式个人的集合，结果必然引向利己主义，导致社会有机体的分裂。由于它不能解释社会性的产生根源，"契约"与"联合"更多的是一种规范概念，对政治现实的解释却很无力。相反，苏格兰启蒙学派秉持简单的经验主义原则，他们不是从某种理性观念出发建构政治，而是根植于人类生存经验的记忆重构市民社会的形成史，表现了一种现实主义的政治态度。弗格森在《市民社会史》中认为，契约论者讨论的自然状态绝非基于历史事实，而不过是一种文学化、诗意化的"想象"和"推测"；休谟和斯密也说明了，并无任何国家和任何时代能够证明曾经存在那样一个签订契约的历史时刻；即，使人民从政府那里得到某种形式的庇护，但米勒认为单凭此点亦不能证明两者之间有过"契约"承诺。[①] 这种拒斥观念论的方式无疑被马克思吸收了，并被用来直指青年黑格尔派的历史观念论，"他们的叙述不是以研究而是以虚构和文学闲篇为根据"，是以虚假的普遍观念代替了对具体的历史事实的研究。[②]

苏格兰启蒙学派认为，个人不仅不先于社会而存在，反而是社会产物且先天具有社会性。社会并非产生于理性选择，而是从家庭、习俗等自然要素中生长出来的，个人只能融化到社会中并接受传统的价值规范。同样，休谟认为政府的合法性来自强力的征服与统治，时效性原则使政府获得了权威[③]，对于立法者而言，他们总是尽量接受那些已经被确定下来的体系，以使自己的统治与传统精神相协调，而不是激进变革。[④] 这意味着社会发展具有一定的

---

① ［英］亚历山大·布罗迪编：《苏格兰启蒙运动》，贾宁译，浙江大学出版社 2010 年版，第231、232 页。

② 《马克思恩格斯文集》第 1 卷，人民出版社 2009 年版，第 547—548 页。

③ ［英］克里斯托弗·J. 贝瑞：《苏格兰启蒙运动的社会理论》，马庆译，浙江大学出版社 2013 年版，第 39 页。

④ ［英］亚历山大·布罗迪编：《苏格兰启蒙运动》，贾宁译，浙江大学出版社 2010 年版，第237 页。

稳定性，每一代人都要遵照习俗来规划自己。历史与社会是相互关联的，社会是历史性的，历史是社会史。正如马克思说："历史不外是各个世代的依次更替。每一代都利用以前各代遗留下来的材料、资金和生产力……每一代一方面在完全改变了的环境下继续从事所继承的活动，另一方面又通过完全改变了的活动来变更旧的环境。"①

当然，苏格兰启蒙学派的唯物史观还是不完全的，但他们已经注意到了经济对社会发展的决定性影响，从而诉诸私有财产权的历史演进来描绘现代社会的形成。这就是著名的财产权与"历史四阶段论"理论。在1762—1763年的法学讲座和《国富论》中，斯密依次把社会划分为狩猎、畜牧、农耕和商业四个历史阶段，这四个阶段围绕的核心是私有财产权的形成史，占有的支配规则随着社会四阶段而变化。② 在狩猎和畜牧时期，人类情感能力与认知能力发展有限，只能专注于感觉的直接占有，所以他们是财产权观念的陌生人。在农耕社会，由于耕种者和土地的紧密的精神联系产生了土地财产权，它标志着权利与占有之间开始有了区分。但只有在商业社会，财产权才作为一种观念存在从占有中抽离出来，成为社会的普遍权利。财产权作为观念存在的重大意义是，它因此具有了无限制的可转让性，从而能够适应商业社会的川流不息的贸易。商业社会作为一个交往体系，其中每个人都有以物易物的自然倾向，私有财产权作为商业社会的基础是政府合法性的唯一源泉，"在财产权还没建立以前，不可能有什么政府。政府的目的在于保障财产，保护富者不受贫者侵犯"③。

马克思在进行生产分析之前依然沿用了苏格兰启蒙学派的交往概念来定义市民社会："受到迄今为止一切历史阶段的生产力制约同时又反过来制约生产力的交往形式，就是市民社会"，"市民社会包括各个人在生产力发展的一定阶段上的一切物质交往"。④ 这里的"交往"和"交往形式"概念具有不同

①　《马克思恩格斯文集》第1卷，人民出版社2009年版，第540页。

②　［英］克里斯托弗·J.贝瑞：《苏格兰启蒙运动的社会理论》，马庆译，浙江大学出版社2013年版，第108页。

③　［英］坎南编：《亚当·斯密关于法律、警察、岁入及军备的演讲》，陈福生、陈振骅译，商务印书馆1962年版，第41页。

④　《马克思恩格斯文集》第1卷，人民出版社2009年版，第540、582页。

于斯密的新内涵，它一方面是人与自然的交往（生产），另一方面是人与人的社会交往。在社会中，人与自然的交往以人与人的交往为中介。所以，人与自然的交往表现为生产力，人与人的交往表现为社会关系，如私有制、雇佣劳动、社会分工。社会的动力在于生产力与交往形式（社会关系）之间的冲突与变革："已成为桎梏的旧交往形式被适应于比较发达的生产力，因而也适应于进步的个人自主活动方式的新交往形式所代替；新的交往形式又会成为桎梏，然后又为另一种交往形式所代替。"① 可见，"历史四阶段论"与历史唯物主义具有明显的理论轨迹的连续性，马克思剥离其政治意味，在经济学语境中通过事实描述上升为历史科学："从直接生活的物质生产出发阐述现实的生产过程，把同这种生产方式相联系的、它所产生的交往形式即各个不同阶段上的市民社会理解为整个历史的基础，从市民社会作为国家的活动描述市民社会，同时从市民社会出发阐明意识的所有各种不同的理论产物和形式。"② 历史唯物主义与苏格兰市民社会理论的区分在于，马克思更加突出地强调了生产概念的基础地位，因为在 19 世纪产业资本主义发达的欧洲，交往概念已经不能明确地将市民社会与传统社会区分开了。交往自古有之，但唯有从生产方式出发才能够把握住在不同社会、不同时期里社会组织关系的本质，历史唯物主义就是要解剖资本主义进行自我生产、自我繁殖的秘密。

从政治哲学的视角看，苏格兰社会理论与历史唯物主义是一种对社会的因果解释，它在西方政治哲学史上的颠覆性在于，彻底摧毁了古典自然法传统和黑格尔式的现代国家目的论。马克思摆脱了传统政治哲学以理性原则对建构社会的先导作用，并通过致力于对开端进行探索，使政治哲学开始面向时间，并具有了历史感。因此，古典政治经济学决定性地构成了唯物史观的理论来源。在唯物史观的视域中，以生存和发展为主线的人类历史被开显出来，并通过政治经济学批判而提升为以人类解放为旨趣的"历史科学"。

（三）唯物史观对市民社会理论的超越

马克思对政治经济学的接受，从根本上不同于英法古典政治经济学家。

① 《马克思恩格斯文集》第 1 卷，人民出版社 2009 年版，第 575—576 页。
② 《马克思恩格斯文集》第 1 卷，人民出版社 2009 年版，第 544 页。

古典政治经济学在其本意上是一种市民社会理论，对市民社会之合法性的证成是其根本目的。马克思创立的历史唯物主义虽来源于对古典政治经济学的吸收，最终却旨在超越市民社会理论，这种超越在历史与社会的界面上回归到《德法年鉴》时期的无产阶级的革命目的论，为其提供了社会科学基础。

马克思对古典政治经济学的意识形态性具有深刻的认知："经济学家们的论证方式是非常奇怪的。他们认为只有两种制度：一种是人为的，一种是天然的。封建制度是人为的，资产阶级制度是天然的……经济学家所以说现存的关系（资产阶级生产关系）是天然的，是想以此说明，这些关系正是使生产财富和发展生产力得以按照自然规律进行的那些关系。因此，这些关系是不受时间影响的自然规律。这是应当永远支配社会的永恒规律。于是，以前是有历史的，现在再也没有历史了。"① 对世俗历史的发现是古典政治经济学的一项重要产品，只有到了19世纪的庸俗经济学，它才更自觉地为资产阶级利益做辩护。但古典政治经济学在其创始阶段作为进步的历史意识，在反对封建主义上发挥了巨大的作用，它把市民社会从政治控制中解放出来、解除一切对利己精神的束缚。

斯密对封建社会消亡与商业社会的到来提供了一个具有唯物史观意象的分析。他认为，封建权力的消亡与其说源于深思熟虑的立法活动，毋宁说是"财产权和生活方式状况"的产物。在封建社会，权力集中在封建领主身上，由于不能消耗掉全部产品，于是他们便把剩余产品分给大量的家臣和仆人，而这些人的服从就是相应的回报。后来随着商业贸易的频繁，封建领主们越来越倾向于把剩余财富同国外的奢侈品进行交换，这意味着他们无法再豢养那些仆从了，"于是，为了满足最幼稚最可鄙的虚荣心，他们终于完全舍弃了上述权威"②。因此，商业交换必然带来封建人身依附关系的解体，从而为个人获得独立提供了真正的契机。这种局面不是任何个人行为能够解释的，而是大自然作为"看不见的手"通过每个人的自利活动的结果。并且，交往也促进了生产技艺的提高，在人身独立的基础上促使社会更加富裕。政治经济

---

① 《马克思恩格斯文集》第1卷，人民出版社2009年版，第612页。
② ［英］转引自克里斯托弗·J.贝瑞《苏格兰启蒙运动的社会理论》，马庆译，浙江大学出版社2013年版，第142页。

学家认为，同商业社会阶段相比，狩猎、畜牧乃至农耕社会都是贫困社会，它们就像霍布斯笔下的"自然状态"一样，人类生活在"卑污、残忍而短寿"中。在狩猎与畜牧阶段，那些未开化的野蛮民族穷得如此可怜，以致因为物资匮乏而经常被迫遗弃婴儿、老人和病人，导致这些人病死、饿死或被野兽吃掉。相反，在商业社会，"由于整个社会的劳动产出如此巨大，以至每个人都得到丰富的供应。而且任何一个工人，即使是最贫穷低下的，只要勤俭，就会比任何野蛮人享有更多的生活必需品与战利品"①。

　　社会财富的剧增不仅源于商业贸易，也是劳动分工导致生产力增加的结果。劳动分工标志着一种全新的社会关系的来临，即市民社会作为"需要的体系"，造成了人与人之间的广泛依赖和结合。市民社会之所以是"自然的自由体制"，首先在于每个人都有为改善自己的境况而劳动的欲望，只要不违背正义原则，每个人都可以照自己的方式去追求自己的利益。这种自由的程度远远超过了"古代人的自由"，因为"古代人的自由"奠基于奴隶制度，公民自由是以奴隶阶级的不自由为代价的，而商业社会第一次使所有人都从必然性的压迫中解放出来具有了可能。

　　然而，市民社会不仅证明了它是促成封建社会瓦解的现实力量，更由于其内部不可克服的矛盾，决定了它必然否定自身从而追求更合理的社会形态。这是历史发展的辩证法。在《1857—1858年经济学手稿》中，马克思把古典政治经济学的"历史四阶段论"重新规划为社会发展的三大形式："人的依赖关系"；"以物的依赖性为基础的人的独立性"；"建立在个人全面发展和他们共同的、社会的生产能力成为从属于他们的社会财富这一基础上的自由个性"。② 狩猎、畜牧和农耕社会正是"人的依赖关系"阶段，商业社会则对应于"以物的依赖性为基础的人的独立性"阶段，而"自由个性"阶段作为对未来社会的设计，超越了商业社会。社会发展三大形式一方面延展了马克思早期的人类学思想，根据人性自我实现的伦理诉求重新定位了历史发展进程；另一方面，对市民社会之历史性结构的研究也瓦解了古典政治经济学关于市

---

　　① ［英］亚当·斯密：《国富论　Ⅰ-Ⅲ卷（全译本）》，谢宗林、李华夏译，中央编译局2011年版，第2页。
　　② 《马克思恩格斯文集》第8卷，人民出版社2009年版，第52页。

民社会之历史终结的叙事。

　　马克思认为，现代劳动分工固然产生了历史上前所未有的生产力，并导致城乡分离、世界市场和普遍联系的个人的出现，但在这种新力量面前，个人的自由只是一种幻象，真实的经验是物质力量对人的奴役和统治。在市民社会中，人格形成和社会联系的普遍化必须通过社会关系的中介才能实现，而当这种社会关系采取着物化形态（商品和货币）时，本应从属于人的力量就反过来支配人。从表面上看，市民社会是个人的自由行为，但个人行为和产品只有采取交换价值的形式，即货币形式才能确证自己作为社会存在的有效性和权力。在这个意义上，只要分工不是出于自愿而是自然形成的，它就作为一种异己的力量压迫人，而不是人驾驭这种力量。"社会活动的这种固定化，我们本身的产物聚合为一种统治我们、不受我们控制、使我们的愿望不能实现并使我们的打算落空的物质力量，这是迄今为止历史发展中的主要因素之一。受分工制约的不同个人的共同活动产生了一种社会力量，即成倍增长的生产力。因为共同活动本身不是自愿地而是自然形成的，所以这种社会力量在这些个人看来就不是他们自身的联合力量，而是某种异己的、在他们之外的强制力量。"①

　　在社会关系语境中，劳动异化是关系异化的结果、政治异化是社会异化的表现。古典政治经济学设想的以私有财产权为基础的相互交换劳动产品的社会，仅类似于前资本主义时期的小农所有制社会。而他们所处的真正社会现实是资本和劳动、所有者和生产者的分离，所有权原则只有具有形式性，其社会结果是私人利益采取阶级的形态与社会利益相分裂。所以，市民社会在其本质上是阶级社会，占有资本的资产阶级通过雇佣劳动形成了对只拥有自身劳动力的无产阶级的剥削。在市民社会之前，人们受地产等自然形成的要素的统治。在市民社会阶段，"则表现为劳动的统治，特别是积累起来的劳动即资本的统治"②。马克思以此刷新了市民社会的内涵，进一步将其理解为资本主义社会。尤其在大工业时期，大工业创造了交通工具和世界市场，通

① 《马克思恩格斯文集》第1卷，人民出版社2009年版，第537—538页。
② 《马克思恩格斯文集》第1卷，人民出版社2009年版，第555页。

过把所有资本都变为工业资本，促使流通加速和资本集中，从而制造出了庞大的无产阶级产业后备军，使他们成为资本积累的工具。

无产阶级是一个超越民族和地方的阶级，只要有资本关系的统治，就有无产阶级存在。这决定了只有立足于无产阶级的主体性，才能想象一种完全不同于资本主义占有和真正属人的不再受分工限制的自主性劳动，"只有完全失去了整个自主活动的现代无产者，才能够实现自己的充分的、不再受限制的自主活动，这种自主活动就是对生产力总和的占有以及由此而来的才能总和的发挥"①。相较于《导言》中的无产阶级普遍性叙事，马克思已经立足于社会发展和人的自主活动相统一的立场上，指出了无产阶级革命的真实内容：资本主义的生产力必须扬弃自身作为私有制的力量对人的敌视，以作为真正的社会力量从属于人性的发展。"全面发展的个人——他们的社会关系作为他们自己的共同的关系，也是服从于他们自己的共同的控制的——不是自然的产物，而是历史的产物。要使这种个性成为可能，能力的发展就要达到一定的程度和全面性，这正是以建立在交换价值基础上的生产为前提的，这种生产才在产生出个人同自己和同别人相异化的普遍性的同时，也产生出个人关系和个人能力的普遍性和全面性。"② 在这个意义上，市民社会及其交往形式并没有终结历史，它只是为建立真正符合人的全面发展和自由个性的社会形式提供了必要的物质前提。

---

① 《马克思恩格斯文集》第 1 卷，人民出版社 2009 年版，第 581 页。
② 《马克思恩格斯文集》第 8 卷，人民出版社 2009 年版，第 56 页。

第二章　政治经济学批判对历史
唯物主义的深化

第一节　马克思与近代欧洲社会问题

上文通过分析市民社会的资本主义性质，表明了现代社会冲突形成于生产资料私有制所导致的阶级对抗，而非霍布斯所认为的那样，源于相互冲突的自然人性。事实上，从马克思首次遭遇"物质利益难题"到科学唯物史观的确立，无产阶级的贫困和异化作为社会问题，是促使马克思转向现实研究的核心因素，并且贯穿于其思想的全部轨迹。对此，阿伦特指出：

> 马克思对革命事业最具爆炸性同时也确实最富创见的贡献就是，他运用政治术语将贫苦大众那势不可挡的生存需要解释为一场起义，一场不是以面包或财富之名，而是以自由之名发动的起义。马克思从法国大革命中学到的是，贫困是第一位的政治力量。①

值得注意的是，围绕着贫困的来源和穷人的社会地位的争论，是西方近代思想史上的一个公共事件，它在古代政治哲学和早期基督教思想中就有所涉及，而经由近代自然法理论，最终在 18 世纪古典经济学中被推至现代社会思想舞台的中央。基于对这段思想史的分析，可见马克思政治经济学批判改变了社会问题在其欧洲传统思想中的问题结构：既指证了社会问题的历史性

---

① ［美］汉娜·阿伦特：《论革命》，陈周旺译，译林出版社 2007 年版，第 50 页。

本质，同时也在揭示社会问题与政治问题内在相关性的基础上，赋予政治概念以全新的理论内涵。下面从分析马克思与社会问题的相遇、社会问题的思想溯源、古典经济学对社会问题的解决方案，展开对历史唯物主义与政治经济学批判的问题结构与理论路径探究，以此锚定马克思在近代思想史中的位置，突出其理论的现实针对性和实践意义。

（一）青年马克思与社会问题的相遇

贫困问题自古以来就存在于一切人类社会中，但只是随着 19 世纪资本主义的兴起，社会上开始出现大量的贫困人群、失业大军和流浪者，从而危及社会和政治的稳定，这时贫困才上升为"社会问题"并取得了思想家们的普遍关注。但这仅仅是表面现象，作为一个思想事件，社会问题背后的更深刻的理论依据源于现代政治哲学的一系列道德承诺："作为现代西方政治基础的自然权利和社会契约承诺了人的自由和尊严，而这些现象显然对这一承诺构成了挑战，迫使社会和国家予以面对和解决，因此成为社会问题。"① 就此而言，阿伦特认为，马克思率先把社会问题进行政治化（抑或把政治进行经济化理解），实则过分夸大了问题的突兀性，而没有注意到社会问题作为现代政治的核心议题贯穿了从古典自由主义直到马克思政治哲学的连续性。事实上，不仅洛克、卢梭和休谟在政治理论范围内对社会问题予以了热情的关注，斯密、马尔萨斯和李嘉图等政治经济学家则以冰冷的科学形式解释了社会问题与经济自然法则的内在关系。马克思接续这一问题意识，对社会问题的关注体现为从早期的法哲学批判向唯物史观和政治经济学批判的视域转换，建构了理解这一问题的科学框架。

在具体展开社会问题的思想史线索之前，我们先对马克思的早期著作《关于林木盗窃法的辩论》略作分析。毋庸置疑，这一文本基本可以被视为马克思关注社会问题的现实起点，但马克思在法哲学视域对社会问题的批判具有特定的局限性，进而为其转入政治经济学批判埋下了伏笔。

根据马克思在《〈政治经济学批判〉序言》中对思想经历的自述，对社会

---

① 崇明：《契约·团结·共和》，《读书》2013 年第 7 期。

问题的关注源于面对物质利益难题所遭遇的"苦恼的疑问"，正是对林木盗窃法和摩泽尔河地区农民处境的研究推动他由研究政治转向研究经济关系，并从而走向科学社会主义。《关于林木盗窃法的辩论》的主题是：穷人拾捡私有森林中的枯木是否应该判定林木盗窃罪？拾捡枯木在传统上作为穷人的"习惯权利"历来不受限制，但 19 世纪 20 年代农业危机造成的匮乏和工业需求的增加，导致普鲁士政府进行法律干预，倾向于加重对穷人进行处罚，以维护林木所有者的利益。马克思激烈反对这项法案，通过诉诸习惯法来维护穷人和被压迫者的利益，从而证明穷人的习惯"合乎本能的法的意识"、合乎自然，而贵族的这些习惯法是同法的概念相抵触的习惯。① 具体而言，"人类的法"本应是自由理念的体现，当特权者不满足于制定法内的财产权并诉诸习惯法时，他们所要求的不平等证明了自己是"动物的法"，封建制度是"精神的动物王国"。这种习惯法按其内容来说是同法律的形式即通用性和必然性形式相矛盾的，"它们是习惯的不法行为"；相反，穷人对满足自然需要和欲望的要求如此正当，他们在自然力的指引中发现真正的人道的力量，"正如富人不应该要求得到大街上发放的布施一样，他们也不应该要求得到自然界的这种布施。但是，贫民在自己的活动中已经发现了自己的权利"②。尽管穷人拾捡枯木的自然权利并没有上升为实在法，但它却同真正法（自然法）的内容相符合，所以它不是"盗窃"。马克思认为，就像枯木是森林的习惯存在一样，贫苦阶级本身也不过是市民社会的一种习惯。问题在于，这种习惯不仅没有在有意识的国家制度范围内得到应有的确认，反而现在穷人拾捡枯木的传统习惯却要被特权阶级通过法律所终止了。这种立法超出了正当的法律秩序，要求把特权变成法，结果就是"把穷人的习惯法变成了富人的独占权"③。

可见，林木盗窃法恰恰是最大的不法。马克思沿用了近代自然法概念，但他并非诉诸抽象理性来理解自然法，而是依据于现实历史和传统来证明这种最高法的存在。也就是说，立法的首要原则就是遵循习惯，把穷人拾捡枯

---

① 《马克思恩格斯全集》第 1 卷，人民出版社 1995 年版，第 10 页。
② 《马克思恩格斯全集》第 1 卷，人民出版社 1995 年版，第 253 页。
③ 《马克思恩格斯全集》第 1 卷，人民出版社 1995 年版，第 254 页。

木这种过去千百年来的习惯行为列入犯罪，这无疑是把一部分人从国家和社会的保护中分裂出去。马克思质问：国家把拾捡枯木的贫民视作罪犯，这难道不是自断筋脉的行为吗？如果富人作为国家公民其私有财产应该受到法律保护，贫民作为国家公民的生存权利难道不同样应该得到应有的保护吗？国家虽然在其本意上"不仅有按照既符合自己的理性、自己的普遍性和自己的尊严，也适合于被告公民的权利、生活条件和财产的方式来行事的手段，国家义不容辞的义务就是拥有这些手段并加以运用"①，但事实上，国家不仅没有做到对公民的保护，反而却被贬低为私人利益的手段。这个结论冲击了现代政治哲学的固有意识。以黑格尔为代表的德国政治哲学长久以来被国家理性所统治着，它承诺了伦理国家所完成的特殊利益与普遍利益的同一。但事实上，"私人利益的空虚的灵魂从来没有被国家观念所照亮和熏染，它的这种非分要求对于国家来说是一个严重而切实的考验"②。私人利益非常狡猾，它时刻都在侵蚀着国家利益，并且进一步要求把自己的狭隘的空虚的形态宣布为国家活动的范围和准则，常常以国家理由的面貌论证自己的正当性。所以，私人利益毫无疑问把自己看作世界的最终目的，林木盗窃法在本质上是"使国家权威变成林木所有者的奴仆"。黑格尔所阐释的伦理国家的普遍性，不仅是一种理想主义的虚妄，并且在私人利益的利用下蜕变为掩饰社会矛盾的意识形态，从而把现实中的普鲁士国家绝对化。这就构成了马克思出离黑格尔哲学的真实动机。

不过，此时的马克思在法哲学话语内，业已捕捉到社会问题与政治经济学的内在相关性：

> 这一切的一切都是被用来达到一个目的：把违反林木管理条例的行为变为林木所有者的流通硬币，把违反林木管理条例者变成一项收入，使自己获得更有利的投资机会，因为对林木所有者来说，违反林木管理条例者已成为资本了。③

---

① 《马克思恩格斯全集》第1卷，人民出版社1995年版，第261页。
② 《马克思恩格斯全集》第1卷，人民出版社1995年版，第261页。
③ 《马克思恩格斯全集》第1卷，人民出版社1995年版，第269页。

马克思对货币、收入、投资、资本等经济学术语的运用绝非偶然，因为既然法和国家已经被私人利益所绑架，那么，就必须超越对社会问题的意志论解释，理解其客观的社会关系的规定性。因为，"存在着这样一些关系，这些关系既决定私人的行动，也决定个别行政当局的行动，而且就像呼吸的方式一样不以他们为转移"①。这样一些关系联结着市民社会的经济结构，而对市民社会的解剖应该研究政治经济学。

由此可见，通过诉诸自然法来捍卫穷人的利益的方式还是十分无力的，因为这等于间接地确认了穷人在现有社会框架内的弱势地位，结果既不能从根本上超越资产阶级意识形态的前提，也无法说明穷人受苦的真正根源。问题的根本是，如果按照习惯法的原则，穷人的存在自古以来就是一项社会事实，那么，我们何以超越此种事实存在说明穷人拥有摆脱贫穷的道德正当性呢？另外，马克思把社会问题归结于现代国家的虚假普遍性，这实际上偏离了探讨社会问题的真实论域——市民社会的经济关系。值得一提的是，在近代思想史上，斯密等早期政治经济学家对市民社会普遍持有乐观的信念，而政治经济学发展到马尔萨斯和李嘉图那里，却得出了资本主义条件下工人阶级必然贫困化的悲观结论。下面我们就从这段思想史出发，说明古典经济学在解决社会问题上的理论乏力，并将其作为解读马克思进行政治经济学研究的一个重要背景。

（二）亚当·斯密对社会问题的伦理之思

自19世纪社会主义思潮和20世纪西方福利国家理论诞生以来，对穷人和其他社会弱势群体的关注越来越成为表现政治正义的主题。但穷人利益的正当性并非自明的，大多数的前现代思想家对于社会上存在的穷人群体并没有表现出太多的道德愤慨，他们认为社会自身的道德和等级秩序就体现为特定的社会正义，并规定了穷人在社会中的"应得"。现代意义上的分配正义概念——让每个人依据人之为人的需要和自然权利都享有一定程度的物质财富的观点，是启蒙政治哲学的有意识建构的结果。"古代原则与根据功过分配相

---

① 《马克思恩格斯全集》第1卷，人民出版社1995年版，第363页。

关，而现代原则是根本不考虑功过的分配。在现代观点来看，人人都应该得到一定程度的物品，不管他是否有美德。"① 分配正义破坏了维系传统社会的等级秩序和道德差异原则，它不仅激活了发展资本主义所必需的伦理与政治的基础，更为后来的社会主义激进平等观念奠定了思想基础。

通常认为，社会正义的观念可以追溯到柏拉图。柏拉图在《理想国》中借苏格拉底之口说："无论什么样的国家，都分成相互敌对的两个部分，一为穷人的，一为富人的。"② 消除穷人和富人的极端不平等是建立良好社会秩序的必要条件，理想的城邦之所以是正义的，在于它给每个人应得的东西，这种正义秩序就是要把人们安置进等级社会中的合适位置。柏拉图甚至认为，统治阶级不应该拥有私有财产，因为私有财产让人专注自己的欲望，而忽略了共同体的利益。同样，早期基督教把物质财富视为对精神信仰的干扰，是维系生存需要所无法摆脱的罪恶，因为对物质的贪欲可能让人远离精神追求，对财富的崇拜和对上帝的信仰是矛盾的。总之，无论柏拉图还是早期基督教，都没有像现代政治哲学那样把穷人的生命诉求和消除贫困视为正义概念的核心内容。在前现代社会，主流的思想对穷人都多少抱有这样的信念：贫穷是对罪恶的惩罚，穷人之所以遭受贫困就是由于他做了丧失平等资格的事情；并且，贫穷作为原罪就像地震、疾病一样是不能通过人类的努力改变的；贫穷的积极意义在于，作为一种社会财富让人能够学会谦恭、摆脱物质渴望，穷人的生活实际上等同于甚至优越于更富有的人的生活。③ 简言之，传统社会认为，由于穷人在道德和政治秩序上天生的位置低下，穷人的存在是正当的。正如查士丁尼《法学总论——法学阶梯》开头的宣言："正义是给予每个人他应得的部分的这种坚定而恒久的愿望。"④ 这种正义观根基于道德的差异性原则，它离所有人都具有平等的自然权利的现代观点还尚远。

决定性的转折点来自近代启蒙哲学对社会问题的创新。首先，霍布斯在

---

① ［美国］塞缪尔·弗莱施哈克尔：《分配正义简史》，吴万伟译，译林出版社 2010 年版，第6 页。

② ［古希腊］柏拉图：《理想国》，郭斌和、张竹明译，商务印书馆 1986 年版，第 137 页。

③ ［美国］塞缪尔·弗莱施哈克尔：《分配正义简史》，吴万伟译，译林出版社 2010 年版，第11—12 页。

④ ［罗马］查士丁尼：《法学总论——法学阶梯》，张企泰译，商务印书馆 1989 年版，第 5 页。

政治层面开创性地论证了所有人在自我保存方面都具有平等的自然权利。稍后，洛克迈出了更关键一步，以劳动论证了私有财产权的合理性。私有财产增加了生活的便利，人们通过诚实劳动就可以摆脱贫穷并生活得更好，从此劳动不再是遭受蔑视的事情，而是现代的美德。最后，斯密彻底使社会问题上升到了真正的现代高度，把改善穷人的命运作为一项社会政治的自觉目标。可以说，《国富论》对穷人的态度堪称西方思想史的革命，斯密"几乎是单枪匹马地改变了限制性的、歧视性的政策所体现出来的穷人应该永远穷下去的态度"①。

　　欧洲传统社会不仅认为道德高尚者富有、道德低下者贫穷，并且直到马克思之前，几乎所有人都认为社会不能在没有穷人的情况下获得发展。塞缪尔·弗莱施哈克尔指出，基督教伦理强调慈善和布施不过是一种救赎手段，它提示人们衣衫褴褛的穷人也是上帝的造物，因而不能忽视他们，但却从不认为穷人应该免于受穷。而亚当·斯密的重要性在于，他完全反对欧洲传统伦理对待穷人的那种傲慢态度，并证明了穷人同样具有自然馈赠的天赋：

　　　　事实上，人类天生的才能差异远比我们注意到的小多了；不同行业的专业人员之间，尤其是当他们都已达到成熟阶段时，所呈现的才能差异，与其说是分工的原因，倒不如说是分工的结果。譬如，哲学家与街头巷尾的挑夫也许是才能差异最大的两种人，但他们之间的差异，与其说是天生的，倒不如说是个人嗜好、社会习俗与教育的结果。②

　　这也就是说，传统社会对穷人的贬低是一种人为的道德偏见，贫穷是社会造成的结果，穷人和富人在人性层面上并无二致。那种认为穷人是维系社会存在的观点与现代文明格格不入，因为让穷人免于贫困不仅具有道德正当性，并且这也是商业社会向前发展的表现："每个大规模的政治社会，绝大部

---

　　① 　[美国] 塞缪尔·弗莱施哈克尔：《分配正义简史》，吴万伟译，译林出版社 2010 年版，第 88 页。

　　② 　[英] 亚当·斯密：《国富论　Ⅰ-Ⅲ卷（全译本）》，谢宗林、李华夏译，中央编译局 2011 年版，第 15 页。

分的人民是各式各样的职员、劳动者或工人。任何让绝大部分成员得到改善的发展，绝不可能会伤害整体。当绝大部分的社会成员还过着贫穷悲惨的生活时，任何社会都不可能欣欣向荣或快乐。"① 在斯密所描绘的文明的图景中，贫穷真正被看作对社会具有危害性的东西，他甚至像卢梭一样揭示了富人得益于社会的优越性和贫困对于穷人造成的严重伤害：

> 在相互支持的一万个家庭中，或许有一百个家庭根本就不劳动，不为共同的生存做任何事情。其他人除了自己之外还要养活他们，而且比这些根本不劳动的人得到的舒适、方便和丰盛更少。富裕奢侈的商人除了指手画脚什么也不做，却过着比做事的手下更安逸、阔绰、自在的生活……这些为整个社会提供支持、为社会其他人提供舒适和方便的人，所得到的份额却最少，并且一辈子默默无闻。整个人类社会的重担压在他们的肩上，因为不堪重负而被压趴下，落入社会最底层。②

斯密在此触及商业社会的深刻悖论。按照洛克和斯密的信条，衡量一国财富的标准是劳动，但劳动者为创造社会财富付出最多，然而他们收到的回报却最少。事实证明，即使穷人的贫困不再是一种道德因果，但在商业社会里那个赚取工资的劳动者却总是最贫穷的。穷人的劳动不但要赚取工资、利润和地租，并且还要养活社会上大量的"非生产性劳动者"，即从事服务行业者和神职人员、官僚以及军队。③ 对此，卢梭指出，造成这一悖论的根源是私有财产，现代政治并非像洛克所想象的那样依据"劳动创造财富并确立所有权"的信条建立起真正的自由与平等原则，反而是把财产的不平等确立为合法的权利，法律保护财产权就是在保护富人而损害穷人，财产权作为"这两种社会地位的人的社会公约归纳如此：你需要我，因为我富你穷。现在让我

---

① ［英］亚当·斯密：《国富论 Ⅰ-Ⅲ卷（全译本）》，谢宗林、李华夏译，中央编译局2011年版，第86页。

② 转引自［美国］塞缪尔·弗莱施哈克尔《分配正义简史》，吴万伟译，译林出版社2010年版，第86页。

③ ［英］亚当·斯密：《国富论 Ⅰ-Ⅲ卷（全译本）》，谢宗林、李华夏译，中央编译出版社2011年版，第386页。

们订这样一个协议：我允许你有为我干活的荣幸，条件是你把你手中仅剩下的那一点儿东西也给我，以酬谢我为了役使你而付出的辛劳"①。卢梭的财产权批判对后世影响极深，法国大革命通过颁布人权与公民权宣言践行了卢梭的思想，它以社会契约论为基础指出了国家对每个公民的生命都具有不可推卸的责任，穷人有权利得到社会的救助。尽管革命并未实现这一社会理想，但它对社会主义的激进平等主义和 20 世纪的福利国家理论产生了深刻的影响。

　　然而，取消私有财产权不可能成为 17—18 世纪欧洲社会思想的主流。在洛克那里，社会问题还并不突出，他对财产权的论证更多是为了强调劳动对促进社会财富和生产力的巨大作用。但在此之后，任何对私有财产权的辩护首先面对着卢梭的挑战，从而必须理智地解决商业社会的悖论。也正是这一问题意识，构成了从休谟、斯密到李嘉图的古典经济学的理论暗线。② 休谟与卢梭在同一时期针对社会问题提出了完全相反的建议。休谟认为，大自然依据自己的法则建立平等的分配方式，每个人依据技能的改善和勤劳都能享受到基本的生活保障。反之，任何建立完全平等的诉求都将改变穷人的满足感与富人之间的社会平衡，结果毁坏了现有的社会结构，使整个社会都陷入贫困。休谟得出了一个保守主义的政治结论：对于包括穷人在内的任何人来说，即使私有财产在很多情况下产生消极影响，但作为整个体制它依然提供了相对来说的更多好处。③

　　休谟对斯密及其之后的古典经济学影响甚深。在古典经济学家看来，资本主义正是基于对私有财产权的确认，才取得了巨大的社会进步。以私有财产权为前提，资本主义通过对社会的市场化控制，在经济社会的自然法则的引导下能够在现有的社会框架内合理地安排社会问题，化解穷人的生命权诉

---

　　① 　［法］卢梭：《政治经济学》，李平沤译，商务印书馆 2013 年版，第 44 页。

　　② 　按照政治经济学的经典定义，它在广义上是研究财富的生产与交换的规律的科学，在狭义上就是研究资本主义条件下财富的性质、生产、交换与分配规律的科学。但这个定义只是古典经济学的理论明线，其背后的价值指向、社会任务、政治性质则作为理论暗线被经济学家的价值中立的修辞所掩盖了。马克思从唯物史观出发，就是要对古典政治经济学进行政治与社会的"前ކ批判"。参见［英］杰弗·霍奇森《资本主义、价值和剥削——一种激进理论》第三章"意识形态与正统经济学"，于树生、陈东威译，商务印书馆 2013 年版。

　　③ 　［美］塞缪尔·弗莱施哈克尔：《分配正义简史》，吴万伟译，译林出版社 2010 年版，第 53 页。

求与富人财产权之间的激烈冲突。与其相对，社会主义对经济平等的诉求无疑会撼动整个资本主义社会的存在基础，威胁到有产者的利益。

（三）市场乌托邦

欧洲传统社会是一种家长制社会，个人作为团体、宗教和等级的成员而受到权威监护。在宗教改革之前，对穷人的救济主要出于教堂之手并以反映基督教教义和实践的方式进行管理，它旨在展示两种美德：给予者的慷慨和接受者的谦恭。在这种情况下，穷人在基督教层面的道德水准很大程度上决定了他能否得到适当救济，而那些不符合基督教道德标准的人则被排除在救助之外。近代自然法学家霍布斯、洛克、普芬道夫等人在很大程度上颠覆了传统社会中个人与国家之间的关系，他们通过契约论建构，提出作为政治社会前提的是一些具有自然权利的个人，社会和国家源于每个自然人把自然权利转让给一个人格化的主权者，因此，国家有义务以自己的力量保护个体的生命与财产权，个人与国家之间是一种"保护—服从"的关系。可见，契约论取缔了家长制社会的监护关系，这表明了国家和社会对个人的维护直接出自个人作为公民的权利和尊严，而不再是出于宗教动机的慈善和怜悯。

然而，对生命权的关注很可能与资本主义的实际发展相矛盾。1601年的英国济贫法代表了对穷人的救济从宗教向公民权利的转变，正是出于维护生命权的目的，致使国家有理由对社会和穷人进行更多控制。在英国工业革命最活跃的时期，1795年的"斯品汉姆兰法令"作为穷人救助制度，是一种对劳动力市场化进程的自觉反抗，但结果却以干预资本主义的方式推进了市场化进程。这个法令提出，政府在工资之外以与食品价格挂钩的方式为工人提供生活补贴，保证穷人能够得到维持生命的最低收入，而不论他们实际挣得的钱是多少。这一人道主义的法律把穷人的"生命的权利"提上明面，直到1834年其被废除，它一直有效地干预了劳动力市场的建立。这个法律的本质是家长制，但事实上，它不仅没有让个人获得完整的生命权和尊严，并且还造成了严重的社会腐化。因为对于穷人而言，无论他们的收入多少，总是可以有来自国家的补贴。而对于雇主而言，他们可以任意降低工资，因为无论他们支付多少，来自法案的补贴都会将工人收入维持到法定的最低收入水平。

结果可想而知，越来越多人开始倾向于依赖救济而非工作，用不了多久，全社会的劳动生产率就降低至赤贫水平。"斯品汉姆兰法令"导致了这样一个讽刺性的结果：它在本意上是为了避免普通人的无产阶级化、保证大众的"生命权"，但最终却导致大众的赤贫化。到了后来，不仅资产阶级抗拒这项法令，就连普通人也希望能够依据个人劳动而重新获得生活的尊严。直到1834年的济贫法修正案撤除这项法令，随着"生存的权利"被废止了，一个竞争性的劳动市场才彻底建立起来。①

在劳动力被解除束缚后，浮现出一个全新的现实——市场社会。在市场社会中，有产阶级不再担负对穷人的救助责任，社会逐渐出现了明显的阶级分化。随之而来，政治经济学家们宣布发现了统治人类社会的自然法则的科学，在这门科学中，同情心和善举被驱逐出去，社会却在"看不见的手"的引导下收获了和谐与富庶。在汤森看来，穷人的目光短浅是一种自然法则，否则卑贱、肮脏、不体面的工作就没人做了。正如一位颇具有代表性的自由主义者的观点：

> 没有大多数人的贫穷，就不会有富人的存在，因为财产是劳动的产物，而劳动仅仅是在贫穷的状态下发生的。贫穷是一种社会状态。在这种状况中，个人没有剩余劳动，备而不用，或者换句话说，个人没有财产或生存手段，而只有在不同职业的位置上从工业的不断运行过程中获得生活必需品。因此，贫穷是社会中必要的、不可或缺的组成部分。没有贫穷，国家和社会就不能以文明的状态存在下去。②

同样，保守主义理论家埃德蒙·柏克也站在经济自由主义的立场上，不

---

① 参见［美国］塞缪尔·弗莱施哈克尔《分配正义简史》第七章"斯品汉姆兰，1795"，吴万伟译，译林出版社2010年版。

② 转引自［英］哈罗德·J·拉斯基《欧洲自由主义的兴起》，林冈、郑忠义译，中国人民大学出版社2012年版，第143页。

无伤感地感叹："我们装模作样地怜悯那些穷人，可实际上没有他们的劳动，世界就不能存在，所以我们是在嘲弄人类的生存条件。"①

不过，政治经济学作为一门社会科学，显然并不能满足于这些现成的伦理预设，它必须在经济事实的科学分析上合理地解释穷人的存在。马尔萨斯和李嘉图正是发展了政治经济学的自然主义方法，通过科学分析而认识到不论是基于人口原理还是利润率的下降规律，最终都指向资本主义社会的"工资铁律"。资本主义"工资铁律"说明了，在市场经济的自然法则的作用下，工资总是倾向于被压低到维持生存的水平线上，没有任何提高的希望。这一观点在事实上承认了，尽管资本主义体系已经完成，但斯密所设想的穷人收入的稳步、绝对的增长并没有实现，甚至到了大机器生产时代，劳工的物质生活水平却变得更糟了。这无疑表明古典经济学对社会问题的市场化解决方案只能是彻头彻尾的乌托邦。

（四）社会问题的唯物史观视野

随着 19 世纪劳工阶级赤贫化愈加严重，马尔萨斯和李嘉图都认为资本主义社会必然趋向阶级分化，地主、资产者和工人之间基于根本利益的冲突是无法调和的。在这一时期，社会问题的严重性越发引起重视，但能够对其提供解决方案的思想家并不多，政治经济学从对自由市场的淳朴、积极的信念逐渐转变为资产阶级的意识形态。在这种情况下，思想家们意识到已经无法再诉诸经济自由主义方案解决社会问题，而是必须对政治经济学和资本主义本身进行反思。正如拉斯基所指出，在这一时期反思社会问题的大多数理论家并不能超出资本主义立场的限制，"任何文献的分析都不愿抓住私有财产这一中心议题"②。在这一背景下，马克思以资本主义私有制为靶，开辟了透视社会问题的唯物史观视野。

马尔萨斯和李嘉图对资本主义"工资铁律"的证明并非从工人阶级立场

---

① 转引自［英］卡尔·波兰尼《大转型：我们时代的政治与经济起源》，冯钢、刘阳译，浙江人民出版社 2007 年版，第 102 页。

② ［英］哈罗德·J·拉斯基：《欧洲自由主义的兴起》，林冈、郑忠义译，中国人民大学出版社 2012 年版，第 150 页。

出发的。马尔萨斯所代表的是地主阶级的利益，他相信有产者和无产者的阶级划分是自然法则的结果，因此反对人为地干预社会问题。"无论是谁，没有任何富人的牺牲，特别是在金钱上的牺牲，可以在某一时候阻止社会底层成员贫穷的反复出现。"① 在他看来，富人属于道德品质高尚者，而穷人属于道德卑贱者，因为穷人们总是被不知足的情欲推动着，导致人口按几何级数增长，而抑制人口增长的要素就是食物的数量。由于食物生产远远赶不上人口增加的速率，由此产生的结论是：穷人只能永远生活在维持生存的水平线上。同样，李嘉图所代表的是资产阶级的利益。同斯密相比，李嘉图政治经济学缺乏历史性和社会性，他将资本主义的私有财产、财富和权力的分配关系当成永恒不变的自然关系。同 19 世纪大部分自由主义思想家一样，李嘉图提出了两条基本的宪法原则：私人土地财产与资本的不受侵害，以及个人之间的自由契约受法律保护。但他并没有出离斯密的市场原理，而是认为只要在私有产权的基础上，有产者就能铆足干劲地去谋取利润工作，并且同时也为工人阶级提供必要的维持生活的工资。尽管李嘉图承认在这种体制下工人阶级必然贫困化以及贫富悬殊造成社会矛盾和阶级冲突，但他从来没有试图逾越过现有社会框架。对此，拉斯基这样解释：

> 由于他［李嘉图——引者注］生活在法国大革命所造成的理想极度破灭的时代里，所以对他来说，任何其他前景都是乌托邦。就像奥斯汀（Austin）、老纳索（Nassau Senior）、麦卡洛赫（MacCulloch）和马尔萨斯那样，李嘉图认为社会已被限制在所设定的原则范围内，没有其他现实可行的选择。②

法国大革命吓住了李嘉图，但无疑成就了马克思。正如阿伦特所见，对社会问题的关注是马克思政治理论的核心：

---

① 转引自［美］E. K. 亨特《经济思想史——一种批判性的视角》，颜鹏飞总译校，上海财经大学出版社 2007 年版，第 59 页。

② ［英］哈罗德·J·拉斯基：《欧洲自由主义的兴起》，林冈、郑忠义译，中国人民大学出版社2012 年版，第 178 页。

马克思将社会问题转化为政治力量，这一转化包含在"剥削"一词中，也就是认为贫困是一个掌握暴力手段的"统治阶级"剥削带来的结果……如果马克思有助于解放穷人，那也不是通过告诉他们，说他们是某种历史的或其他的必然性的活化身，而是通过劝说他们，使之相信贫困本身是一个政治现象，而非自然现象，是暴力和侵犯的结果而不是匮乏的结果。①

阿伦特的分析固然有其深刻性，但她完全消极地评判马克思对社会问题的政治解释却有一定的错误之处。在阿伦特看来，贫穷作为经济问题，它所揭示的是人的生物性存在，因此属于私人生活的领域，相反，政治作为公共领域代表着人的真正的自由存在。美国革命正是通过建立自由政体，展现了人类自由精神的光辉，而马克思在法国革命的引导下把满足生物性需要作为革命的动力和目标，这意味着让自由屈从于必然性，结果马克思主义的革命政治也像法国革命那样耽搁了建立自由的政治体制的时刻。在笔者看来，阿伦特并没有认识到马克思将社会问题政治化的真正意旨。事实上，让政治屈从于必然性、屈从于肉体需要，这并非马克思的原创性发现，而恰恰是启蒙哲学和政治经济学的产物。思想史的研究表明，贫困是近代政治家们讨论的核心议题。② 正是古典经济学奠定了从自然主义（人类的动物性）视角探究人类社会的自发秩序原理。

如前所述，斯密率先把经济学引入政治哲学领域，而汤森则从斯密的经济观点中引申出彻底的自然主义原则探讨社会，这导致古典经济学过于轻视政治的积极内涵，结果背离了斯密关于社会正义的原初构想。古典经济学在很大程度上将国家视为影响财富增长的消极力量和需要战胜的敌人，马克思的"市民社会决定国家"可谓古典经济学的固有信条。对于古典经济学来说，如果不是为了维护私有财产权和社会契约，政治的确毫无存在的必要，人类社会在经济的自然法则中运转并维持固定的平衡。由此可以理解，黑格尔构

① ［美］汉娜·阿伦特：《论革命》，陈周旺译，译林出版社 2007 年版，第 50—51 页。
② ［英］卡尔·波兰尼：《大转型：我们时代的政治与经济起源》，冯钢、刘阳译，浙江人民出版社 2007 年版，第 92 页。

建伦理国家的本意，就是要立足于古典经济学的自然社会，重建政治的积极本质，以"一种伦理性的政治制度建构积极的肯定性的人际关系，用社会原则取代原子式个人，使自然性的自私个人升华为政治人格即伦理共同体的成员"①。马克思并不认同黑格尔对市民社会的政治性超越，正如他所看到，在资本主义私有制下国家被特殊利益所俘虏，而特殊利益必然化身为阶级利益，使政治成为阶级压迫的工具。但马克思十分珍视黑格尔在重建政治哲学中对于精神的超越性的自觉，这使他在吸收古典经济学时始终保持对其自然主义观点的严厉批判。

马克思的批判要点在于，古典经济学遮蔽了资产阶级生产关系的历史性和政治性的前提，造成了资产阶级社会的永恒性假象。斯密与苏格兰启蒙学派通过财产权与"历史四阶段"理论说明市民社会的历史起源，但他们对历史的论述富有臆想性，并以对人的商业本性假设，把资本主义社会关系视为符合自然和人性的文明的完结形态。到了李嘉图时期，古典经济学已经不再接受斯密的历史观点，而是把资本主义抽象为一切时代的经济规律。在一定意义上，马克思对政治经济学的批判复活了被李嘉图遗弃的政治经济学的历史感，把经济与社会关系的演变结合到社会政治的总体视野中，恢复了斯密关于经济学与政治哲学的原初统一性。

基于历史唯物主义的视野，马克思摒弃了古典经济学的个人主义视角，从社会出发理解个人的命运。这意味着社会在其本质上不应被视为个人的集合，而应该是关系性的整体结构。换言之，政治经济学以之为前提的从事交换的个人完全是历史的产物，而不是历史的前提：

> 这种 18 世纪的个人，一方面是封建社会形式解体的产物，另一方面是 16 世纪以来新兴生产力的产物……这种个人是曾在过去存在过的理想；在他们（政治经济学家——引者注）看来，这种个人不是历史的结果，而是历史的起点。②

---

① 张淞纶、张盾：《从个人原则到社会原则："道德政治"谱系中的黑格尔》，《哲学研究》2013 年第 4 期。

② 《马克思恩格斯文集》第 8 卷，人民出版社 2009 年版，第 5—6 页。

因此，资本家之所以为资本家、工人之所以为工人，完全是历史的产物。马克思在《1844 年经济学哲学手稿》中指出，资本主义生产关系是政治斗争的结果，"工资决定于资本家和工人之间的敌对的斗争"，"资本是对劳动及其产品的支配权力"，而地租作为"土地所有者的权利来源于掠夺"。①

资本家对于工人的强势地位源于资本和劳动的分离，这种分离于工人而言是致命的，工人成为只拥有"作为劳动的私有财产"的人，"作为资本的私有财产"却被垄断在少数资本家手中。资本家的口袋里装置着统治他人的社会权力，工人只能在市场上"自由"地出卖劳动力，以获取维持生存的劳动工资。"因此，工人的存在被归结为其他任何商品的存在条件。工人成了商品，如果他能找到买主，那就是他的幸运了。工人的生活取决于需求，而需求取决于富人和资本家的兴致。"② 尽管如此，在古典经济学的自然主义观点看来，市场经济具有一种自发调节、自动平衡的倾向：

> 市场经济是一种仅仅只受市场控制、调节和指导的经济体制，物品生产和分配的秩序都被委托给了这个自发调节的机制。这种类型的经济源自这样一种预期：人类以获取最大的货币所得为目标而行动。③

自发调节的市场意味着所有产品都以在市场上出售为目的，尤其工业发展所依赖的三大要素——劳动力、土地、货币——都必须被商品化。地租是土地的价格，它形成了土地所有者的收入；工资是劳动力的价格，形成了劳动力出卖者的收入；利润是资本所有者售出的物价与成本的差额。但三大生产要素在其本意上都不是为了出售而被生产出来的，劳动力是生命的活动，土地作为自然要素存在，货币则是金融机构制作并用以代表购买力的象征。因此，劳动力、土地和货币的商品化完全是虚构的，这种虚构是建立一个自由竞争的市场体系的基础。但市场必然造成对社会的破坏，"如果允许市场机

---

① 马克思：《1844 年经济学哲学手稿》，人民出版社 2000 年版，第 7、21、35 页。
② 马克思：《1844 年经济学哲学手稿》，人民出版社 2000 年版，第 7—8 页。
③ ［英］卡尔·波兰尼：《大转型：我们时代的政治与经济起源》，冯钢、刘阳译，浙江人民出版社 2007 年版，第 59 页。

制成为人的命运，人的自然环境，乃至他的购买力的数量和用途的唯一主宰，那么它就会导致社会的毁灭"①。在《1857—1858 年经济学手稿》中，马克思指出，资本主义生产方式导致了原始所有制在三重维度上的解体：（1）劳动者把土地当作生产的自然条件的那种关系的解体，即小农土地所有制的解体；（2）劳动者是工具所有者的那种关系的解体，即手工业劳动的行会制度的解体；（3）基于劳动者和劳动能力属于生产条件的奴隶或农奴的人身关系的解体。② 原始所有制形式下的劳动者和劳动对象、劳动资料具有原初的统一性，这种经济关系与一定的政治结构互为前提，"所有制的各种原始形式，必然归结为把各种制约着生产的客观因素看做是自己的东西这样一种关系；这些原始形式构成各种形式的共同体的经济基础，同样它们又以一定形式的共同体作为前提"③。正是这种劳动者和土地的原始统一性，才确证了现代政治哲学的最高信条——"劳动创造财富并确立财产权"的原初有效状态，并且只有在这种状态中，个人之间的经济行为才表现为等价交换原则。

资本主义发展要求找到自由的"丧失客体条件的、纯粹主体的劳动能力"同"他人的财产"相对立，以使资本和劳动的雇佣关系得以可能。④ 在这种情况下，资本主义原始积累使劳动和财产的分离成为现实，通过把大量无产者赶到市场上出卖劳动力，由此才使货币转化为资本，而不是像政治经济学家所想象的那样是资本创造了劳动的客观条件。

随着资本积累建立起来，人类价值观就发生了巨变，社会生产的目标从满足使用价值转变为以交换价值为目的的价值增殖。进一步，交换价值的发展不仅更加促进了劳动和生产条件的统一关系解体，结果也使自由市场所承诺的等价交换原则沦为空洞的形式：

这种生产建立在不通过交换却又在交换的假象下占有他人劳动的基

---

① ［英］卡尔·波兰尼：《大转型：我们时代的政治与经济起源》，冯钢、刘阳译，浙江人民出版社 2007 年版，第 63 页。
② 《马克思恩格斯文集》第 8 卷，人民出版社 2009 年版，第 149—150 页。
③ 《马克思恩格斯文集》第 8 卷，人民出版社 2009 年版，第 152 页。
④ 《马克思恩格斯文集》第 8 卷，人民出版社 2009 年版，第 150 页。

础上……现在已经毫不奇怪的是，交换价值制度，以劳动为尺度的等价物的交换，会转化为不通过交换而对他人劳动的占有，转化为劳动与财产的完全分离，或者更确切地说，会把这种情况当做这一制度的隐蔽背景而显示出来。①

马克思认为，资本、土地与劳动的分离，恰恰是造成劳动异化与社会问题的真实根源。这种分离必然表现为财产与劳动、对象化劳动与活劳动、价值与创造价值之间的绝对分裂。劳动力所占有的财富仅仅是从事生产的劳动力的生活资料，但实际在生产过程中却使自己变得更穷了。因为劳动力不仅有义务把必要劳动的条件作为资本的条件创造出来，并且，劳动者自身所具有的增殖价值的可能性，也以剩余价值和剩余产品的形式被生产出来。资本作为对活劳动能力的统治权，作为独立的权力和意志，驱使丧失了生产条件的劳动者为这种支配性的社会结构而劳动：

> 劳动能力不仅生产了他人的财富和自身的贫穷，而且还生产了这种作为自我发生关系的财富的财富同作为贫穷的劳动能力之间的关系，而财富在消费这种贫穷时则会获得新的生命力并重新增殖。②

在西方政治哲学史上，古典经济学对财产权与自由市场的确信，成为自由主义政体的世俗基础。但此后经济自由主义的发展却逐渐使自由市场教条化，政治经济学演变为论证资本主义永恒性的意识形态工具。马克思从西方传统的"政治阐释"转向"经济阐释"，其本意是通过政治经济学批判揭示资本主义制度的自然主义幻象，进而证明经济本身才是最深刻的政治问题。也就是说，传统政治哲学以之为目标的自由精神并不位于政治领域，它恰恰存在于人类所共有的社会领域，因为人们的社会劳动不仅创造了维系人类生活的条件，也是形成财富与贫困、自由与奴役的深层根源。

---

① 《马克思恩格斯文集》第 8 卷，人民出版社 2009 年版，第 163 页。
② 《马克思恩格斯全集》第 30 卷，人民出版社 1995 年版，第 444 页。

第二节 古典经济学的两条道路与政治经济学
批判的超越性

依源于亚当·斯密的创见，古典经济学在其发展中日渐分化为以劳动价值论为基石的"穷人经济学"和以边际效用价值论为原则的"富人经济学"，作为斯密的后继者，李嘉图和萨伊是这两条道路上的各自代表。在马克思那里，政治经济学批判揭示了古典经济学（尤其是价值效用论学派）的庸俗本质：他们从个人主义的视角出发，把资本主义视为平等的商品所有者之间的交换体系，得出了资本主义社会各阶级之间"和谐"的观点，从而掩盖了资产者对劳动者的剥削。与其不同，马克思把作为古典经济学出发点的使用价值生产，推进至剩余价值生产和资本主义社会关系再生产的维度上，揭示出资本主义的剥削性本质。而进一步对经济批判与革命政治的总体互释，政治经济学批判作为无产阶级革命理论的实质就明确起来。

（一）《国富论》的两副面孔

通常认为，亚当·斯密是第一个真正学术意义上的经济学家。[①] 斯密认为，政治经济学的首要问题是把资本主义生产作为对象，研究"国民财富的性质和原因"。在此之前，洛克以"劳动创造财富并确立所有权"的信条确立了资本主义经济关系的前提性观念。斯密进一步把劳动所有权改造为一条价值原理：在产品效用层面定义"使用价值"，在可购买力层面定义"交换价值"。经济学的主要对象是"交换价值"，而测量"交换价值"尺度的是投入的劳动量。"在早期资本积累与土地私有制度尚未形成的野蛮社会里，取得各种物品所需的劳动数量比例，似乎是决定物品日常交换比例的唯一依据。"[②] 商品生产所需的劳动量是决定商品应当购买、交换的劳动量，即劳动量决定交换价值。在这种情况下，人们确实遵循着等价交换原则。然而，斯

---

① ［英］约翰·米尔斯：《一种批判的经济学史》，高湘泽译，商务印书馆2005年版，第114页。

② ［英］亚当·斯密：《国富论 I-Ⅲ卷（全译本）》，谢宗林、李华夏译，中央编译出版社2011年版，第50页。

密也看到，在资本主义私有制建立后，由于地产、资本和劳动的分离，劳动价值论的原初规定不再奏效。"劳动创造财富并确立所有权"的信条沦为空洞的形式规定，"一旦资本在某些人士的手中积累，他们自然会雇佣勤劳的工人，并且供应工人工作所需的材料和赖以生活的工资。他们的目的是出售工人的产品以后赚取利润，亦即，赚取工人的劳动施加在材料上面的一部分价值"①。

马克思指出斯密揭示了资本主义的剥削性，斯密毫不怀疑是劳动阶级创造了全部的社会财富，但在资本主义私有制下，劳动阶级并不占有全部社会财富，工人劳动施加在产品上的价值一部分以工资的形式支付给工人，另一部分作为利润支付雇主在原材料和预付工资上的投资收益，最后一部分则作为地租支付给土地所有者。在利润来源的说明上，斯密证明了利润既不是监工等特别劳动的工资，也不是高于其价值上售卖的"让渡利润"，而是资本家依据预付资本的投入而占有工人劳动的价值量的一部分，"在各种手工艺与制造业，大部分工人需要雇主垫付他们工作所需的材料，以及生活费或工资，直到完成工作。而雇主会分享他们的劳动成果，或者说，会分享他们的劳动施加在材料上面的价值。雇主享有的那一份价值，便是他自己的利润"②。

上述说明似乎触及了剩余价值的真正来源，即利润不是由垫付资金产生的，而是由劳动者在劳动过程中施加到产品中的新劳动产生的。劳动价值论就是把创造价值的劳动普遍化为一般的物化的社会劳动，地租、利润和利息都来源于资本对活劳动的交换，是剩余价值的各种不同表现形式。也就是说，既然劳动是创造价值的唯一源泉，那么，其他两个阶级的收入不过是对劳动创造的价值的剥削，而确保这种占有的合法性依据就是财产所有权。财产所有权本质上是一种压迫性权力，它保证了有产者以物化劳动（资本）对活劳动（劳动者）的支配地位。"公民政府，就它是为了维护财产安全而设这一点来说，实际上是为了保护富人免于穷人的伤害而设，或者说，是为了要保护

---

① ［英］亚当·斯密：《国富论（I-III卷）》，谢宗林、李华夏译，中央编译出版社2011年版，第51页。

② ［英］亚当·斯密：《国富论（I-III卷）》，谢宗林、李华夏译，中央编译出版社2011年版，第72页。

有一些财产的人免于遭受毫无财产的那些人的伤害。"① 资本主义社会决定了资产阶级和工人阶级的冲突是十分明显的。财产的分配最终由工人和资本家之间的政治斗争决定，而这种斗争总是以资本家获胜告终。"从那些激烈的联合喧扰当中，工人们很少得到任何好处。部分是因为行政官员介入仲裁，部分是因为雇主们优越的坚持能力，部分是因为大多数工人，为了自己眼前的生存不得不降服。所以，一般来说，除了惩罚或清算首谋者外，工人们的联合喧扰，最后总是一事无成。"②

在资本主义条件下，工人与资本家之间的冲突与斗争总是不可避免的，这种冲突根源于工人与资本家之间经济关系的根本对立。所以，资本主义社会中各阶级的冲突，构成了《国富论》的第一副面孔，它开辟了李嘉图社会主义与马克思从阶级与社会矛盾视角批判资本主义的传统。

然而，斯密并不是一个社会主义者。斯密对资本主义生产过程的研究不仅没有达到马克思的历史深度，并且也不像李嘉图那样前后一贯地运用了劳动价值论。按照李嘉图和马克思的发展，劳动价值论的真正含义是生产过程中投入的劳动量决定商品价值，斯密则更多地认为衡量产品价值的不是生产中投入的劳动量，而是由它在市场上所能购买的劳动量决定。从购买的劳动量出发，意味着"通常取得或生产任何商品所需的劳动数量，不再是调节该商品应当购买、支配或换得多少劳动数量的唯一依据。任何商品显然都必须换得额外的劳动数量，才使垫付工资与提供材料的资本可以获得适当的利润"③。于是，斯密又混乱地把购买来的劳动量划分为工资、利润和地租三种收益形式。

这样，斯密就放弃了从生产过程对"资产阶级体系的生理学"研究，而是颠倒为交换的视角。在这一视角下，三种收益不再是劳动价值量的分配形式，相反，产品价值或价格（斯密并没有区分二者）却是由工资、利润、地

---

① ［英］亚当·斯密：《国富论　Ⅳ-Ⅴ卷（全译本）》，谢宗林译，中央编译出版社 2011 年版，第 825 页。

② ［英］亚当·斯密：《国富论　Ⅰ-Ⅲ卷（全译本）》，谢宗林、李华夏译，中央编译出版社 2011 年版，第 74 页。

③ ［英］亚当·斯密：《国富论　Ⅰ-Ⅲ卷（全译本）》，谢宗林、李华夏译，中央编译出版社 2011 年版，第 52 页。

租的加总所构成的。斯密认为，在给定的劳动量和利润率的条件下，"利润完全取决于投入资本的价值，投入资本愈多，利润愈大……在商品价格的构成部分中，利润与劳动工资完全不同，而两者也确实取决于截然不同的原则"①。进一步，只有当不同产业中工人占有的资本量相等，产品的价格或价值才与它所包含的劳动量成比例。相反，如果单个工人占有资本量不同，产品价格并不与生产中的劳动量成比例，并且这种情况显然更符合社会事实。因此，生产费用价值论似乎比劳动价值论更具解释力，即认为资本、劳动、土地作为三种不同的生产要素共同创造了产品价值，并体现为利润、工资、地租三种收益形式。

问题在于，工资、利润和地租本身就是由某种价格衍生出来的，一旦用它们来解释自然价格的形成，就难免陷入循环论证。斯密所无法解决的这个混乱，显示了他对资产阶级社会的认识还停留在表象层面。马克思认为，这只是说明劳动只有作为社会劳动对与其等量的社会劳动具有支配权时，才成为财富。也就是说，斯密混淆了价值生产和价值实现两个不同环节。价值源于生产，但却在交换中实现。如果把价值的来源从生产颠倒为交换，就遮蔽了剩余价值，从而把利润取决于垫付资本量的大小。当斯密说工资、利润与地租是"三种收入"时他是对的，但说它们是一切交换价值的"三种来源"则陷入了幻象。从生产费用价值论出发，资本家依据资本所有权所得收入不再是对劳动创造价值的剥削，而是一种价值的真正来源。② 这个结论旨在表明资本家和工人之间关系是"公正"与"和谐"的。国家保护财产权的意义在于，它促使每个人都遵循着自利的原则，却在无形之中促进了社会全体的利益。

斯密认为，与以往的一切时代相比，资本主义社会的穷人无疑变得更加富有了。在资本主义条件下，劳动的真实报酬绝对提高了。在自由市场内，"看不见的手"将协调每个人的利益，实现为一个"自然的自由体制"。在此意义上，斯密对资本主义"和谐"本质的描绘是《国富论》的第二副面孔。

①　[英] 亚当·斯密：《国富论 I—III卷（全译本）》，谢宗林、李华夏译，中央编译出版社2011年版，第51—52页。

②　[德] 马克思：《剩余价值学说史》，郭大力译，北京理工大学出版社2011年版，第125页。

虽然他对无产阶级的弱势地位报以同情，但证明资本主义社会中各阶级之间的"和谐"才是其理论的主旋律。

（二）"穷人经济学"对抗"富人经济学"

斯密在价值论上的矛盾，源于他在不超出资本主义前提下融合冲突论与和谐论两种立场的努力。此后，李嘉图和萨伊各自展现了《国富论》的两副面孔，把政治经济学引向两条相悖的道路。

李嘉图使政治经济学发生了一次主题转变，把研究分配看作政治经济学的主要问题。[①] 斯密虽然也触及分配问题，但总体来说，他更关心如何促进财富增长。但是，恰恰由于把分配作为主题，对分配进行研究却应回到决定分配的根本要素——资本主义生产过程。如果说斯密始终在劳动价值论和生产费用论、生产体系与交换体系之间游移不定，那么，李嘉图则更彻底地把资本主义看作一个统一的生产体系，而整个体系的起点就是劳动价值论。彻底地运用劳动价值论，必须回应"斯密难题"：如何解释自然和资本投入所带来的劳动生产率的提高。李嘉图指出，生产在其本质上是这样一种创造的过程，它将纯粹自然物转换为具有使用价值的产品。也就是说，环境和自然本身是非生产性的，自然本身并不是生产的成本，更遑论创造价值。同样，劳动工具、机器等要素的投入也与劳动价值论规律相一致。资本作为劳动产品，代表着一种物化的劳动量，它在生产中部分地将其自身的价值转换到最终产品的价值中。生产并不是工人和机器一起创造产品价值，而是工人和生产机器的工人共同创造了最终的产品价值。[②] 因此，资本和劳动并非两种截然不同的东西，它们分别代表过去的劳动和现在的劳动，生产在本质上是一系列的劳动时间投入。当资本家进行一项长期投入，随着不断地扩大投资和资本的再生产，最初的垫付资本在产品的价值总额中所占份额越来越少乃至忽略不计，最终利润和价值总额越来越反映为纯粹的劳动量的增长。无论是给每个工人

---

① ［英］彼罗·斯拉法主编：《李嘉图著作和通信集第一卷：政治经济学及赋税原理》，郭大力、王亚南译，商务印书馆1962年版，第3页。

② ［英］彼罗·斯拉法主编：《李嘉图著作和通信集第一卷：政治经济学及赋税原理》，郭大力、王亚南译，商务印书馆1962年版，第19页。

更多的资本，还是进行更长的生产周期，都会带来利润和总财富的增长。这种结果源于更有效率地组织劳动形式，劳动价值论因此依然有效。

捍卫劳动价值论的结果是，李嘉图比斯密更深刻地触及资本家对劳动阶级的剥削关系。在社会三大阶级之间，地主阶级和其他两个阶级的冲突在于它是纯粹寄生性的，而资产阶级和工人阶级的冲突在于利润和工资总是处在矛盾中，资本运动的规律表明，"利润的自然趋势是下降的；因为在社会和财富的发展中，必要的食品增加量是通过牺牲越来越多的劳动获得的"①。而这将导致谷物价格和劳动工资的增长，工资上涨必然导致商品相对价格的降低，直到人口的增长达到顶点，利润水平将降到最低点。

伴随 19 世纪末工人运动的兴起，斯密的社会和谐论受到了撼动。威廉·汤普逊、托马斯·霍吉斯金、约翰·勃雷等人从古典经济学中发展社会主义理论，成了思想史上的"李嘉图社会主义者"。李嘉图社会主义者坚持劳动价值论的正确观点，明确主张"劳动是价值的唯一来源"，"劳动应得其'公平的份额'"，他们对于资本主义的理解几乎达到了马克思的科学的社会历史观的入口。②

如果说李嘉图开创了古典经济学中的批判谱系，那么，以萨伊领衔的效用价值论经济学则是资本主义社会关系"和谐论"的重要代表。"和谐论"代表着"富人经济学"的观点，其首要任务是回应李嘉图社会主义的激进政治结论。萨伊认为，必须对斯密价值论中的一些"小错误"予以修正，因为正是这些"小错误"使李嘉图抛弃了更重要的内容，并把经济学引向歧途。对这些"小错误"进行修正使萨伊就价值和分配提出了新的解释原则。

《政治经济学概论》开宗明义：商品的交换价值并非来源于劳动，而是完全取决于它的使用价值或效用，"人们所给予物品的价值，是由物品的用途而产生的。……现在让我把物品满足人类需要的内在力量叫做效用。……创造具有任何效用的物品，就等于创造财富。这是因为物品的效用就是物品价值

---

① ［英］彼罗·斯拉法主编：《李嘉图著作和通信集第一卷：政治经济学及赋税原理》，郭大力、王亚南译，商务印书馆 1962 年版，第 101 页。

② ［英］伯尔基：《马克思主义的起源》，伍庆、王文扬译，华东师范大学出版社 2007 年版，第123 页。

的基础，而物品的价值就是财富所由构成的"①。《国富论》中有一个著名的
"水—钻石悖论"：使用价值和交换价值并不成比例，水的使用价值明明比钻
石更大，却几乎毫无交换价值，而钻石基本没有使用价值，但却具有极大的
交换价值。基于这个观察，斯密、李嘉图与马克思都倾向于把使用价值作为
交换价值的必要前提，但却并不认为能够通过衡量使用价值来确定交换价值。
对此，边沁最早以效用论反驳劳动价值论。边沁把使用价值和给人带来享受
的"效用"相提并论，他认为水之所以很少具有交换价值，恰恰是由于它太
容易获得，而考虑到钻石带给人巨大的愉悦和享受，其价值的翻倍就是可理
解的了。沿着边沁的思路，萨伊说明生产就是创造物品的"效用"，或是把
"效用"授予本来不具有有用性的物质，或是扩大物质已经具有的"效
用"，"虽然价格是测量物品的价值的尺度，而物品的价值又是测量物品的
效用的尺度"②。

效用价值论削弱了劳动的主体性，放大了自然的地位。从表面上看，它
似乎解释了钻石等稀缺物品的价值问题，但实际上却忽视了资本主义是一种
特殊的资本再生产活动，结果把资本主义经济视为一切时代的普遍规律。就
生产"效用"而言，劳动绝不是唯一要素，它来源于几个不同的生产性服务
相互协作的结果。"事实已经证明，所生产出来的价值，都是归因于劳动、资
本和自然力这三者的作用和协力……除这些之外，没有其他因素能生产价值
或能扩大人类的财富。"③ 萨伊以此回应劳动价值论的主体观念，并就相应的
三种收益形式的合法性提供说明。他认为劳动、资本和土地在创造价值的过
程中各自的地位并无根本不同。生产的过程也是牺牲，不仅工人为生产新价
值而牺牲了劳动力，资本家同样为生产牺牲了享受。同样，土地作为自然要
素在生产中的地位不言自明：地主阶级的所有权以及在土地改良上的付出都
是获取地租的理由。对于萨伊而言，由于劳动、资本、土地在创造价值上的

---

① ［法］萨伊：《政治经济学概论：财富的生产、分配和消费》，陈福生、陈振骅译，商务印书
馆 2009 年版，第 59 页。

② ［法］萨伊：《政治经济学概论：财富的生产、分配和消费》，陈福生、陈振骅译，商务印书
馆 2009 年版，第 60 页。

③ ［法］萨伊：《政治经济学概论：财富的生产、分配和消费》，陈福生、陈振骅译，商务印书
馆 2009 年版，第 78 页。

协同作用，所以资本主义的三种收益形式在道德上是公平的，资本主义的分配形式也就具有合理性。

萨伊代表了政治经济学发展的一种新方向。在古典经济学的分化和裂变中，李嘉图社会主义者赋予了政治经济学以更多的人道主义关怀，为社会主义奠定了思想基础；萨伊所引领的效用学派则体现了资产阶级面对社会主义所进行的自我辩护。另一位"和谐论"经济学家纳索·西尼尔认为，社会主义代表的是"穷人经济学"观点，那些穷人缺少教养、不懂节制、傲慢狂热，以穷人利益为诉求的社会主义运动不仅不能带来美好的效果，还无疑是一场噩梦。所以，"穷人经济学"是头脑缺少科学训练并且感情泛滥的人接受的观点，正确的观点应该是证明社会各阶级之间利益和谐的"富人经济学"。

（三）唯物史观对生产的重新奠基

在厘清古典经济学的两条道路之后，下面进一步回答：马克思究竟在何种意义上继承了古典经济学的遗产，又在何种意义上超越了古典经济学传统？

恩格斯指出，"政治经济学是现代资产阶级社会的理论分析"[1]，只有以政治经济学为中介才能够"把现代社会关系的全部领域看得明白而清楚"[2]。但是，政治经济学批判和古典经济学完全基于不同的方法论基础，历史唯物主义是政治经济学批判的前提视域。在历史唯物主义视域中，政治经济学既不是一门思辨科学，也不是一门纯粹实证科学，而是一门历史科学，它研究"人们借以生产、消费和交换的经济形式"，发现其背后的规律。社会从一定的生产力状况下形成一定的交往形式，而在一定的生产、交换和消费阶段上，就会有相应的家庭、社会组织和阶级，即市民社会整体。从一定的市民社会中产生相应的政治国家。[3] 马克思对经济规律的描述涉及对社会关系结构的揭示，对政治经济学的批判就是对资产阶级社会关系的总体批判。"经济范畴只不过是生产的社会关系的理论表现，即其抽象。"[4] 在经济范畴和社会关系之

---

① 《马克思恩格斯文集》第2卷，人民出版社2009年版，第595页。
② 《马克思恩格斯文集》第3卷，人民出版社2009年版，第79页。
③ 《马克思恩格斯文集》第10卷，人民出版社2009年版，第42—43页。
④ 《马克思恩格斯文集》第1卷，人民出版社2009年版，第602页。

间，社会关系具有存在论性质，经济范畴是其观念抽象。以往的经济学家只知道人类是在一定的社会关系下从事产生活动，至多达到对经济范畴的唯物主义理解，但却没有历史思维。"他们认为这首先意味着经济学应该离开历史的特殊性去探寻具有普遍性的原理和范畴。他们试图找到一种系统的分析方法，这种方法可用于所有的经济制度，所有形式的人类社会，所有的历史进程。因此，它们从历史本身抽象出来，切断了与政治和对特定社会制度的研究之间的联系。"① 相反，政治经济学批判的对象不是"社会一般"和"生产一般"，而是具有历史特定性的资本主义生产方式。"在《资本论》中，马克思试图对应于资本主义制度的实际来建立理论范畴，而不是进行没有社会现实基础的唯心的抽象。"②

马克思指出，政治经济学批判不仅研究生产是怎样在资本主义社会中进行的，而且也要研究这些生产（关系）本身是怎样产生，并随着生产力向更高阶段发展而可能被另一种新型关系所取代的。"社会关系和生产力密切相连。随着新生产力的获得，人们改变自己的生产方式，随着生产方式即谋生的方式的改变，人们也就会改变自己的一切社会关系。手推磨产生的是封建主的社会，蒸汽磨产生的是工业资本家的社会。"③ 在《1857—1858 年经济学手稿》中，生产、分配、交换与消费之间的关联，被作为一个辩证的关系总体予以揭示出来。古典经济学却把有机联系的各个环节进行肢解，当他们把生产和分配进行割裂并视为与历史无关的永恒规律时，也就把资本主义经济当作"社会一般"的自然规律。事实上，这些相互作用的要素构成了一个社会总体的各个环节，而一旦失去了这种辩证的总体性视角，就可能会像萨伊等庸俗经济学家那样，从一种个人主义视角，把资产阶级社会简化为一个交换体系，进而只看到在市场中的商品交换，却无视了社会关系的总体存在。"实际上，只要把商品或劳动还只是看作交换价值，只要把不同商品互相之间

---

① ［英］杰弗·霍奇森：《资本主义、价值和剥削——一种激进理论》，于树生、陈东威译，商务印书馆 2013 年版，第 40—41 页。

② ［英］杰弗·霍奇森：《资本主义、价值和剥削——一种激进理论》，于树生、陈东威译，商务印书馆 2013 年版，第 26 页。

③ 《马克思恩格斯文集》第 1 卷，人民出版社 2009 年版，第 602 页。

发生的关系看作这些交换价值彼此之间的交换，看作它们之间的等同，那就是把进行这一过程的个人即主体只是单纯地看作交换者。只要考察的是形式规定……那么，在这些个人之间就绝对没有任何差别。每一个主体都是交换者，也就是说，每一个主体和另一个主体发生的社会关系就是后者和前者发生的社会关系。因此，作为交换的主体，它们的关系是平等的关系。在他们之间看不出任何差别，更看不出对立，甚至连丝毫的差异也没有。"① 也就是说，被国民经济学视为社会起点的单独的个人，它恰恰是从资产阶级社会中抽象的结果，即一种从商品关系中所产生的"现实抽象"，它以一种形式平等地抹平了资本家和雇佣工人之间的权力地位和社会阶级的区分。资产阶级的政治平等和权利自由，源于价值形式中的不同商品间的等同关系，是经济关系在法律和政治关系上的观念表现。在资本主义社会中，个人并不能自由地主宰自己的命运，"人们忘记了：交换价值作为整个生产制度的客观基础这一前提，从一开始就已经包含着对个人的强制……个人只有作为交换价值的生产者才能存在，而这种情况就已经包含着对个人的自然存在的完全否定；因而个人完全是由社会所决定的"②。

超越上述庸俗经济学的个人主义，必须回到古典经济学所开创的"资产阶级体系的生理学"，也就是生产视角的分析。虽然李嘉图政治经济学的主题是分配问题，但他也认为，分配形式只是生产形式的结果，因此必须认真分析资本主义生产的具体形式。正如马克思也指出，同经济过程的其他环节相比，"生产是实际的起点，因而也是起支配作用的要素"③。在流通领域和交换视角中，分配表现为一种不受个人意志决定的社会规律，并决定个人在社会生产中的地位。从生产视角来看，资本主义分配关系并不是永恒的，而是具有历史特定性的生产关系的结果。政治经济学只是把分配视为产品的分配，由此将其从生产关系总体中独立出来。而马克思洞见到，在分配被作为产品分配之前，首先是生产工具的分配，其次是社会成员在各类生产之间的分配，即个人在生产关系中的位置。这两种分配作为决定生产结构的决定性要素，

---

① 《马克思恩格斯全集》第30卷，人民出版社1995年版，第195页。
② 《马克思恩格斯全集》第30卷，人民出版社1995年版，第203页。
③ 《马克思恩格斯文集》第8卷，人民出版社2009年版，第18页。

产品分配只是这两种分配的结果。如果在考察生产时撇开了对生产资料、生产工具与社会关系的分配，那么，生产就成为一个空洞的抽象；反之，有了对这种构成生产的要素的分配，产品的分配才能被确定。[①]

当然，任何一种生产关系本身都源于一定的历史条件、有其特定的前提，这些生产要素既是我们从前一代人的历史活动中所继承下来的结果，也构成了创造下一阶段历史的物质前提，因此，生产关系是随着历史过程而不断改变的。归根到底，是"一般历史条件在生产上是怎样起作用的，生产和一般历史运动的关系又是怎样的"[②]。从这种历史视野出发，马克思对资本主义生产的考察超越了古典经济学的生产概念，通过把经济过程置入资产阶级社会存在总体中，揭示资产阶级生产方式的自否定的趋向。这一点构成了马克思政治经济学批判所特有的历史意识。

（四）生产的政治性及其剩余

马克思揭示了古典经济学劳动价值论的最后之谜。斯密和李嘉图都回答不了这一问题：为什么劳动必然表现为价值、以劳动时间计算的劳动量表现为劳动产品的价值量？这是因为，古典经济学并没有区分劳动的二重性，他们把注意力都集中在了价值量分析上，只关注价值量生产，却不理解在价值量生产中隐藏着社会关系的本质。所以，商品的价值形式分析对于揭示资本主义的特殊性具有重要意义："劳动产品的价值形式是资产阶级生产方式的最抽象的、但也是最一般的形式，这就使资产阶级生产方式成为一种特殊的社会生产类型，因而同时具有历史的特征。因此，如果把资产阶级生产方式误认为是社会生产的永恒的自然形式，那就必然会忽略价值形式的特殊性，从而忽略商品形式及其进一步发展——货币形式、资本形式等等的特殊性。"[③]

由于缺失了唯物史观视野，古典经济学并不能从暂时性上理解商品的价值形态以及价值形式表现为货币形式的意义。价值形式分析认为，商品的神秘性质不是来源于使用价值，而是来源于交换价值，只有当商品生产只是为

---

① 《马克思恩格斯文集》第 8 卷，人民出版社 2009 年版，第 20 页。
② 《马克思恩格斯文集》第 8 卷，人民出版社 2009 年版，第 21 页。
③ 《资本论》第 1 卷，人民出版社 2004 年版，第 99 页。

了在市场上换取货币，而不是满足生产者的直接使用时，劳动产品才真正获得了商品形式。资本主义是一个在广度和深度上都被交换价值所统治的社会，它奠基于使用价值和交换价值的分离，而当商品作为中介去完成价值增值的时候，它达到了最神秘、最抽象的形态。这时商品在人面前就取得了独立性，它把人们劳动的社会性质反映为劳动产品本身的物的性质，生产者同总劳动的社会关系被反映为生产者之外的物与物之间的关系。在前资本主义社会，生产者与他人的社会联系是直接而明显的，每个人都依赖于他人，因此生产关系是被特定的政治与社会关系所中介的；在资本主义社会，生产劳动作为社会劳动，不再表现直接的社会关系，而必须以物的关系为中介。劳动不仅作为具体劳动生产使用价值，还必须同时作为抽象劳动为社会生产交换价值。"在交换者看来，他们本身的社会运动具有物的运动形式。不是他们控制这一运动，而是他们受这一运动控制。"① 这种物的运动形式就是资本积累，即资本在市场上通过交换不断地扩大、发展自身。

古典经济学中"看不见的手"就是在流通中寻找利润的来源，把市场看作一种互惠的、和谐的制度。与其说市场是社会利益最大化的机制，不如说它是推动剩余价值生产与积累资本的手段。前资本主义社会中的交换属于简单商品流通，生产的目的在于购买其他可用的商品，其一般公式是"商品—货币—商品"（C-M-C）；在资本主义社会中，简单商品流通被资本运动的公式所取代，它表现为"货币—商品—货币"（M-C-M′）（为卖而买），亦即在流通结束时产生了更多价值 M′。由于局限在流通过程的表象，古典经济学把剩余价值的来源归结为交换。而马克思揭示出，从 M 到 M′所得的剩余价值并不在流通中产生，它只是在流通过中实现。剩余价值的产生，来源于更加隐蔽的场所——生产过程。

从生产视角看，剩余价值产生于第一个阶段 M-C 中。这个阶段所购买的特殊商品——工人的活劳动——使用本身就是剩余价值的源泉，"它的实际消费本身就是劳动的对象化，从而是价值的创造"②。资本主义生产方式奠基于

---

① 《资本论》第 1 卷，人民出版社 2004 年版，第 92 页。
② 《资本论》第 1 卷，人民出版社 2004 年版，第 195 页。

一个现实的前提下，即具有人身自由的劳动者出现在市场上能够把自己的劳动力当作商品进行出卖，并且，他们除了作为自己人身的所有者之外就自由得一无所有。这使资本主义与简单商品生产社会相区别，当少数人垄断了生产资料、大多数人没有生产资料而不能独立生产时，劳动者就只能做出这样的"自由选择"：要么饿死，要么把劳动力作为商品出卖。因此，资本主义并不是斯密所认为的"自然的自由体系"，而是历史形成的一种特定性的社会生产方式，是一种建立在"物的依赖性"基础上的更为隐蔽的阶级社会。当斯密把资本和劳动的分离当成政治经济学的未经反思的前提来论述利润的来源时，马克思诘问道："第一，我们要问，这种没有生活资料也没有劳动材料，总之，毫无所有的'勤劳的人民'，是从哪里来的呢？假设我们在斯密的文句里，把他的素朴的见解剥出来，他就不外是说，资本主义生产，是在劳动条件属于一个阶级，劳动的支配权属于另一个阶级那时候开始的。劳动和劳动条件的分离，是资本主义生产的前提。"①

在这个意义上，价值与资本都是代表资产阶级社会关系的范畴。作为社会关系，"资本越来越表现为社会权力，这种权力的执行者是资本家，它和单个人的劳动所能创造的东西不再发生任何可能的关系；但是资本表现为异化的、独立化了的社会权力，这种权力作为物，作为资本家通过这种物取得的权力，与社会相对立"②。而资本作为隐秘的社会权力，通过私有财产权被披上了合法化的外衣，并与资本主义政治国家形成了一体化构建。"现在，所有权对于资本家来说，表现为占有他人无酬劳动或它的产品的权利，而对于工人来说，则表现为不能占有自己的产品。所有权和劳动的分离，成了似乎是一个以它们的同一性为出发点的规律的必然结果。"③

私有财产权是形成全部资本主义社会政治体系的起点。在16—17世纪，"劳动创造财富并确立所有权"观点具有积极的涵义，体现了新兴资产阶级对封建地主阶级的存在条件的批判。在《国富论》中，斯密把地主阶级和封建官僚都划入了"非生产劳动"阶层。重农主义者曾认为只有土地和农业劳动

① ［德］马克思：《剩余价值学说史》，郭大力译，北京理工大学出版社2011年版，第112页。
② 《资本论》第3卷，人民出版社2004年版，第293—294页。
③ 《资本论》第1卷，人民出版社2004年版，第674页。

才是"生产的",斯密则进一步把创造价值的劳动扩大为一般劳动。马克思认为,斯密的最大功绩之一就是把"生产劳动"定义为直接与资本交换的劳动,即创造剩余价值的劳动。① 斯密本意是指证地主阶级和封建官僚是社会的食利者,以此说明资本主义生产的进步性和文明性。然而,由于资产阶级依据资本所有权能够"合法地"剥夺工人的剩余劳动,历史的辩证法就开始转变为对资产阶级"非生产劳动"的批判。到 19 世纪,由于资本主义生产所内在引发的阶级冲突和社会矛盾愈益突出,被古典经济学奉为信条的社会"和谐论"已经不攻自破。自由市场根本无法掩饰如下这一事实,即资本主义是一种建立在一个阶级向另一个阶级出卖劳动力,而另一个阶级可以依据所有权不劳而获的制度。

仅就分配关系而言,马克思无疑也是一位"穷人经济学家",但从理论总体来看,这种理解仍是不够深入的。这是因为,古典经济学始终在非批判的框架内描述资本主义经济过程,它把人的社会关系排除在经济学视野之外,是一种"见物不见人"的理论。相反,马克思对剩余价值学说的建构,其意义远非经济学话语所能涵盖,而是通过分析剩余价值的生产,揭示了社会行动的主客同一体——无产阶级。在《资本论》中,马克思颠倒了政治经济学把劳动者作为一种被动的生产要素的理解,将其从一种物化的客观力量重塑为一个历史性的主体力量——无产阶级。这个阶级,当它被作为市场上的产业后备军、群氓无产者以维系资本主义社会关系再生产时,正是从资本主义商品生产和资本积累中所形成的结构性的"剩余存在"。正如我们在前面所论述,在古典经济学看来,这一资产阶级社会中的结构性剩余,是无法摆脱而又必需的那一部分,否则就不会有资本积累了。而马克思全力证明,资本主义不仅因其内在矛盾而不可避免地走向"内爆",并且,作为资本主义的结构性"剩余"的无产者,也将在与资本主义的自觉反抗中从一个自在的阶级上升为一个自为的阶级,并最终以革命联合占有生产力和社会财富,为扬弃其在资产阶级社会中的异化存在、实现自由个性的全面发展而准备社会物质条件。

---

① [德] 马克思:《剩余价值学说史》,郭大力译,北京理工大学出版社 2011 年版,第 202 页。

总之，通过对资产阶级社会存在总体的批判，马克思为无产阶级革命政治学提供了主—客体两方面的理论依据，从而以一种最具有爆炸性的方式从政治经济学内部击穿了资产阶级社会关系的实体假象，表明了"现在的社会不是坚实的结晶体，而是一个能够变化并且经常处于变化过程中的有机体"①。在这个意义上，政治经济学批判作为以人类解放为宗旨的无产阶级革命理论，构成了马克思政治哲学规划中的总体定位。

第三节　马克思政治经济学批判开创的新哲学道路

众所周知，历史唯物主义是马克思从唯心主义批判中建构的新世界观。根据索恩·雷特尔和阿多诺的相关研究，唯心主义的基本模式是"意识同一性"原则，而"意识同一性"的社会前提是商品交换中的同一性，因此思维综合源于社会综合。在市民社会的背景下，马克思不再从超验存在中寻找世界的形上根据，而是把目光投向尘世的物质生活中把握人的历史性存在。因为历史唯物主义不以任何"一般实体"为对象，而是旨在揭示历史的"特定性存在"（资本主义生产与再生产）的结构。由此，对政治经济学的批判就不只是理论的批判，而同时也包含了对现实生活的实践批判。在政治经济学批判中，马克思以物化批判揭示出意识同一性的社会基础、更新了认识论批判的传统模式，发现了"存在"之真实、具体的面相是"非同一性"。其中，劳动的内在剩余本性不仅塑造了资本主义生产与再生产结构，并且从资本主义社会内部也产生导致其自我否定的革命性力量。在历史唯物主义的主体向度中，资本主义制造出与自身相反对的阶级主体；在历史唯物主义的客体向度中，资本主义的剩余空间孕育着"新社会的因素"。马克思从"存在"之"非同一性"出发，抓住了资本同一化运动中的剩余空间，开辟出实现人类解放的现实道路。

（一）政治超验想象的终结及其内在性迁移

在启蒙运动以前，由柏拉图所奠基的古典政治哲学具有理念论的特征。

---

① 《资本论》第1卷，人民出版社2004年版，第10—13页。

柏拉图之前的希腊政治还处在自然与社会和谐未分的状态，自然和社会共享同一原则是自然哲学家们的普遍信念。而政治哲学的出现始于政治秩序与自然秩序互相脱离，哲人把自然归于现象，尝试在自然之外寻找政治事物的原因。柏拉图作为政治哲学传统的开创者，把政治的本质看作独具价值的超验存在，对这种超验存在的揭示是关于理念的知识，理念是对位于政治现象之上的关于政治生活有序化的构想。对于柏拉图而言，物质世界是无法从意见层面提高到知识层面的，一切真知都来源于非物质的理念的形式王国。政治哲学作为一门有关政治秩序的科学，就在于超越物质性的内容去把握政治的形式本质，并最终按照某种关于善的构想指导政治实践，使政治现实与政治现象得到改观。

不过，由于柏拉图式的古典政治哲学没能处理好政治形式与政治质料的融合问题，古典政治哲学因此是不成功的。按其理论，最佳政治必须希冀一个天使般的民族才能实现。但在现实世界中，质料常常是现成的、无可选择的，因此只能在质料的现成存在之上创构可行的政治形式。马基雅维利等早期启蒙哲人意识到，必须放弃柏拉图式政治哲学的超验理想，重新从理念界下降到"洞穴"中，在政治事实的经验范围内寻找有效的政治的形式规定。马基雅维利使西方政治哲学从追问人"应当"如何生活转向对人之"现实"生存境域的关注。此后，霍布斯、洛克、卢梭乃至斯密等人继续推动政治理性从理念到实存、从超验到内在的迁移，形成了以欲望、意志、情感、劳动为支点的生命政治本体论，并最终通向历史唯物主义对人性与政治的构想。

由霍布斯奠基的启蒙政治哲学的主导形态是契约论，而契约论的典型基础是运用一种伦理政治学的语言描述秩序的建立。"利维坦"的起点始于对前政治的人性的悲观描述，在这个阶段，自然法内化为人性欲求的普遍原则，主体被"前社会"地理解为在群体之外然后对其施加一种社会化的过程，即公民的创生。一般认为，霍布斯是现代个人自由的奠基者，但其政治论证的手法使国家仍具有很大的神秘性，在其理论中，主权被视为带有超验色彩的绝对力量，形成对个人的专制统治。此后，无论是洛克的权力平衡理论，还是卢梭以"公意"重建主权的合法性来源，都不是对霍布斯政治难题的成功解决。启蒙哲学表明，现代政治已经不再从超验存在中汲取合法性的来源，而是开始从主体及其内在性寻找根据。在这个过程中，从18世纪开始浮现出一种描述人类行动与社会风尚变化的全新的语言：政治经济学。必须注意，不同于自恃为中立化和分科化的现代经济学，早期的政治经济学家同时也是社会理论家，他们认为：正如牛顿发现了物理世界的力学规律，经济学就是对社会的力学规律进行研究的学问。由于政治现象可以被解释为各种社会因素的合成结果，以政治经济学为核心的社会科学相对于传统政治理论而言，就具有更多的优越性。如果说休谟揭示了政治经济学根植于对人性的论述，而经济就是人之自我展开与人在世界之中的基本存在样态，那么，当斯密声称劳动创造事物的价值时，不过是表明现代性开启了一条用劳动扬弃沉思、以经济取代政治的新航路。

当代政治哲学家汉娜·阿伦特，对古代政治世界的消逝和现代经济社会的崛起表达了强烈的不满，怀恋逝去的以管理共同事务为特征的古代公共领域。她没有看到，随着现代性彻底终结了形而上学对超验本体的想象，政治理性从超验向内在的迁移已是世界历史不可扭转之大势。政治经济学的出场表明，现代政治的基础是经济，经济是相比于政治而言的更具本体性的力量，而力量来源于劳动。对劳动的发现是现代政治的最高成就，黑格尔著名的"主奴辩证法"描述了从古代"美德政治"向现代"劳动政治"的深刻变迁：尽管主人意识通过冒死斗争而被奴隶所认可，但奴隶意识却在其陶冶自然的劳动中发生了向主体性的辩证转化。"正是在劳动里（虽说在劳动里似乎仅仅体现异己者的意向），奴隶通过自己再重新发现自己的过程，才意识到他自己固有的意向。"[①] 马克思同样认为，同意识的内在性相比，劳动是更为根本的存在论层次，因为劳动就是生命的彰显。事实上，古代的等级政治一旦被颠覆，从而能够平等地对待劳动者和像奴隶那样的人，人类将会发现这一基本事实：人类在其本性上就是由满足物质生活资料的生产实践所塑造的。而现代性之要点并不在于争论政治生活和经济生活何者更为高贵，它不过是反映了政治的内在性迁移将导致民主与大众社会之来临这一天命。况且，劳动政治取代美德政治也未必是现代性的堕落，它恰恰是生命本身的政治得以开启

---

① ［德］黑格尔：《精神现象学》上卷，贺麟、王玖兴译，商务印书馆1962年版，第148页。

的契机。现代性之前途在于通过对生命政治的重构，挖掘人性中的自由与解放的潜能，这正是唯物史观继承启蒙哲学的深刻之处。

在马克思的全新视界中，对事物的实际存在过程的描述取代了形而上学对于超验本体的想象，进入内在性即唯物主义的反思空间。历史唯物主义以"现实的个人"为前提，不仅在于把生命本身的存在作为价值尺度，并且在政治经济学批判中以对资本主义社会经济关系的批判性分析，重构了社会政治的未来图景。

（二）政治经济学批判对唯物主义内在性的确立

在马克思那里，内在性奠基于唯物论原则，即一种内在性唯物主义（immanent materialism）[①]。也就是说，真正的内在性只能是唯物论的，且彻底的唯物主义也必然是内在性的，二者是一回事。问题在于，从笛卡尔到康德的先验哲学传统表明，内在性显然属于意识哲学的领地，它似乎更应是唯物主义的对立面。那么，它们究竟是如何被安置在同一个结构中的呢？对这个问题的回答，需要重审马克思唯物主义与近代哲学的承接关系。

首先是笛卡尔以"我思"作为重建人类知识大厦的可靠性的起点，确立了近代哲学的意识内在性论域。但康德认为，以"我思"设定心灵实体的存在，仍是一种形而上学的梦呓，自我意识作为统觉的先验统一性，只是确保知识可靠性的功能性运作，其背后并无灵魂或身体的实体性。不过，康德对"物自体"的设定表明其认知结构中仍有一个无法被意识所穿透的超验领域。对此，当黑格尔从绝对出发设定"实体即主体"这一精神原则，也就把内在性收归于实体之中，从而克服了内在与超验的二元结构。因为"精神"（Geist）既是意识也是实体，既内在又超验，也就是说，精神从不是纯粹的意识性存在，而是充分外化为具体经验世界中的定在。因此，人、自然与历史都处在"精神"的内在领地。绝对精神的自我认识，就是扬弃诸环节间的异己性并建构其内在统一性的自我实现的过程。但马克思认为，当黑格尔在精神的外化中把人设

[①] 本书中的内在性唯物主义，并非取代辩证唯物主义或历史唯物主义命名马克思主义哲学本质的概念，而是更多地标识一种区别于观念论的内在论分析方法。

定为"自我意识"时，发生了一种本质性的颠倒，即自我意识是人之自然存在的本质，而非自然存在是自我意识的本质，"人被看成非对象性的、唯灵论的存在物"①。由此，自我意识的外化所设定的就是抽象物，而非现实物、物本身；现实中的真实异化被看作"本质"，即自我意识的异化"现象"。所以，被自我意识所设定的"物性"绝不是什么"独立的、实质的东西"，而只是观念中的"纯粹的创造物"，它只是证实了精神的设定行动本身。②

按照阿多诺的观点，唯心主义之所以把内在性建基于意识同一性的平面上，是由于"同一性是意识的首要形式"，而"内在性是这种同一性立场的总体性"。③意识的同一性决定被征服的事物的规定性，"它必须把对它发生的事情呈现为它的'内在'"④。尽管黑格尔一再强调意识所把握到的事物诸环节之运动进程的辩证性，但他把一切非同一的客观事物包含进绝对精神主体中，便重新在观念内部完成了调和。唯心主义内在性的根本意图在于根除事物的矛盾性，回到一个透明的纯粹主体。但对意识同一性的过度拔高，证明其自身仍是一种意识形态的主体。"当主体断言自身是万物的培根式主人并最终是万物的唯心主义创造者时，它便把一种认识论的和形而上学的东西带进了这种幻想。……主体孤注一掷的自我拔高是它对自身无能的体验的反应，这种体验阻碍着自我反思。绝对的意识是无意识。"⑤对于马克思而言，同一性的本质当然是主观性，但问题的关键并不在于一般所谓地从主观性走向客观性、从理性思辨走向社会现实。因为抽象的客体性作为向前康德形而上学的粗暴回归，必然放弃启蒙哲学的理性主义遗产、复归于晦暗之中。如果我们承认马克思是启蒙哲学之批判性的继承者，那么，唯物史观对作为启蒙哲学之产品的内在性的继承就是题中应有之义。正如葛兰西也指出："思辨形式的内在性概念，是由德国古典哲学提出来的，借助于法国政治和英国古典经济学，它被译成历史主义形式的内在性概念。"⑥在马克思的语境中，把内在

---

①　《马克思恩格斯文集》第 1 卷，人民出版社 2009 年版，第 206 页。

②　《马克思恩格斯文集》第 1 卷，人民出版社 2009 年版，第 209 页

③　[德] 特奥多·阿多尔诺：《否定的辩证法》，张峰译，重庆出版社 1993 年版，第 145、179 页。

④　[德] 特奥多·阿多尔诺：《否定的辩证法》，张峰译，重庆出版社 1993 年版，第 145 页。

⑤　[德] 特奥多·阿多尔诺：《否定的辩证法》，张峰译，重庆出版社 1993 年版，第 177—178 页。

⑥　[意] 葛兰西：《实践哲学》，徐崇温译，重庆出版社 1990 年版，第 88 页。

性与唯物论相结合，就意味着对任何形式的超验存在予以拒斥，回到物质生活的尘世中重构哲学的反思平面。内在性在德国古典哲学中往往被表述为意识同一性对世界的逻辑构造，到了马克思那里则意味着探寻意识同一性自身在社会系统中被予以"先验构成"的权力机制。马克思之所以把近代哲学看作"虚假意识"，是由于从唯物史观的视角看，启蒙的理性概念仍然处在晦暗中，其自身的被给予性根据有待追问下去。而唯物史观作为对理性加以"澄明"的方法，正是通过重建内在性的解释原则而实现了启蒙的深化。

从文本上来看，马克思早在博士论文中就依据青年黑格尔派的"自我意识"论说了伊壁鸠鲁关于原子偏斜运动的真实意义，为自然世界中的个体自由提供了政治空间，预示了新唯物主义学说的出场。其中，一边是关于必然性的古老的唯物论观点，一边是被德国观念论所高扬的主体精神。前者意味着唯物主义首先是一种关于客观实在的科学研究，后者则确保这种科学的立足点始终是人的自由，二者被马克思的理论思维综合为内在性唯物主义。近代哲学中作为先天统觉的意识统一性，在此转换为以自然为背景、以主体实践为前提的社会性统一。在此意义上，那种仅仅凭借《德意志意识形态》关于全部历史的前提是"现实的个人"论断，把唯物史观解释为以现实性取代思辨性、以实践本体取代意识本体的"实践转向"说并未抓住问题之关键。其不足之处，不仅在于把唯物史观与近代哲学予以抽象对立、忽视其连续性和辩证地转化，并且，一般性的物质实践也并不构成对先验统觉的真正超越。按照阿尔都塞的说法，它们不过是一枚硬币的正反面而已，实践本体论是翻版的意识形态人本学。恩格斯对此有一个重要说明：我们不能一般性地谈论实践概念，而是强调要立足于具体历史的语境进行分析。那么，在资本主义社会历史的语境中，实践的合理性形态就是实验和工业。就此而言，现代自然科学和资本主义大工业构成了历史唯物主义的实践概念的存在论区域，而这个以资产阶级时代为镜像的特殊性阶段，同样构成了实践论分析的历史性限度。

因此，当 1845 年秋马克思从《关于费尔巴哈的提纲》中确立的实践观点迅速过渡到《德意志意识形态》中的交往形式分析时，不过是完成了从实践人本学到社会存在论的视域切换。马克思的存在论转向扬弃了传统认识论的主客二分模式，其深意是：实践是社会构成物，社会是真正的内在性。不过，与葛兰西把马克思继承近代哲学的最大成果称为"实践哲学"不同，马克思对内在性的回溯最终建基于对具体性的存在（资本主义生产与再生产过程）的分析，这是其存在论的独创性。当他指出"意识［das Bewuβtsein］在任何时候都只能是被意识到了的存在［das bewuβte　Sein］，而人们的存在就是他们的现实生活过程"时①，实际是要回溯意识内在性的源始发生机制，深入存在的内在性当中。

　　鉴于哲学之存在论转向的概念源于海德格尔，在此可借助其"基础本体论"一窥马克思哲学的"存在"之思："存在及其结构超越了每一存在物及其可以具有的每一可能的存在规定性。存在是十足的先验之物。定在之存在的先验性是独特的先验性，因为它包含着最彻底的个体化的可能性和必然性。对存在作为先验之物的任何显示都是一种先验的知识。现象学的真理（存在的被显示状态）是先验的真理。"②尽管我们不能把历史唯物主义存在论与现象学存在论直接等同起来，且必须原则性地强调马克思的历史性方法与现象学方法的不同，但就马克思先于海德格尔实现了从追求超验真理到关注现实生活的"存在"转向而言，实乃是现代存在论的真正的开辟者。这一道路的识见是：从存在的视角看，意识不是纯粹的先验性，相反，它是社会建构的结果。意识结构的发生机制是社会存在过程，即先验主体是"自身无意识的社会"③。总之，马克思早年对资本主义的异化批判仍然具有外在性，相反，只有从存在自身出发，即对市民社会内部的矛盾关系及力量的变动趋势的破解，才是对资本主义的内在批判。由于"对市民社会的解剖应该到政治经济学中去寻求"，马克思对存在的先验结构的勘定就呈现于《资本论》及其手稿所展示的政治经济学批判视域中。那么，《资本论》在何种意义上揭示了存在的先验结构？回答是：《资本论》不是对任何一种具体形态的资本主义所做的实证研究，而是揭示了资本主义的"理想平均形式"或"一般类型"。④也就

---

① 《马克思恩格斯文集》第1卷，人民出版社2009年版，第525页。
② 转引自［德］特奥多·阿多尔诺《否定的辩证法》，张峰译，重庆出版社1993年版，第104页。
③ ［德］特奥多·阿多尔诺：《否定的辩证法》，张峰译，重庆出版社1993年版，第175页。
④ ［法］路易·阿尔都塞、艾蒂安·巴里巴尔：《读〈资本论〉》，李其庆、冯文光译，中央编译出版社2008年版，第186页。

是说，不论现实中的资本主义社会存在多大的差异性，但它们之所以为资本主义就在于共享了资本主义的普遍性：资本权力在社会中布展的一般结构。从这个意义上来讲，《资本论》可以说是一部关于"存在"的先验哲学研究。因为只要人类还处在资本主义这一历史阶段，它所揭示的存在论真理就是永恒有效的。

在政治经济学批判中，"存在"的先验性被破解为一种颠倒的物象结构。这个结构产生于资本主义生产与再生产被裹上一层意识形态的面纱。从意识的内在性回溯到存在的内在性，就是从物化的逻辑构成中对资本、阶级、法权、意识形态等诸要素之间内在关联的发生学考察。在《政治经济学批判大纲》中，马克思把唯物主义的内在性方法与观念论加以严格区分，指出："黑格尔陷入幻觉，把实在理解为自我综合、自我深化和自我运动的思维的结果，其实，从抽象上升到具体的方法，只是思维用来掌握具体、把它当作一个精神上的具体再现出来的方式。决不是具体本身的产生过程。"① 显然，黑格尔依据意识同一性原理所把握到的只是思维的具体，它并不能取代具体的存在本身，而正由于黑格尔没能进入具体存在本身的内在性中，这导致他继续用观念吸纳存在、返回到意识内在性的牢笼，再次失去了对真实存在的把握。与之相比，内在性唯物论不提供关于意识结构的先验原理，而是在探寻意识起源的过程中呈现出存在的先验结构，即对物化的社会关系之谜的破解。这不仅是一个比意识哲学更为本源的视域，并且，随着传统形而上学所追求的超验实在被唯物主义内在性所击穿，马克思的存在论以对具体性社会关系的分析实现了对资本主义社会政治空间的变革。

（三）拜物教批判对唯物主义认识论的重构

如前所述，由于马克思的存在论不以形而上学的"一般实体"为对象，因此其认识论批判也不关心传统的认识论问题：主体关于世界的知识何以可能、思维如何切中实在？而是要追问：哲学的思维方式本身是如何产生的？也就是说，"思维如何切中对象"这一认识论传统被马克思解构为：它们是如

---

① 《马克思恩格斯全集》第30卷，人民出版社1995年版，第42页。

何分离开的？这才是其认识论批判的核心问题。因此，将马克思的"人应该在实践中证明自己思维的真理性，即自己思维的现实性和力量"①的论断，视为以实践为原则解决主客体关系的传统认识论命题，是十分表面化的。如果再结合"提纲"第四条"世俗基础使自己从自身中分离出去，并在云霄中固定为一个独立王国，这只能用这个世俗基础的自我分裂和自我矛盾来说明"②，可见其用意并不在知识论上，而是指向对传统的哲学思维本身的合法性来源的批判。道理很简单，主体与客体、意识与对象之同一性问题不仅永远无法在哲学思维内部获得根本解决，并且形而上学思维本身就是现实世界之自我分裂的观念表征。对于马克思而言，亟须对传统认识论的"问题式"展开批判性的反思。这就要求必须从社会存在出发对哲学思维本身进行历史的解释。在现存社会体制下，哲学的思维方式越是停留于意识的内在性，它就越明显地带有拜物教特征，成为固化秩序的拜物教意识。也就是说，如果没有批判地解决哲学上的思维抽象与社会的矛盾，那就意味着人们只能满足于哲学思维与社会过程之间的分裂，从而停留在脑力劳动与体力劳动的分离，即阶级的区隔上。就此而言，唯物主义认识论批判不只是一个科学问题，它还具有政治的意涵。

在《巴黎手稿》中，针对思辨形而上学在本体论上的循环，马克思提出"人直接地是自然存在物"的论断。这个定位使其阻断了对超验本体的思考，并认为"主观主义和客观主义，唯灵主义和唯物主义，活动和受动"只是人们的思维抽象的结果，一旦直接从社会出发，将"失去它们作为这样的对立面的存在"。③但由于马克思此时尚不具备透视整个社会存在的内在视域，便诉诸感觉和直观的明证性来证成唯物主义的政治真理。"对社会主义的人来说，整个所谓世界历史不外是人通过人的劳动而诞生的过程，是自然界对人来说的生成过程，所以关于他通过自身而诞生、关于他的形成过程，他有直观的、无可辩驳的证明。"④尽管直接从直观的唯物主义进入社会主义是十

---

① 《马克思恩格斯文集》第 1 卷，人民出版社 2009 年版，第 500 页。
② 《马克思恩格斯文集》第 1 卷，人民出版社 2009 年版，第 500 页。
③ 《马克思恩格斯文集》第 1 卷，人民出版社 2009 年版，第 192 页。
④ 《马克思恩格斯文集》第 1 卷，人民出版社 2009 年版，第 196 页。

分睿智的，但这并不意味着马克思解决了哲学思维方式与实际社会过程的分裂。按照埃里克·沃格林（Eric Voegelin）的说法，马克思此时并没有解决哲学的"认识论之谜"，其依据感觉和直观的明证性是一种回避掉本体论问题的"非哲学的立场"。① 但从另一方面而言，这种似乎缺乏学理力度的"非哲学的立场"却内含着一种朴素的人民意识。因为传统西方哲学在政治上具有一种相对于大众而言的智识的优越性，而马克思强调劳动对于沉思、人民对于哲学家的优先性，体现了社会主义对于阶级秩序的颠覆性。正是因为事关科学社会主义的合法性基础，对唯物主义认识论批判的重构具有了重大意义。

到了《德意志意识形态》时期，马克思准确地把握到认识论批判的实质：形而上学这一分裂的意识，是物质实践及社会分工的产物。"从这时候起意识才能现实地想象：它是和现存实践的意识不同的某种东西；它不用想象某种现实的东西就能现实地想象某种东西。从这时候起，意识才能摆脱世界而去构造'纯粹的'理论、神学、哲学、道德等等。"② 作为独立思维的哲学王国不过是社会中群众的物质生产活动的观念性幽灵，"只是孤立的个人的一种观念上的、思辨的、精神的表现，只是他的观念，即关于真正经验的束缚和界限的观念；生活的生产方式以及与此相联系的交往形式就在这些束缚和界限的范围内运动着"③。所以，形而上学的同一性不过是在意识领域完成了对现存阶级秩序的确认。一旦采取这种哲学立场，也就意味着在社会实在的"束缚和界限"的观念内部打转，从而导致对统治权威的顺从，最终使打破现存秩序的社会革命变得不可能了。因此，当康德1781年发表《纯粹理性批判》以对理性秩序的先验重构为启蒙奠基时，有关意识在数学与自然领域之精确科学的理想，掩盖了这一理性秩序自身所包含的与劳动阶级的分裂。而几乎与此同时，1776年斯密出版《国富论》在与先验哲学相平行的政治经济学领域，提出把劳动产品作为价值生产出来。康德认为，启蒙运动要求一个开明

---

① ［美］沃格林：《没有约束的现代性》，张新樟、刘景联译，华东师范大学出版社2007年版，第114页。
② 《马克思恩格斯文集》第1卷，人民出版社2009年版，第534页。
③ 《马克思恩格斯文集》第1卷，人民出版社2009年版，第535页。

的社会应该不受阻挠支持"理性的公开运用";斯密则论证了一个社会所能采取的最好的组织形式,即给予每一个商品占有者以对其私人所有物不受限制的支配自由。二者分别以理性与生产两种形式从资本主义自身出发,试图证明资产阶级社会合规范的本性。①

　　针对此,马克思不仅要拆除斯密假设的资产阶级社会关于个人不受限制地支配自己财产的自由,揭示资产阶级社会的真实的内在辩证法,并且要通过物化社会关系批判以唯物主义内在性击穿康德的意识内在性镜像。在《资本论》中,马克思说明了意识哲学之所以无法真正地通达对象,根源在于这种意识的先验机制不过是由对抗性社会关系所构筑的物化意识。对物化意识的消解取决于"描述人们实践活动和实际发展过程的真正的实证科学",即政治经济学批判。政治经济学批判中对物化的批判性分析取代了传统的知识论问题。康德和黑格尔都因停留在知识论框架内而无法有效阐明思维自身的综合能力的真实来源。康德使问题变成了"执行单纯内在地分析'我们的认识能力'这一任务",而黑格尔无非是在内在性原则下"将思维结构内部的逻辑假设关系同时看作思维在发生学上的构成性关联"。② 科学认识论就是在唯心主义对知性范畴作无批判运用的地方,从发生学的意义上寻找使其抽象化的社会形式和可能条件。针对这个问题,索恩·雷特尔(Alfred Sohn-Rethel)通过发展《资本论》中的商品分析做出了重大的理论推进:意识哲学中的思维抽象奠基于商品交换形式的现实抽象,思维综合源于社会综合。③ 现代社会在其本质上是被商品交换规律所架构的社会,即一个彻底的交换型社会。在交换中,商品二重化为具有使用价值的商品和纯粹价值符号的货币。货币在现实社会中的意义类似于康德的自我意识所具有的先天综合作用,其综合性体现在货币是从商品中分化出的但却能购买一切商品的、具有最强大统一性功能的商品。正如逻辑学是"精神的货币",货币则在现实社会中执行着"统觉

---

① ［德］阿尔弗雷德·索恩-雷特尔:《脑力劳动与体力劳动:西方历史的认识论》,谢永康、侯振武译,南京大学出版社 2015 年版,第 24—25 页。

② ［德］阿尔弗雷德·索恩-雷特尔:《脑力劳动与体力劳动:西方历史的认识论》,谢永康、侯振武译,南京大学出版社 2015 年版,第 126 页。

③ ［德］阿尔弗雷德·索恩-雷特尔:《脑力劳动与体力劳动:西方历史的认识论》,谢永康、侯振武译,南京大学出版社 2015 年版,第 10 页。

的本源的综合统一";只不过统觉的先天综合发生于内意识领域,货币所执行的综合则是一种社会综合。

由于货币的综合是由抽象的非物质性所奠基的,所以交换所建构起来的社会是一种"第二自然"。"第二自然"抽象掉了人与自然进行物质交换的原初关系,完全是私人交换行为的无意识的结果,它类似于政治经济学中的"看不见的手",既出自人,又具有独立于人的自主性和客观性。对此,马克思指出:"私人利益本身已经是社会所决定的利益,而且只有在社会所设定的条件下并使用社会所提供的手段,才能达到;也就是说,私人利益是与这些条件和手段的再生产相联系的。这是私人利益;但他的内容以及实现的形式和手段则是由不以任何人为转移的社会条件决定的。"① 这里的"社会"正处在"第二自然"的位格上。经济学把社会经济秩序视作近物理学的"自然"规律,但实际上它们却不过反映了资本主义积累规律:"资本主义积累的本性,决不允许劳动剥削程度的任何降低或劳动价格的任何提高有可能严重地危及资本关系的不断再生产和它的规模不断扩大的再生产。在一种不是物质财富为工人的发展需要而存在,相反是工人为现有价值的增殖需要而存在的生产方式下,事情也不可能是别的样子。"② 同样,意识形态也绝非居于社会存在之上并可与其分开层次的一个区域,无论是哲学上的知性范畴的先验综合过程,抑或是经济范畴的运动规律,它们都源于商品交换所形成的社会抽象,是社会存在的内在固有物。

当然,由于交换关系从根本上是由生产关系决定的,所以,仅仅把观念抽象溯源于商品交换关系在理论上仍然是不彻底的。为什么资产阶级社会会形成其经济关系的自由与平等的假象?因为交换关系仍不是观察社会的真实起点,而是作为资本自我确证的资本主义生产方式的产物。对于认识论批判而言,重要的是从交换关系进入生产关系的规定性中,才能发现更真实、具体的存在,才能进入存在的内在性。而只有基于对具体存在的揭示,看似是"坚实结晶体"的社会生产关系才能被改造,看似决定论的"自然历史过程"

① 《马克思恩格斯全集》第30卷,人民出版社1995年版,第106页。
② 马克思:《资本论》第1卷,人民出版社2004年版,第716—717页。

才诞生出"自由王国"。《资本论》立足于现代历史的高度回应了"博士论文"中原子偏斜运动的隐喻，马克思始终是一位关心"存在"的哲学家和政治理论家。

（四）存在的"非同一性"与政治的剩余空间

基于唯物主义认识论批判，可知意识哲学的同一性原理根源于商品交换的同一性，商品交换是这一原则的社会模式，资本主义是依据价值的同一化塑造整个世界的。《资本论》的"价值形式"部分考察了劳动产品的丰富性如何被抽象为价值的同一性，最终建立起以货币形式为载体的资本主义社会总体。"从这个时候起，商品世界的统一的相对价值形式才获得客观的固定性和一般的社会效力。"① 商品形式的前提在于它首先是人类劳动的产品，正是在作为劳动产品的意义上，不同商品之间才获得了价值的等同性。价值同一性的秘密是：商品形式在人们面前把人的劳动的社会性质反映成劳动产品本身的物的性质，从而把生产者同总劳动的社会关系反映成存在于生产者之外的物与物之间的社会关系。基于这种颠倒的社会关系所形成的错认就是拜物教。拜物教意识是物化世界的总体之内的一个要素，由于它未能把握那些未被交换体系所同一化的要素，这种意识就把从社会形式中形成的知性抽象，看作永恒的"先验"之物。马克思以拜物教批判切入形而上学批判，从商品的二重性进入对劳动的二重性分析，揭开了现代世界的"存在"秘密：资本主义生产与再生产过程。

通过对资本运动过程的考察，马克思揭示"存在"在其本性上是一个无法完全被交换价值彻底抽象掉的矛盾体，《资本论》完整地展示了从生产、分配、交换到消费中同时制造同一化与非同一化的运动过程。换言之，资产阶级经济学所形成的关于自由交易、等价交换的观点，只是表现了交换价值的表层化认识方式。在形成被货币同一化的交换价值的过程中，不仅具体事物的质的丰富性被抽象掉了，同时整个复杂的社会矛盾关系也被抽象为和谐、静止的总体。马克思从商品二重性深入劳动二重性的分析，具体地展现了商

---

① 马克思：《资本论》第1卷，人民出版社2004年版，第86页。

品生产中的人的实际存在境遇。关于利润的真实来源这个被古典经济学视为资本主义的"天机般的秘密",被马克思的剩余价值学说转译为一个科学认识论的问题。从交换环节而言,劳动的确和其他商品一样并无二致,资本家依照市场定价购买工人的劳动力,获得其创造的价值。然而,与其他商品不同,劳动是无法完全被交换价值所同一化的活生生的、具体的存在。剩余价值正是来源于这部分没有被同一化的东西,即人类劳动的非同一性维度。劳动的非同一性表现为,活生生的具体劳动不仅创造了自己的劳动力价值,并且在此过程中再生产出更多不归自己支配的商品——这就是剥削的秘密。

事实上,不仅仅是劳动,资本主义生产方式的整个体制都是同一性与非同一性相统一的结构。当古典经济学把整个社会看作一个交换体系、抽象掉其中的非同一性维度,只不过证明了交换价值的同一化逻辑的支配性。而马克思从商品分析进入生产过程的分析,就是要揭示资本的同一化逻辑中的非同一性结构,展开资本主义的内在矛盾辩证法。因此,政治经济学批判所要揭示的东西,就内在于批判的对象之中。基于对资本主义的内在批判,剩余价值学说的真正企图绝非对资本主义进行道德控诉,而是要揭示资本主义"存在"的本真结构。本书之所以要对马克思唯物论的内在性结构进行反复申说,就是因为内在性唯物论不仅把客体之优先性视为准则,并且承认世界本身之"非同一性"的事实,而不像唯心主义哲学那样用意识同一性抽象掉非同一之物,塑造出某种观念本体。在这一点上,康德通过纯粹理性的二律背反触及了世界之矛盾本性,但却错误地将其视为认识之谬误,从而坚决用意识的先验统一性清除掉对象的矛盾性;同样,尽管黑格尔正确地把矛盾视为事物之发展的根本推动力,但同一性在其理论中具有本体论的在先性,因此黑格尔"不是在概念上把不可分解的东西带给它自身,而是通过把这种东西归于它的一般概念、即不可分解性的概念之下来吞没它"①。由于忽略了事物本身的内在矛盾性,黑格尔也没有走出唯心主义同一性的迷局。相比之下,马克思的开端不是"意识"或"实体",而是直接敞开一个人与他人、人与自然之间非同一性的存在论结构。唯物史观认为,人类生存的第一个前提是

---

① [德]特奥多·阿多尔诺:《否定的辩证法》,张峰译,重庆出版社 1993 年版,第 119 页。

满足物质生活资料的生产活动本身，正是在物质生产活动中所形成的人的自然关系和社会关系，构成了存在的不同维度："这种活动、这种连续不断的感性劳动和创造、这种生产，正是整个现存的感性世界的基础。"① 在此基础上，历史唯物主义揭示出生产力和生产关系、经济基础和上层建筑的辩证矛盾本性，是整个人类历史性存在的基本结构。

总之，马克思所揭示的"存在"就其本性而言，既不能还原为关于某种抽象实体的机械唯物主义，也不能还原为关于劳动或实践本体的唯物主义人本学。在《哥达纲领批判》中，马克思批判拉萨尔分子与庸俗社会主义者把劳动视为社会财富唯一源泉的说法，有力地说明了"劳动不是一切财富的源泉。自然界同劳动一样也是使用价值……的源泉，劳动本身不过是一种自然力即人的劳动力的表现"②。此时，马克思旨在表明这种劳动既不能像在政治经济学中那样被实体化，也不能像意识哲学那样将其抽象为一种精神生产的形式，由此超越了资产阶级人本学。无论把劳动实体化为财富的唯一来源，还是将其观念化为精神生产的唯一形式，都只是扩展了资本主义生产关系的统治地位的幻想，而只有回到其非同一的因素（自然）才具有真实性。继之，如果从唯物史观深入政治经济学批判语境中审视"存在"的非同一结构，就会看到：剩余价值学说的最核心处并不在于"价值"，而在于其中的"剩余"问题。因为正是劳动的内在剩余本性，才成为剥削的对象。劳动的剩余性是资本主义生产与再生产的根本推动力，资本对劳动之内在"剩余"的吮吸，不仅实现了资本主义生产过程的循环，并且再生产出整个资本主义社会关系。也就是说，"存在"的非同一性制造出"剩余"，而"剩余"构成了资本主义的生命线。剩余性意味着"存在"始终具有溢出自身的可能性，从而在其内部积聚导致自我颠覆的力量。

值得一提的是，阿多诺因对同一性的绝对恐惧而停留于纯粹的"否定辩证法"，马克思则在"存在"的非同一性和剩余中重建了肯定性的力量，并仍坚信解放的现实可能性。这实际上正是作为启蒙之批判性继承者的马克思哲

---

① 《马克思恩格斯文集》第 1 卷，人民出版社 2009 年版，第 529 页。

② 《马克思恩格斯文集》第 3 卷，人民出版社 2009 年版，第 428 页。

学与阿多诺等后现代思潮的本质性区别。

从存在的剩余性来看社会形态的变迁，共产主义不是一个应该趋向的理想，而是"那种消灭现存状况的现实的运动。这个运动的条件是由现有的前提产生的"①。正如"真正的商业民族只存在于古代世界的空隙中，就像伊壁鸠鲁的神只存在于世界的空隙中，或者犹太人只存在于波兰社会的缝隙中一样"②，共产主义并非脱离于当下的未来某个发展阶段，相反，它是在资本主义社会的"空隙"中生成的脱离商品形式同一性的集合体。就像阿尔都塞慨叹的，"共产主义的惟一可能的定义，如果有朝一日它在世界上存在的话，就是没有商品关系……我认为在我们当今的世界上，确实存在着许许多多的人类关系的小团体，都是没有任何商品关系的。这些共产主义的空隙通过什么途径才能遍及整个世界呢?"③ 不过，仅仅就脱离商品关系这一规定性而言，还不能视之为共产主义的充分条件。如果把共产主义看作扬弃资本主义的积极共同体，那么它必须"是自觉实现并在以往发展的全部财富的范围内实现的复归"④。在本体论的层面，它意味着自然主义和人道主义、自由和必然、个体和类之间的矛盾获得了根本解决；而在成熟的历史科学视域中，本体论的预设被予悬搁，马克思认为共产主义的现实可能性源于当旧生产条件无法继续容纳这一生产力时"在旧社会内部已经形成了新社会的因素"⑤。这些"新社会的因素"就产生于资本主义社会的"空隙"中，是资本同一化运动中的剩余空间，即资本主义内部所生成的新共同性。

马克思的历史科学和乌托邦社会主义的根本区别在于，后者只提供一些理性的设计，而前者却为这个目标奠定了现实的存在论根基，即从资本的同一化统治中捕获剩余、发现旧社会中孕育的"新社会的因素"。这些"新社会的因素"是从资本主义生产中形成的自否定之物。这一点在《资本论》第3卷关于股份公司的论述中已有所暗示。马克思认为，随着股份公司在资本主

① 《马克思恩格斯文集》第 1 卷，人民出版社 2009 年版，第 539 页。
② 马克思:《资本论》第 1 卷，人民出版社 2004 年版，第 97 页。
③ ［法］路易·阿尔都塞:《来日方长:阿尔都塞自传》，蔡鸿滨译，上海人民出版社 2013 年版，第 240—241 页。
④ 《马克思恩格斯文集》第 1 卷，人民出版社 2009 年版，第 185 页。
⑤ 《马克思恩格斯文集》第 2 卷，人民出版社 2009 年版，第 51 页。

义生产中越来越占据优势，"那种本身建立在社会生产方式的基础上并以生产资料和劳动力的社会集中为前提的资本，在这里直接取得了社会资本（即那些直接联合起来的个人的资本）的形式，而与私人资本相对立，并且它的企业也表现为社会企业，而与私人企业相对立。这是作为私人财产的资本在资本主义生产方式本身范围内的扬弃"①。在这里，"社会资本""社会企业"概念表明，资本的同一化运动必然否定其自身的私人性质，产生普遍性的内容。"这是资本主义生产方式在资本主义生产方式本身范围内的扬弃，因而是一个自行扬弃的矛盾，这个矛盾明显地表现为通向一种新的生产形式的单纯过渡点。"②

尽管股份制度内的生产资料社会化表现出对私有财产的一定的超越性，但"这种向股份形式的转化本身，还是局限在资本主义界限之内；因此，这种转化并没有克服财富作为社会财富的性质和作为私人财富的性质之间的对立，而只是在新的形态上发展了这种对立"③。这说明资本主义股份制度只是为生产资料的全面社会化和实现自由联合准备了一定的物质条件，但新的社会形式绝不会自动到来。相反，20世纪中期以来，尽管福利资本主义从分配正义入手似乎减轻了对工人的剥削，但实际情况则是，资本主义的异化和剥削早已从工厂中渗透到日常生活领域，充斥在家庭、休闲、娱乐等方方面面。在较长时期内，资本和劳工之间的矛盾不仅仍然存在，并且采取了更为复杂、多样的斗争形式。而无论当代资本主义采取何种普遍主义话语包装自己，只要在劳动过程中存在现实的矛盾，与资本统治相反叛的主体性就会被生产出来，从而在资本主义内部形成规范与限制资本的潜在的联合力量。另一方面，随着当代生产力与技术水平的显著提高以及全球交往的普遍深化，社会性已不再只是马克思的天才式预见，相反，它越来越表现为一种明显的社会现实。尤其是，当代中国人民通过走中国特色社会主义道路，依靠公有制经济总体性地调控生产资料，配置、驾驭资本逻辑以服务于社会，这些正是基于对"新社会的因素"的自觉而主动采取的社会政治实践策略。中国道路的成功表明，以马克思主义哲学来引领社会发展、观照"现实的人"的解放，仍是一

① 马克思：《资本论》第3卷，人民出版社2004年版，第494—495页。
② 马克思：《资本论》第3卷，人民出版社2004年版，第497页。
③ 马克思：《资本论》第3卷，人民出版社2004年版，第498—499页。

项具有永恒前途的思想事业。

第四节　历史科学语境中的"时代精神"与主体辩证法

马克思在 1842 年发表的《〈科隆日报〉第 179 号的社论》中指出，"任何真正的哲学都是自己时代的精神上的精华"，哲学作为"时代精神"（Zeitgeist），"是自己的时代、自己的人民的产物，人民的最美好、最珍贵、最隐蔽的精髓都汇集在哲学思想里"。① 马克思对哲学本性的这一理解，表明他所把握到的"时代精神"根植于人民群众的物质生活，并切中了真正的社会现实。正如海德格尔所评述，唯有马克思"深入到历史的本质性的一度中去了"②。这一对"历史的本质性"的深入，具有一种复调性的内涵：马克思在对表征着旧的"时代精神"的形而上学批判中，同时对资本主义生产方式中所内蕴着的新精神原则予以定向，绽放了未来共产主义的曙光。从马克思的思想进程来看，其于《莱茵报》时期对资本主义时代精神的批判立足于朴素的"非哲学的立场"，并强调社会主义是从感性实践这一直接前提出发的。在 1845 年以后，随着马克思对市民社会与政治经济学的研究逐渐深化，历史唯物主义方法渐趋成熟，其从形而上学批判进一步推进至资本主义意识形态批判。随着资产阶级社会现实的展开，马克思从对无产阶级主体的辩证意象的分析中领悟了一种更具普遍性的内容，并将其转化为关于新的"时代精神"的理论定向。

（一）早期马克思的"非哲学立场"

马克思对哲学之为"时代精神"的理解明显源自黑格尔的启发。按照黑格尔的观点，哲学作为"被把握在思想中的它的时代"，其任务"在于理解存在的东西，因为存在的东西就是理性。就个人来说，每个人都是他那时代的产儿"。③ 而哲学之所以能够把握"存在"，是作为自我意识着的精神的理性

---

① 《马克思恩格斯全集》第 1 卷，人民出版社 2001 年版，第 219—220 页。

② ［德］海德格尔：《关于人道主义的书信》，载吴晓明主编《当代学者视野中的马克思主义哲学：西方学者卷上》，北京师范大学出版社 2008 年版，第 38 页。

③ ［德］黑格尔：《法哲学原理》，范扬、张企泰译，商务印书馆 1961 年版，"序言"第 12 页。

就是作为现存的现实世界的理性。

不过，马克思对学院派哲学毫无兴趣，他讽刺道："哲学，尤其是德国哲学，爱好宁静孤寂，追求体系的完满，喜欢冷静的自我审视；所有这些，一开始就使哲学同报纸那种反应敏捷、纵论时事、仅仅热衷于新闻报道的性质形成鲜明对照。哲学，从其体系的发展来看，不是通俗易懂的；它在自身内部进行的隐秘活动在普通人看来是一种超出常规的、不切实际的行为；就像一个巫师，煞有介事地念着咒语，谁也不懂得他在念叨什么。"① 客观而言，这并不是一种具有学理性的内在批判，但话又说回来，马克思对那种热衷于在思辨哲学的延长线上展开概念推论的研究也毫无兴趣。相反，马克思此时表现出了一种"前哲学的"具有常识性特质的立场。他争辩说："哲学家并不像蘑菇那样是从地里冒出来的，他们是自己的时代、自己的人民的产物，人民的最美好、最珍贵、最隐蔽的精髓都汇集在哲学思想里。"② 所以，"用工人的双手建筑铁路的精神"同样是在"哲学家的头脑中建立哲学体系"，哲学和世界的关系"就如同人脑虽然不在胃里，但也不在人体之外一样"。③ 仅就论证逻辑而言，这似乎是一种外部观点。也就是说，马克思并没有从意识关系内部对世界之于哲学的存在论优先性予以证明。在这些充满修辞性的表述中，马克思只不过表达了把哲学向庶民普及的热情。但我们同样要试问：对于自现代性以降的绝大多数哲学家而言，难道会否认自己是普通大众的一员吗？以及，哲学家难道会认为其哲学体系是脱离于世界之外的玄想吗？回答是否定的。事实上，正如黑格尔所表明，哲学之于世界总是具有滞后性，"在这方面，无论如何哲学总是来得太迟。哲学作为有关世界的思想，要直到现实结束其形成过程并完成其自身之后，才会出现。概念所教导的也必然就是历史所呈示的。这就是说，直到现实成熟了，理想的东西才会对实在的东西显现出来，并在把握了这同一个实在世界的实体之后，才把它建成为一个理智王国的形态。当哲学把它的灰色绘成灰色的时候，这一生活形态就变老了。对灰色绘成灰色，不能使生活形态变得年轻，而只能作为认识的对象。密纳

---

① 《马克思恩格斯全集》第 1 卷，人民出版社 1995 年版，第 219 页。
② 《马克思恩格斯全集》第 1 卷，人民出版社 1995 年版，第 219—220 页。
③ 《马克思恩格斯全集》第 1 卷，人民出版社 1995 年版，第 220 页。

发的猫头鹰要等黄昏到来，才会起飞"①。

同样，在《1844年经济学哲学手稿》这一被普遍认为蕴含了丰富的哲学思想的文本中，马克思也表达了对于本体论问题的拒绝姿态。马克思直接阻断了思考人与更高级存在的关系的形上路向，提出了"人直接地是自然存在物"，并且人以劳动的方式实现了对自然界的否定性统一关系，其最高形式就是建立在自然科学基础上的工业和技术，因此，工业的历史及其生产的对象性的存在，就是"一本打开了的关于人的本质力量的书"。马克思试图说明，人在创造自然的过程中也同时创造着自己，"整个所谓世界历史不外是人通过人的劳动而诞生的过程"②。进一步，马克思认为哲学上的"主观主义和客观主义，唯灵主义和唯物主义，活动和受动，只是在社会状态中才失去它们彼此间的对立，从而失去它们作为这样的对立面的存在"③，因此，"理论的对立本身的解决，只有通过实践方式，只有借助于人的实践力量，才是可能的；因此，这种对立的解决绝对不只是认识的任务，而是现实生活的任务，而哲学未能解决这个任务，正是因为哲学把这仅仅看作理论的任务"④。

这段话再清楚不过地表明了，马克思并不关心哲学，所谓对理论问题的"实践"解决，不仅没有真正回答哲学的问题，并且表现出某种拒绝回答的姿态。后世的马克思主义研究者们往往在这一点上产生误解，他们试图从《1844年经济学哲学手稿》等文本中萃取出某种"实践"的唯物主义哲学观，但结果都或多或少偏离了马克思的本来意图。在马克思看来，问题不在于唯物论对唯灵论、客观性对主观性的优先性，这些问题对他而言是陈腐的，因为不仅是那种哲学问题，乃至其提问方式本身就是错的。那么，为什么会产生这种错误的提问？这是因为，"创造〔Schöpfung〕是一个很难从人民意识中排除的观念。自然界的和人的通过自身的存在，对人民意识来说是不能理解的，因为这种存在是同实际生活的一切明显的事实相矛盾的"⑤。所以，个

---

① 〔德〕黑格尔：《法哲学原理》，范扬、张企泰译，商务印书馆1961年版，"序言"第13—14页。

② 马克思：《1844年经济学哲学手稿》，人民出版社2000年版，第88、92页。

③ 马克思：《1844年经济学哲学手稿》，人民出版社2000年版，第88页。

④ 马克思：《1844年经济学哲学手稿》，人民出版社2000年版，第88页。

⑤ 马克思：《1844年经济学哲学手稿》，人民出版社2000年版，第91页。

人会一代一代地向后追溯自己的起源，从而提出第一个人如何被创造的问题，这就产生了形而上学中关于"本原/本体"问题。对此，马克思指出这种提问本身就是"抽象的产物"，是来自一个因为荒谬从而使其无法回答的观点。那么，如何走出这个困局呢？马克思对质疑者大声呵斥："放弃你的抽象，你也就会放弃你的问题""不要那样想，也不要那样向我提问，因为一旦你那样想，那样提问，你就会把自然界的存在和人的存在抽象掉，这是没有任何意义的。"① 当然，如果质疑者仍要固执己见，那么他必须不得不把自己也设想成不存在的，否则，他就是一个"设定一切都不存在，而自己却想存在的利己主义者"。

正如有论者指出，这些论述表明了马克思并没有真正进入哲学论证，而是采取了一种"非哲学"的言说立场，但这个立场的合理性是被直接予以假定的。② 而马克思之所以选择"非哲学的立场"攻击哲学，也并非因其不懂何谓哲学论证，而是自有其特殊考虑。从其"博士论文"中可见，马克思曾深受西方传统哲学的滋养，其无比熟稔于形而上学的论证方式。对此，沃格林（Eric Voegelin）提出了一个富有启示性的视角，他认为应该转从马克思的精神气质而非学理层面去思考这个问题，"那就是：他（马克思——引者注）对批判性的范畴和通常的哲学怀有绝望感；马克思宁愿用前哲学的、非分析性的范畴来表达自己的观点，拒斥此外的任何术语"③。当然，马克思为什么会对哲学感到"绝望"，以及对哲学的这种"绝望"又意味着什么，这正是下一节所要展开讨论的问题。行文至此，可以得出结论：如果说马克思在《莱茵报》时期提出了哲学是"时代精神"的命题，但他处在"非哲学"立场上试图告别由形而上学所表征的资产阶级旧时代，并从中开启新的"时代精神"。

（二）对旧哲学的消解与历史科学观的确立

回答前述问题：马克思为什么拒绝回答哲学式的提问？其采取"非哲学

---

① 《马克思恩格斯文集》第 1 卷，人民出版社 2009 年版，第 196 页。

② ［美］沃格林：《没有约束的现代性》，张新樟、刘景联译，华东师范大学出版社 2007 年版，第 114 页。

③ ［美］沃格林：《没有约束的现代性》，张新樟、刘景联译，华东师范大学出版社 2007 年版，第 115 页。

立场"又意味着什么？在《1844 年经济学哲学手稿》中，马克思直接申明：只有从思辨哲学的提问中退出，并直面活生生的人的存在经验，才能成为真正的"社会主义者"，"因为对社会主义的人来说，整个所谓世界历史不外是人通过人的劳动而诞生的过程，是自然界对人来说的生成过程，所以关于他通过自身而诞生、关于他的形成过程，他有直观的、无可辩驳的证明"①。

对于马克思而言，一旦提问者提出了关于世界之"本原"或"开端"（arche）的问题，就应该立刻对其予以反驳：不要那样提问，那样提问不但会把世界而且把你自己一同抽象掉。如果你不想抽象地思、不想成为抽象的人，那就必须成为"社会主义的人"。成为"社会主义的人"首先意味着一种对自然界和人的存在的直接性的确认。马克思在此用"人和自然界的实在性"取代形而上学对超验的终极实在的探寻，并认为这种实在性是"可以通过感觉直观的"。这样，"关于某种异己的存在物、关于凌驾于自然界和人之上的存在物的问题，即包含对自然界的和人的非实在性的承认的问题，实际上已经成为不可能的了"②。在这个意义上，如果说"无神论"代表了对人与自然界的非实在性的神话学的否定，那么，它通过"对神的否定"而设定的"人的存在"就不再有根本性的意义。在马克思看来，"社会主义作为社会主义已经不再需要这样的中介；它是从把人和自然界看作本质这种理论上和实践上的感性意识开始的"③。从"无神论"立场批"有神论"进而设定"人的存在"是青年黑格尔派的成就，但"无神论"也仍然受"神学"的纠缠。所以，马克思在《德意志意识形态》开篇即指出"德国的批判"（青年黑格尔派）从来都没有离开过"哲学的基地"，"不仅是它的回答，而且连它所提出的问题本身，都包含着神秘主义"④。这进一步说明，正是为了避免像青年黑格尔派那样驻留在旧的"哲学的基地"上进而被动地遭到"神学"的纠缠，早期马克思才尝试从"非哲学的立场"开启新的言说方式。

由此我们也更彻底地理解了前述沃格林的那个说法，即马克思之所以对

---

① 马克思：《1844 年经济学哲学手稿》，人民出版社 2000 年版，第 92 页。
② 马克思：《1844 年经济学哲学手稿》，人民出版社 2000 年版，第 92 页。
③ 马克思：《1844 年经济学哲学手稿》，人民出版社 2000 年版，第 92 页。
④ 《马克思恩格斯文集》第 1 卷，人民出版社 2009 年版，第 514 页。

"通常的哲学"感到"绝望",是因为形而上学在其本质上是一种"宗教意识"或"神学意识",甚至连同其"对法的迷信,对国家的迷信"等"涉及的都只是教义和对教义的信仰"。① 而正是以对旧哲学的批判为前提,马克思暗示了一种重新"确立此岸世界的真理""揭露具有非神圣形象的自我异化"的"为历史服务的哲学"的出场,进而把对宗教的批判和对神学的批判深化为对法的批判和对政治的批判。②

从马克思的思想整体来看,"为历史服务的哲学"所意指的就是历史唯物主义的出场。那么,历史唯物主义相比于早期的"非哲学的立场",又实现了什么样的理论深化?它与"通常的哲学"(形而上学)又有何本质不同?

大体而言,马克思在《莱茵报》时期的"非哲学的立场"是以对全面兴起的市民社会及其精神的朴素感受为前提的,而从市民社会内部所自发萌生的大众精神和平民意识其实已内在地包含对表达精英意识的经院哲学的反叛。所以,马克思不仅指出真正表达"时代精神"精华的哲学是"人民的产物"、表达人民的愿望,甚至还说"正是那种用工人的双手建筑铁路的精神,在哲学家的头脑中建立哲学体系"。③ 这个表述可以与亚当·斯密的关于分工的见解相联系。斯密认为,在其本质上,哲学家与街头巷尾的贩夫走卒在德性层面并无实质的不同,其所有的现实差异皆不过从社会分工所出。但马克思要比斯密看得更深、更远,在历史唯物主义的确立后,马克思指出,分工只有当物质劳动和精神劳动分离的时候才真正完成,"从这时候起意识才能现实地想象:它是和现存实践的意识不同的某种东西;它不用想象某种现实的东西就能现实地想象某种东西。从这时候起,意识才能摆脱世界而去构造'纯粹的'理论、神学、哲学、道德等等"④。如果说斯密揭示了哲学家和知识分子并不比大众在德性上更为优越,从而一举摧毁了古代共同体在德性上对社会成员进行的等级划分。那么,马克思则从现实历史出发,证明了历史上那些为阶级利益服务的哲学王国不过是真实社会领域中群众的物质生产活动的观

---

① 《马克思恩格斯文集》第 1 卷,人民出版社 2009 年版,第 515 页。
② 《马克思恩格斯文集》第 1 卷,人民出版社 2009 年版,第 4 页。
③ 《马克思恩格斯全集》第 1 卷,人民出版社 1995 年版,第 220 页。
④ 《马克思恩格斯文集》第 1 卷,人民出版社 2009 年版,第 534 页。

念幽灵，"只是孤立的个人的一种观念上的、思辨的、精神的表现，只是他的观念，即关于真正经验的束缚和界限的观念；生活的生产方式以及与此相联系的交往形式就在这些束缚和界限的范围内运动着"①。所以，像此前的哲学家那样采取哲学的立场也就意味着停留于社会实在的"束缚和界限"的观念内部打转，结果势必导致对异己力量的服从，从而也不再具有打破现存秩序的可能了。

随着对政治经济学批判的日渐深入，马克思告别早期的"非哲学的立场"，开启了一种更具反思性和解释力的内在性社会批判。按此一方法，马克思从"德意志意识形态"所制造的"迷雾"中"重新退回"到"真实对象"的领域②，并以作为社会存在之源发的物质生活资料的生产与再生产来揭示包括哲学在内的整个社会意识的形成机制。按照马克思在《政治经济学批判〈序言〉》中的自述："人们在自己生活的社会生产中发生一定的、必然的、不以他们的意志为转移的关系，即同他们的物质生产力的一定发展阶段相适合的生产关系。这些生产关系的总和构成社会的经济结构，即有法律的和政治的上层建筑竖立其上并有一定的社会意识形式与之相适应的现实基础。物质生活的生产方式制约着整个社会生活、政治生活和精神生活的过程。不是人们的意识决定人们的存在，相反，是人们的社会存在决定人们的意识。"③

依据历史唯物主义此一原理，马克思关于"时代精神"作为"人民的产物"的观点获得了最完全意义的解释，即"表现在某一民族的政治、法律、道德、宗教、形而上学等的语言中的精神生产"，都是人们自己的物质生活与物质交往的产物。而随着描述人们实践活动和实际发展过程的真正的实证科学的开始，关于意识的空话也将停止，"对现实的描述会使独立的哲学失去生存环境"，能够取而代之的充其量不过是"对人类历史发展的考察中抽象出来的最一般的结果的概括"。④ 所谓"真正的实证科学"也被马克思称为"历史科学"，像其他科学一样，这种历史科学不仅阐明了"新的对象""新的领域"，开辟了

---

① 《马克思恩格斯文集》第1卷，人民出版社2009年版，第535页。
② ［法］路易·阿尔都塞：《保卫马克思》，顾良译，商务印书馆2006年版，第65页。
③ 《马克思恩格斯文集》第2卷，人民出版社2009年版，第591页。
④ 《马克思恩格斯文集》第1卷，人民出版社2009年版，第526页。

"新的境界",并且更新了旧的哲学理论"总问题",不再采取"通常的哲学"的提问方式。因为形而上学一直以错误方式提出关于超验的终极实在的知识,由此产生出主体与客体、唯物论与唯灵论、本体与现象等形而上学范畴。现在,历史唯物主义的全新"总问题"要求回答:那种形而上学的思维方式本身是如何产生的?这一提问方式的转变,要求从社会存在出发对哲学思维模式本身进行历史的解释。由此,"知识理论的谜团,即主体与客体如何能够走到一起……也被如下倒转了的问题取代了,即它们是如何分离开的"①,并且也只有这个问题是可回答的,而形而上学的本原问题是不可回答的。

正如马克思在《资本论》中表明,对这个问题的解答将不仅仅在于消解形而上学的独立性,从而以"对人类历史发展的考察中抽象出来的最一般结果的概括"告终,实际上,在马克思的"资本诠释学"中同时包含对资本"抽象统治"的批判。因此,必须从中立化的实证描述上升为辩证的总体批判,才能完成对抽象意识的历史唯物主义"破镜",一举穿透唯心主义的迷雾。这既是一种"历史的科学",也是"为历史服务的哲学"。对此,索恩·雷特尔对《资本论》进行了拓展性的分析,指出了由近代自然科学和哲学所预设的范畴之网已经呈现市场的社会功效,范畴作为思维抽象,其真实的发生机制并不存在于思维主体的内部过程,而是属于交换行为这一"外部"活动。因此,哲学上的思维抽象来源于商品中的交换抽象,范畴综合来源于社会综合,近代主体性哲学的社会历史基础是商品交换形式,即"理论上的主体—客体关系只能从剥削关系和功能社会化的原因中产生出来"②。这个问题的重要性在于,如果没有批判地解决知识论中的思维抽象与社会抽象之间的矛盾,那就意味着人们满足于哲学的思维形式与社会历史过程之间的分离,从而也只能停留在脑力劳动与体力劳动的分离上。而这将意味着人们仍停留在社会阶级的统治形式内,"即便这统治采取的是社会主义的官僚统治形式"③。总之,马克思的历

---

① [德]阿尔弗雷德·索恩-雷特尔:《脑力劳动与体力劳动:西方历史的认识论》,谢永康、侯振武译,南京大学出版社2015年版,第122页。

② [德]阿尔弗雷德·索恩-雷特尔:《脑力劳动与体力劳动:西方历史的认识论》,谢永康、侯振武译,南京大学出版社2015年版,第122页。

③ [德]阿尔弗雷德·索恩-雷特尔:《脑力劳动与体力劳动:西方历史的认识论》,谢永康、侯振武译,南京大学出版社2015年版,第11页。

史科学观批判了形而上学作为独立意识的存在论前提，从而消解掉这一剥削性社会关系的思想形式，确立了实现人的解放的真正的起点。

（三）无产阶级主体的辩证意象及其蕴含的新"时代精神"

在一定意义上，如何理解共产主义直接取决于如何理解资本主义的本质。以往对共产主义的理解主要是从社会生产力的角度出发的，仅仅将其视为一种比资本主义更为高级的经济制度类型。这种理解如果不全是错的，至少也是片面的。它只抓住了表面的论述，却忽视了马克思的共产主义概念实际包含从经济到文化、从物质到精神、从身体到心灵等层面所实现的转变，由此导致了经济决定论的唯一解释。按照舍勒（Max Scheler）的富有启示性的观点，"资本主义首先不是财产分配的经济制度，而是整个生活和文化的制度。这一制度源于特定的生物心理类型的人（即资产者）的目的设定和价值评价，并由其传统传承"①。如果这一判断有其道理，那就意味着仅由经济要素所规定的共产主义不仅没有超越资本主义，反而仍在资本逻辑的掌控之内：

> 只要"无产者"的阶级精神至少作为"无产者"（即作为一种通过财产利益联合起来的统一体）之精神，仍是一种共同态度，这种精神本身就只是资本主义类型的精神气质的一种特定变种，因为这种共同态度是按在资产者—国家和资产者—社会中特别的受压迫地位和处境来衡量的。因而，通过作为经济上的阶级单位之无产者单纯数量上的增长，通过与此相应的无产者的政治权力地位和法律地位的增强，改变资本主义制度是绝对不可指望的。只要市民的精神气质还在浸润各种斗争单位，而这些斗争单位只是在反对占有财产又掌握权力的少数人上结成的经济利益统一体和对立体，它们总是在资本主义精神气质的活动空间的内部（而非其外）形成，那么，任何改变资本主义制度的方式，无论是革命——

---

① ［德］马克思·舍勒：《资本主义的未来》，刘小枫主编，曹卫东等译，北京师范大学出版社2014年版，第88页。

工团主义的方式还是演变—议会式的方式或旧工联的方式，都无法实现任何重大成就的许诺。[①]

舍勒认为，资本主义的没落只有在资产者这种特殊类型之人失掉其精神法统之际才可指望，"要么，在资产者的自身天性和在内在发展趋向中埋有其彻底灭亡的根芽，要么，他们的精神气质至少被另一种不同类型的人的精神气质所取代，从而失去自己的法统"[②]。这一理解或许因其忽视生产力的维度而难免带有唯心主义和浪漫主义的特征，但其从另一个侧面说明了，承认社会主体的改造与从经济制度的类型来看待共产主义具有同等重要的意义。从这一视角来看，马克思对旧哲学的消解也可以说是对旧的时代精神的消解，尤其是对压迫性社会中束缚心灵的抽象观念的摧毁。因为"从旧世界向新世界的转变将不只是通过制度的简单变革而实现的……马克思认为 metanoia——心灵的改变——是开辟新纪元的决定性事件"[③]。

对心灵秩序的改造根源于资产阶级自身的创造与毁灭的辩证法。正如"资产阶级赖以形成的生产资料和交换手段，是在封建社会里造成的"，资产阶级社会的生产力和交换手段也同时培育出反对它自身的新的社会力量、新的主体——无产阶级。在一定意义上，对新的主体类型的生产就是对新的社会类型建构，因此，对新的主体类型把握到何种程度，对新的社会类型的理解就深入何种程度。

在《共产党宣言》中，马克思绘制了一幅现代社会的特有意象："资产阶级抹去了一切向来受人尊崇和令人敬畏的职业的神圣光环"，"资产阶级撕下了罩在家庭关系上的温情脉脉的面纱，把这种关系变成了纯粹的金钱关系"，"它用公开的、无耻的、直接的、露骨的剥削代替了由宗教幻想和政治幻想掩

---

① ［德］马克思·舍勒：《资本主义的未来》，刘小枫主编，曹卫东等译，北京师范大学出版社2014年版，第90页。

② ［德］马克思·舍勒：《资本主义的未来》，刘小枫主编，曹卫东等译，北京师范大学出版社2014年版，第88—89页。

③ ［美］沃格林：《没有约束的现代性》，张新樟、刘景联译，华东师范大学出版社2007年版，第93页。

盖着的剥削。"① 在这里，衣服、面纱、灵光代表了对真实加以掩盖的虚幻存在，而资产阶级不仅用金钱和交易代替了这些笼罩在人身上的虚幻的枷锁，并且制造了不仅没有财产甚至也没有任何宗教、伦理、道德的精神同一性的"赤裸生命"，即无产者阶级。对于马克思而言，无产阶级并非一个实体性的社会等级，而是表现为丧失财产的直接劳动的等级，"与其说是市民社会中的一个等级，还不如说是市民社会各集团赖以安身和活动的基础"②。因此，马克思也干脆称其为"非市民社会阶级的市民社会阶级"。这个领域的最大特征是它遭受"普遍苦难"和"普遍的不公正"，是"人的完全丧失"。③ 而人恰恰只有在剥离掉那些加诸自身的虚假面纱、恢复到生命的赤裸真相之后，才能重新发现真实、走向解放。历史的辩证性在于，资产阶级革命撕掉了传统的宗教幻想和政治幻想的面纱，使赤裸裸的权力、剥削和生活的残酷的真相暴露，但在资产阶级所创造的时代中，也预示着新的选择和希望。马克思在此用"做减法"的方式，把加诸在我们身上并造成了人与人相互区隔的民族、宗教、国家、道德、财产等各种桎梏予以抽离，所剩余的就是我们所共有的"人本身"，它看似是一虚空，但恰恰是使人重获其丰富性的起点。或者也可以说，这种人的概念近似于康德意义上的范导性理念，它让我们认识到尽管现实的人具有多样性和差异性，但正由于人们所共有的唯一本质，人类始终期待着合作而非冲突、团结而非敌对。在无产阶级的现实存在中，马克思既直面"赤裸的生命"④ 的残酷，又以辩证的反思承诺着于虚无之上展开生命创造的可能性，从而希冀实现一种新的综合、新的人类。

为什么说无产阶级是比资产阶级更具有普遍性的主体？因为一旦无产阶

① 《马克思恩格斯文集》第3卷，人民出版社2009年版，第363页。
② 《马克思恩格斯全集》第3卷，人民出版社2002年版，第100—101页。
③ 《马克思恩格斯文集》第1卷，人民出版社2009年版，第17页。
④ "赤裸生命"（bare life）是意大利哲学家阿甘本（Giorgio Agamben）的重要概念，主要是指那些政治生命被褫夺了而成为纯粹生物性生命的人，他们因失去共同体庇护而随时面临险境。但正如詹姆逊（F. R. Jameson）所认为，马克思描绘的资本主义空间下的劳动者所遭受的异化因深深地植根于经济系统，因此是一种比阿甘本的"赤裸生命"更绝望的存在。参见［美］弗雷德里克·詹姆逊《重读〈资本论〉》，胡志国、陈清贵译，中国人民大学出版社2015年版，第100页。

级意识到其作为"赤裸的生命"的地位，从而"不得不用冷静的眼光来看他们的生活地位、他们的相互关系"①，他们就会联合起来、克服导致他们相互敌视的社会分工和资本主义私有制，重新建立对生产资料和生产工具联合占有的体制。而无产阶级在革命过程中失去的只是锁链，获得的却是完整的人性——人的（共产主义的）存在、"类存在"。这也进一步回答了为什么共产主义仍是可期待的？因为共产主义在其本质上不仅仅意味着一种新的财产—经济制度的类型，同时也是人的"类"性真理的完全实现。在这个意义上，马克思对人的"类生命"与"类本质"的阐释具有永恒的意义，这种"类"特性根源于人性中内在的对于整全自由的渴望，它超越了资产阶级经济学所设定的理性的"经济人"观点，不再把人视为孤立的原子式个体，而是使人成为与他人的"共通"存在，即人的社会性存在或社会的人的存在。按照南希（Jean-Luc Nancy）的说法，共产主义作为真正的共同体，"不仅是由任务和利益的公正分配所构成，也不仅仅是由力量和权威的美妙均衡所构成，而是说，它首先是由众多成员当中对同一性的分享、传播或浸润所构成"，"共产主义想要说的是，存在是于共通之中存在的……我们中的每一个人，都是在共通之中，有着共通性"。② 因此，共产主义是"人向自身、向社会的即合乎人性的人的复归"，是人的解放与自由的真正实现。在绝对理念的意义上，共产主义是人类对超功利性和审美性的崇高追求；在重塑心灵秩序的意义上，它意味着人类从相互之间的敌视、孤独、空虚中走出来，获得灵魂的宁静和皈依。如果没有对理念性共产主义的审美追求，人类就很容易会沉溺于对拜物教的"坏"神圣性的崇拜。换言之，如果理念性共产主义不能内化为心灵秩序，现实的个人就可能难以真正摆脱物化的统治。

　　在 20 世纪国际共产主义运动遭受挫折、资本主义政治经济体系仿佛获得全面胜利之际，哲学家萨特（Sartre）却把共产主义称为"我们这个时代难以逾越的地平线"，德里达（Derrida）则对"政治地"阅读马克思和"多个马克思""马克思的精神"进行呼吁，他们正是从新的时代境域出发试图回归马

---

①　《马克思恩格斯文集》第 2 卷，人民出版社 2009 年版，第 35 页。

②　［法］让-吕克·南希：《无用的共通体》，郭建玲等译，河南大学出版社 2016 年版，第 21、282 页。

克思所开启的那一人类精神的更高刻度。对于马克思而言，正如迄今的社会形态还处于人类的"史前史"阶段一样，以往的哲学同样也是真正的人类精神的"史前史"，其意识形态性决定了这种哲学只能堪当黄昏之际起飞的"猫头鹰"，而不是为黎明报晓的"高卢雄鸡"——它只在理性内部完成了对现存事物及关系的和解，而不是积极地塑造与引领时代的新方向。因此，对形而上学的批判就是对以其为精神本质的旧时代的批判，而"批判"的使命就是把资本主义内部所孕育的潜在力量及其精神性的实质揭示出来，使其成为自为的革命主体以推动新的社会形态的到来。就此而言，充当新社会与新时代的"助产士"、实现"解释世界"到"改变世界"转义的"历史科学"，也是担负"时代精神"之美名的"为历史服务的哲学"。

第三章　政治哲学视域中的历史唯物主义

第一节　古典经济学视域中正义的谱系

政治哲学与正义问题是当代哲学的热点问题之一。自 20 世纪 70 年代以来，政治哲学对正义论的探讨从自由主义内部溢出，并延伸至马克思主义领域，产生了分析马克思主义正义论的一系列重要研究。分析马克思主义学派批判了第二国际理论家对社会主义的经济决定论解释，致力于把马克思主义重建为一种规范性的政治理论，以取代作为历史必然性理论的"科学"马克思主义。[①] 但是，由于对马克思正义论的探讨不可能脱离唯物史观和政治经济学批判的视域，因此，对马克思哲学正义论的探究，必须超越既存的政治哲学的规范性论证的方式，实现更高层次的理论综合。从思想史来看，古代政治哲学向现代政治哲学转变的一个重要方面，就是以财富取代美德、以私人领域取代公共领域作为政治理论的核心，而只有当经济部分成为现代社会的中心，正义的现代含义（分配正义）才得以彰显。在斯密、李嘉图等古典经济学家对现代社会的奠基中，其经济思想本就蕴含了对正义论的思索。而马克思从唯物史观出发对古典经济学遗产的批判性继承，也同样不仅仅发生在经济学层面上，更是在社会存在论和自由人联合体的整体视域中，深化和推进了构建正义论的理论视野。

[①]　［加］威尔·金里卡：《当代政治哲学》（上），刘莘译，上海三联书店 2004 年版，第 304 页。

（一）交换正义：来自亚当·斯密的创见

古希腊哲学家认为，政治和经济在本意上是相互矛盾的两件事情，因为经济作为与个人生命和种族延续有关的事情，是非政治的家庭事务。① 经济作为一种必然性活动所体现的是一种前政治现象，而在政治领域中，所有人都是平等的参与者，成为一个自由人就意味着不受生物的必然性力量和他人的强制。在现代世界中，私人领域和公共领域的界限开始模糊化，对经济的管理被提升为一件公共性事务。结果，政治成为社会的功能化存在，它作为"上层建筑"反映社会"经济基础"的利益所在。在今天，经济学之所以占据社会科学的中心地位，就在于现代思想更为关注人的实际生存境遇。相比于古代思想更为推崇美德和完善性而言，在现代人看来，人类为生存和种族延续而斗争被视为建构现代政治的更为真实而有效的根据。一旦认识到世界为人类生存所提供的资源处于匮乏、稀缺的状态，如何合理配置资源和分配产品就成为政治哲学的核心议题。

在思想史视域中，现代政治哲学的正义问题是由亚当·斯密所奠基的。正如温奇所见，我们没有理由认为斯密把政治哲学的重要性看作次于他的政治经济学，因为政治经济学只是其政治立法科学的一个分支，政治哲学包括了政治经济学。作为"第一位新兴资本主义秩序重要的经济代言人"②，斯密在后世的思想史叙事中常常被简化为一个经济自由主义者，但其市场经济论证中所指向的自由和正义体制的构建却遭到一贯忽视。按照洪特和伊格纳季耶夫的看法，正义问题作为《国富论》的核心问题，"它旨在找到一种能够使得财富的不平等与给那些被市场淘汰的人提供充足给养这两者并行不悖的市场机制"③。要言之，在商业社会中，财富的分配比以往都更加不平等，但却创造了前所未有的丰盈的物质财富，那么，如何确保财富丰盈和社会正义的平衡就是正义论的主旨。

---

① ［美］汉娜·阿伦特：《人的境况》，王寅丽译，上海人民出版社 2009 年版，第 18 页。

② ［英］唐纳德·温奇：《亚当·斯密的政治学》，褚平译，译林出版社 2010 年版，第 12 页。

③ ［匈］伊什特万·洪特、［加］米凯尔·伊格纳季耶夫主编：《财富与德性：苏格兰启蒙运动中政治经济学的发展》，李大军等译，浙江大学出版社 2013 年版，第 2 页。

　　市民社会作为人的全新的生活方式，是建立一种新型的政治语言的契机。对斯密而言，对市民社会的政治哲学研究，从区分仁慈和正义这两个范畴开始。仁慈体现的是个人的私德，正义体现的是社会的规范，"对社会的存在来说，仁慈不像正义那么根本重要。没有仁慈，社会仍可存在，虽然不是存在于最舒服的状态；但是，普遍失去正义，肯定会彻底摧毁社会"。因此，"仁慈是增添社会建筑光彩的装饰品，不是支撑社会建筑的基础……相反，正义则是撑起整座社会建筑的主要栋梁"①。这个区分继承自休谟。休谟更早指出，"对私人的慈善并不是正义的原始动机"，"正义只是起源于人的自私和有限的慷慨，以及自然为满足人类需要所准备的稀少的供应"②。可见，正是由于资源的稀缺性，财产权成为构建正义的基础，正义的起源说明了财产的起源。斯密推进了休谟的分析，认为财产权制度的出现源于功利性和必要性，假如人类天性绝对仁慈、自然绝对丰盈，那么就没有对正义制度的需要了。相反，正是由于人类的道德有限性和自然资源有限性，才要求完善正义的制度。

　　可见，无论在休谟还是斯密那里，正义原则和私有财产权都是一致的。私人占有的绝对安全是抵御自然稀缺性的必要前提，如果没有财产权的保护，个人就没有改善环境的动力。反之，任何按照完全平等的理念来平均分配财产，对社会都是有害的。

　　斯密倾尽全力表明在私有财产权之上，劳动分工与交换方式必然带来社会繁荣与和谐的景象。在政治与经济层面，斯密并不像社会主义者或罗尔斯等"平等的自由主义者"那样提出任何有关分配正义的思想。斯密所谈论的正义，主要是指交换的正义（commutative justice），即一个人应该以同等态度去交换别人施予他的相应行为，"以其人之道，还治其人之身：这样的报复，似乎是自然女神命令我们恪守的伟大法则"③。同仁慈相比，交换正义是一种消极的美德，它并不要求人们积极行善，却必须阻止人们伤害他人："在大多数场合，纯粹的正义只不过是一种消极的美德，只是阻止我们伤害邻居。一个仅仅是克制他自己不去侵害邻居的人身、财产或名誉的人，的确说不上有

---

①　［英］亚当·斯密：《道德情操论》，谢宗林译，中央编译出版社 2008 年版，第 103、104 页。
②　［英］休谟：《人性论》，关文运译，商务印书馆 1980 年版，第 523、536 页。
③　［英］亚当·斯密：《道德情操论》，谢宗林译，中央编译出版社 2008 年版，第 98 页。

什么绝对正面的功劳。然而，他却已完全履行了所有被特别称为正义的规则……我们时常只要坐着不动、什么事也不做，便得以尽到正义所要求的一切责任。"①

斯密强调交换正义比仁慈等其他美德更具有根本性，它是维系市民社会的必要条件。依照道德建构的社会固然十分美好，但在现代社会这样一种陌生人社会中，仁慈总是有限的。在道德稀缺的情况下，社会得以维系的唯一基础就是交换，即社会成员之间依据彼此同意的价格相互交换产品和服务。在这种社会关系中，尽管社会成员之间不是依靠仁慈、爱心等道德动机而共存，但他们出于效用最大化所形成的交换关系，同样是使人们结合在一起的黏合剂："社会仍可存在于不同的众人间，只缘于众人对社会的效用有共识，就像存在于不同的商人间那样，完全没有什么爱或情义关系。虽然其中每个人都没亏欠其他任何人什么义务，或应该感激什么人，社会仍可透过、按照各种帮助的议定价值，进行图利性质的交换而得到维持。"②

市民社会的交换原理表明了，交换正义不仅是维系社会运行的条件，也是促进社会繁荣的关键，建立在交换正义基础上的自由市场通过"看不见的手"最终实现了资源优化和社会效益最大化。经由斯密，正义问题从法学和政治学转移到了经济学领域，新政治经济学证明：在交换正义的基础上，市场能最大程度地发挥生产力以满足穷人的需要，而不必诉诸任何再分配行为。在"自然的自由体制"下，政府更多地关注确保交换正义所需要的法律与政治前提，为市场提供制度保障，做好"守夜人"角色。

（二）分配正义：李嘉图经济学的社会主义诉求

对交换正义的首次反叛源于19世纪政治经济学。在这一时期，出现了大量把分配正义作为主题的经济学著作，如威廉·汤普逊的《最能促进人类幸福的财富分配原理的研究》（1824）、《有酬劳动》（1827），托马斯·霍奇斯金的《通俗政治经济学》（1827），约翰·勃雷的《对劳动的迫害及其救治方

---

① ［英］亚当·斯密：《道德情操论》，谢宗林译，中央编译出版社2008年版，第98页。
② ［英］亚当·斯密：《道德情操论》，谢宗林译，中央编译出版社2008年版，第103页。

案》（1839）等。在20世纪经济学思想史上，这些作者一般被冠以"李嘉图社会主义者"（Ricardian Socialists）的名号，因为他们正是从李嘉图的起点出发，对分配正义的强调达到了前所未有的高度。

需要指出的是，大卫·李嘉图本人并不是一个社会主义者。在历史上，李嘉图时代是欧文主义运动蓬勃发展的时期，李嘉图对欧文的社会主义合作社计划十分了解，而正是出于严格的学术态度，他才对欧文计划的"科学性和可行性"明确表示了"否定态度"。① 欧文计划是1819年英国下议院的一份有关为贫民谋取工作机会、改善生活境况的政治经济计划，李嘉图则是参与调查这项计划委员会的委员。结果，"李嘉图先生说，欧文先生的理论是跟政治经济学原理有抵触的，在他看来，这对社会将引起无穷祸殃，因此，他同这样的理论是完全处于对立地位的"②。作为经济学家的李嘉图认为，自由贸易可以增加财富总量、让交换双方都获得更大的"效用"，通过在地区之间进行调节，最终使所有人的利益趋于和谐。

在政治倾向上，李嘉图由于其经济自由主义立场，不可能支持欧文主义的再分配计划。虽然李嘉图以阶级对立为起点，考察了资本主义生产关系的内部联系。但他对资本主义的认识相比于斯密而言，却更缺乏历史感。资本、市场、私有财产权都被李嘉图视为存在于一切时代的普遍范畴，资本主义社会关系更被视为永恒的自然关系。李嘉图对市场经济的强调，一方面只不过表达了对自由资本主义辩护的主流观点，但另一方面，由于劳动价值论在其体系中得到了一贯的运用，其理论内在具有导向社会主义的倾向。在经济关系中，从劳动价值论出发，不仅能够说明价值的主体性本质，更澄清了利润、地租之得以成立的社会条件。在政治关系中，劳动价值论所敞开的是一个观察社会的生产关系视角，而从生产关系视角所看到的则是阶级矛盾和阶级斗争。可见，虽然李嘉图没有独立的正义论，但其经济学分析却蕴含深刻的政治意味。

---

① ［英］彼罗·斯拉法主编：《李嘉图著作和通信集》第五卷，蔡受百译，商务印书馆1983年版，"中译本前言"。

② ［英］彼罗·斯拉法主编：《李嘉图著作和通信集》第五卷，蔡受百译，商务印书馆1983年版，第55页。

作为李嘉图社会主义的代表之一，威廉·汤普逊认为，只有劳动才能创造财富，劳动量决定产品的价值量，但资本主义以广大劳动者的利益为代价，本质上是一个使少数资产者富有、广大劳动者贫穷的制度。在这样的社会里，"到处都存在着资本家们的普遍的、永远警惕着的，而且必然是最聪明的阴谋；因为这些阴谋是建立在一个普遍存在的利益之上的，其目的是使劳动生产者为最可能低的报酬而劳动并尽可能多地抢走他们的劳动产品以扩大资本家们的积累和开支"①。另一位代表人物托马斯·霍吉斯金认为，"地主和资本家不生产任何东西。资本是劳动的产品，利润只是劳动产品的一部分，却苛刻地要求劳工们只可消费自己生产的一部分产品"。利润和地租是一种"合法的抢劫"②。

在李嘉图那里，劳动价值论只是作为衡量产品价值的工具，但它在李嘉图社会主义者手中却被用来证明资本主义所具有的剥削性质，从而明确得出了与李嘉图截然相悖的政治立场。按照李嘉图社会主义者，社会正义不能指望市场的自发调节，而是必须把问题聚焦于分配领域，重建社会正义的制度。劳动价值论证明了资本家以工资与工人劳动之间的交换是不公平的，因为劳动并没有得到它所创造的全部价值。相比于此前的经济学家，李嘉图社会主义者的理论表现出了更具责任性、道义性的内涵："给政治经济学加上道德观念的扭转，通过从斯密关于劳动作为价值的唯一'量度'这一道德含混的立场深入一大步，明确地主张劳动是价值的唯一来源。因此，他们从很多途径争论，劳动应得其'公平的份额'，在实践上意味着自由企业经济中盛行制度的激烈改变。"③ 这一改变，诉求建立符合最广大工人利益的制度和法律，即"分配的自然法则"。汤普逊认为，以往政治经济学的主要目的一直是财富积累，忽略了对产品分配的研究。资本主义建立在一部分人对另一部分人进行剥削的制度之上，它与创造最大多数人的幸福这一目的相矛盾。建立"分配

---

① ［英］威廉·汤普逊：《最能促进人类幸福的财富分配原理的研究》，何慕李译，商务印书馆1986年版，第152页。

② ［美］E.K.亨特：《经济思想史——一种批判性的视角》，颜鹏飞总译校，上海财经大学出版社2007年版，第138页。

③ ［英］伯尔基：《马克思主义的起源》，伍庆、王文扬译，华东师范大学出版社2007年版，第122—123页。

的自然法则"应遵循三条原则："一切劳动者在使用他的劳动力上和是否继续劳动上，都应该是自由自愿的"；"一切劳动产品应该为产品的生产者所有"；以及"一切财富品的交换都应该是自由自愿的"。① 由此出发，汤普逊展望了一幅美好社会的图景：在平等原则的支配下，分配正义产生广泛的社会福利，使人们为了从财富中得到绝对的享受而生产，而不是为了积累的欲望导致一部分人的幸福建立在他人的痛苦之上。托马斯·霍吉斯金指出，在一个理想的社会里，只有当劳动者与资本家联合生产，进而获得资本，劳动价值论才发挥理论效力。真正的交换正义应该是自由自愿的交换，这样双方都能在交换中得到更大的效用。约翰·勃雷也认为，劳动阶级所遭受的迫害来源于不平等的交换以及因此造成的分配方式。资本家进行资本积累所依据的所有权，不过是一种习俗的权利，并不是一种合乎正义原则的所有权。②

　　总之，李嘉图社会主义认为，权利平等应该是社会正义的灵魂，而权利平等必须与义务平等并存。资本主义的症结，在于各人所尽义务与所得报酬是不对等的。按照约翰·勃雷对资本主义的彻底批判，依据权利平等的原则，必须在政府和社会维度上同时扬弃现存制度，其最高的政治诉求就是建立财产公有制的社会，只有财产公有制才能确保"公平的分配"③。当然，关于社会主义方案的实施，李嘉图社会主义还往往诉诸劝说和范例的作用，显示了其理论的空想性特征，但他们对资本主义的激烈批判和对工人阶级富有道义感的关怀，却深刻地影响了后人。

（三）唯物史观对正义的前提批判

　　如果说交换正义体现了古典经济学对资本主义的乐观态度，表达了新兴资产阶级的意志，那么，分配正义则是工人阶级利益的自觉表达，代表资产阶级社会发展到了一个自我批判的阶段。随着 19 世纪工人运动不断壮

---

　　① 〔英〕威廉·汤普逊：《最能促进人类幸福的财富分配原理的研究》，何慕李译，商务印书馆1986 年版，第 156—158 页。

　　② 〔英〕约翰·勃雷：《对劳动的迫害及其救治方案》，袁贤能译，商务印书馆 1959 年版，第202 页。

　　③ 〔英〕约翰·勃雷：《对劳动的迫害及其救治方案》，袁贤能译，商务印书馆 1959 年版，第144 页。

大，社会主义思潮蓬勃发展。除李嘉图社会主义之外，德国社会主义运动的代表斐迪南·拉萨尔也从分配正义角度理解社会主义。拉萨尔致力于扩大所有权的范围，运用国家权力的帮助使政治民主惠及劳动阶级，并通过建立生产合作社制度，使工人在获得工资的同时也把利润掌握在自己的手中，由此超越资本主义的"工资铁律"，使工人不再挣扎在维持生存的水平线上。① 对此，马克思指出，拉萨尔的构想其实是一种理论上的倒退，"庸俗的社会主义仿效资产阶级经济学家（一部分民主派又仿效庸俗社会主义）把分配看成并解释成一种不依赖于生产方式的东西，从而把社会主义描写为主要是围绕着分配兜圈子。既然真实的关系早已弄清楚了，为什么又要开倒车呢?"②

马克思认为，相对于生产关系领域来说，产品分配无疑是派生性的，任何社会中对消费资料的分配，都首先是生产条件分配的结果，而生产条件分配决定了特定生产方式本身的性质。在国民经济学中，商品生产被视为一个客观的物质运动过程，是脱离一切意识形态和价值的客观规律，这实际上抹杀了一种生产方式的历史特殊性。《资本论》有针对性地揭示了生产是"资本主义的商品生产"，在商品流通背后，隐藏着由社会生产资料的垄断阶级所进行的剥削工人阶级的现实过程。不透视到这一生产领域的秘密，就无法超越交换和分配的幻象，结果只能流于"公平交换"的乌托邦。在这个意义上，资产阶级政治经济学具有拜物教性质。《资本论》中的"拜物教批判"是对《德意志意识形态》中"意识形态批判"的进一步深化，二者共同指向奠基于资本主义私有制之上的法与正义观念的虚幻性。在资本主义生产方式下，无论交换正义抑或分配正义，其本质上都是一种"形式正义"。在商品交换中，以货币为中介，似乎每一个交换者都作为自由的主体进行着"等价交换"的活动，但在此过程中的真实主体关系却被遮蔽起来了，"每一个主体都是交换者，也就是说，每一个主体和另一个主体发生的社会关系就是后者和前者发生的社会关系。因此，作为交换的主体，它们的关系是平等的关系。在他

---

① ［美］亨利·威廉·斯皮格尔：《经济思想的成长》上册，晏智杰等译，中国社会科学出版社1999年版，第391页。

② 《马克思恩格斯文集》第3卷，人民出版社2009年版，第436页。

们之间看不出任何差别，更看不出对立，甚至连丝毫的差异也没有"①。在《资本论》中，马克思通过侦破剩余价值的秘密，有力地说明了在形式正义背后所发生的实质非正义。其立足点是，通过细致考察资本主义生产过程的实质，使资本主义正义的存在论基础得以昭显："因此，让我们同货币占有者和劳动力占有者一道，离开这个嘈杂的、表面的、有目共睹的领域，跟随他们两人进入门上挂着'非公莫入'牌子的隐蔽的生产场所吧！在那里，不仅可以看到资本是怎样进行生产的，而且还可以看到资本本身是怎样被生产出来的。赚钱的秘密最后一定会暴露出来。"②

通过分析商品生产，马克思指出，工人向资本家出卖的是"劳动力的价值"，而不是"劳动的价值"，资本家也并非从工人那里购买现成的作为商品的劳动，而不过是以商品的形式购买工人的"劳动力"。劳动力作为一种商品，其价值同其他商品的价值完全一样，是由生产维持劳动者及其家人生命的生活资料所需的劳动时间决定的，因此也由一定的社会劳动生产率水平所决定。但不论怎样，资本家付给工人的工资一般会是其劳动力的全部价值。在这个交换过程中，并没有产生剩余价值。然而，资本主义的全部秘密在于生产过程。因为一旦进入生产领域，劳动力的使用就不再属于工人了，"这种情况对买者（资本家——引者注）是一种特别的幸运，对卖者也决不是不公平"。资本主义正义背后的现实关系被彻底揭示出来了，"劳动力的买和卖是在流通领域或商品交换领域的界限以内进行的，这个领域确实是天赋人权的真正伊甸园。那里占统治地位的只是自由、平等、所有权和边沁"③。

马克思基于政治经济学批判，不再以分配正义为框架建构社会主义，而是从生产方式的存在论思入建构社会正义的现实道路。在生产方式视域中，正义不再是经济关系的衍生物，它既可以"反映"资本逻辑，也可以"建构"资本逻辑。但若剥离经济关系而谈正义的话语建构，则必然会陷入纯粹理论的幻象中，而不理解正义背后的社会存在论基础。李嘉图社会主义的分配正义论之所以无法从科学层面超越资本主义，即在于没有就正义话语展开

---

① 《马克思恩格斯全集》第30卷，人民出版社1995年版，第195页。
② 《资本论》第1卷，人民出版社2004年版，第226页。
③ 《资本论》第1卷，人民出版社2004年版，第204页。

生产关系批判，因此停留于资产阶级社会的表面形态。相比于经济关系而言，正义问题毕竟是次生性的，社会主义对资本主义的扬弃根本上是生产方式革命，在此基础上，才是法律制度和观念的革命。从生产方式思入正义论建构，首先应该反思社会主义生产方式何以建立的理论逻辑与现实基础。《资本论》的辩证法表明了，一方面，资本主义制度生产出强大的生产力和社会的普遍联系，为人的自由个性和潜能的实现提供了历史条件；另一方面，它所制造的"正义制度"又包含着内在矛盾，不可避免地走向自我毁灭的道路："生产资料的集中和劳动的社会化，达到了同它们的资本主义外壳不能相容的地步。这个外壳就要炸毁了。资本主义私有制的丧钟就要响了。剥夺者就要被剥夺了。"① 因此，在科学社会主义层面，正义只有建基于现实的历史，以符合社会主义生产方式为原则，才能取代资本主义的正义，"去发展社会生产力，去创造生产的物质条件；而只有这样的条件，才能为一个更高级的、以每一个个人的全面而自由的发展为基本原则的社会形式建立现实基础"②。从唯物史观的现实性观点看来，共产主义不依赖于任何先验的正义原则或"自然法"来建立，"共产主义对我们来说不是应当确立的状况，不是现实应当与之相适应的理想。我们所称为共产主义的是那种消灭现存状况的现实的运动。这个运动的条件是由现有的前提产生的"③。

在这个意义上，马克思并不是想要建构一个永恒性、先验的正义制度。一方面，共产主义的建构性本质表明了，一种规范性的共产主义正义论的实践形式必须与现实社会的生产方式和交往方式相适应，从而避免形上化、抽象化，并防止其异化为对既定现实作辩护的意识形态。另一方面，作为对这一建构性的生产正义论的重塑，马克思又提出了一种超越性的正义观念来审视其相对于资本主义正义的理论和价值的优越性，这就是以人类个性自我实现为宗旨的超越性正义观。在以人的自由个性的实现为核心的正义社会中，资本增殖的逻辑被废除了，生产表现为以人本身为目的的活动，人的能力和自由个性的全面发挥将取代资本逻辑成为真正的社会财富。"如果抛弃掉狭隘

① 《资本论》第1卷，人民出版社2004年版，第874页。
② 《资本论》第1卷，人民出版社2004年版，第683页。
③ 《马克思恩格斯文集》第1卷，人民出版社2009年版，第539页。

的资产阶级形式，那么，财富不就是在普遍交换中产生的个人的需要、才能、享用、生产力等等的普遍性吗？财富不就是人对自然力——既是通常所谓的自然力，又是人本身的自然力——的统治的充分发展吗？财富不就是人的创造天赋的绝对发挥吗？"① 因此，社会主义和共产主义只有从为生存需要而生产中解放出来，才能在一个具有社会正义的环境中创造性地实现其个人潜能。在这个新社会中，人类不再受经济规律的必然性所支配，而是自主创造其自身的历史形式。人类作为生产性存在，将有机会实现自己的自由本质。在未来，新的生产方式和生产活动更像是一种艺术家的创作，虽然同样包含艰辛，但却由于作为人的真正的自主性活动而重新焕发精神的光彩。

　　总之，马克思基于对资本主义生产的分析，旨在构建一种符合社会主义经济的"生产正义"，这种新的正义规则将扬弃资本主义意识形态的现实基础，瓦解资本逻辑对人的宰制，使社会关系变得更加和谐与透明。"让我们换一个方面，设想有一个自由人联合体，他们用公共的生产资料进行劳动，并且自觉地把他们许多个人劳动力当做一个社会劳动力来使用。……在那里，人们同他们的劳动和劳动产品的社会关系，无论在生产上还是在分配上，都是简单明了的。"② 不仅如此，"生产正义"所具有的伦理内涵超越了资本主义对人的片面性理解。因为分配正义论无疑分享了资本主义"经济人"假设的功利主义逻辑，而只有从"生产正义"出发才克服了这一经济学人性论的贫乏，真正把人看作创造性的自由主体。

　　时至今日，正义论仍然是政治哲学与社会理论的热点问题。对于当代中国而言，在整个社会经济政治转型的背景下，建构符合全社会各个阶层人民利益诉求的正义观念显得尤为迫切。本书所进行的相关的思想史分析固然不能为当下的现实问题提供直接性的答案，但深入考察正义观念的历史变迁及其理论特质，则是为将来更彻底的理论建构展开了清理地基的工作。譬如，在社会还长期处于社会主义初级阶段的这一历史条件下，重温交换正义对于思考如何完善社会主义的市场经济运行体制，提供安全、稳定的市场环境、

---

① 《马克思恩格斯文集》第 8 卷，人民出版社 2009 年版，第 137 页。
② 《资本论》第 1 卷，人民出版社 2004 年版，第 96—97 页。

保障国民经济繁荣，就显得尤为重要。但另一方面，如果放任市场的自由发展，阶层分化、群体冲突、贫困、失业、养老等社会问题将被激化，而放任社会问题必然招致社会各阶级的冲突，从而引发社会动荡。在这种情况下，强调分配正义对于在一定程度上缓解社会矛盾、保障社会弱势群体就具有十分重要的价值。而生产正义则提示我们，任何形式的再分配都只是一种补救性的正义，社会的良序发展必须促使其自身不断自我反思、自我批判，避免由于体制僵化而滋生腐败。就社会主义作为"劳动共同体"而言，无论在何种条件下，社会制度的建构都秉持以维护劳动者的自由、平等、尊严为宗旨，反对一切蔑视劳动者人格的东西，这或许是全社会劳动人民所能接受的构建当代中国社会正义的"重叠共识"。

第二节　马克思对正义的存在论批判

自罗尔斯以降，对正义论的探讨成为当代政治哲学的核心议题。就马克思主义作为以人类解放事业为任务的理论而言，其无疑是一种深刻的政治哲学。然而，由于马克思本人更多地聚焦于政治经济学研究，其文本中显然缺乏规范论伦理学意义上的正义概念，以至于艾伦·伍德等学者因此就否认马克思具有正义论。在这个意义上，如何将正义论的探讨引入马克思哲学，是一项有待进行概念重构的理论任务。从唯物史观的视角看，马克思之所以没有从正面进行正义论建构，是因为相对于经济关系而言，政治关系毕竟具有派生性，这决定了对资本主义的批判首先是对政治经济学的批判。但这并不表明政治经济学批判必然绝缘于正义论问题。归根结底，《资本论》所开辟的是一条对古典经济学与资本主义生产方式的总体性批判的道路，这意味着不论是经济自由主义的交换正义论，还是李嘉图社会主义者的分配正义论，都一同被纳入马克思的批判视野。不仅如此，在政治经济学批判中，对变革资本主义生产方式的诉求指向一种更为高阶的正义的存在方式——自由人的联合体。在自由人的联合体中，正义不仅仅是一种全新的价值规范，更表现为基于社会生产的合理性建制的存在论规划，马克思由此实现了探讨正义论的存在论革命。

（一）分配正义的政治经济学基础及其限度

当代政治哲学的兴起是围绕罗尔斯的《正义论》展开的，但现代正义论问题的开辟者却是亚当·斯密。斯密作为"第一位新兴资本主义秩序重要的经济代言人"[①]，在建构现代社会经济秩序之初，就注意到了商业社会的出现在正义问题上的新变化。而斯密对正义的思考，旨在建立符合自由市场原则的"交换正义"。所谓"交换正义"，即强调人和人在交往中的对等关系或"等价原则"作为社会秩序建构的基本法则，这是"自然女神命令我们恪守的伟大法则"[②]。同道德相比，交换正义仅仅是一种消极美德，它并不强求人们的善行，而只是阻止相互伤害。因为社会得以维续的基础，既不是靠传统的伦理亲情关系，也非其他任何的仁心善念，恰恰相反，人们都从商业动机出发，就能够黏合为一个和谐的整体。[③]

从思想史来看，斯密的交换正义与资本主义生产关系的确立具有同构性，其正义论构建是对资本主义经济关系的哲学确证。到了 19 世纪，随着社会主义运动发展，建构符合工人阶级利益的正义观念就成为政治理论的新趋向。按照李嘉图社会主义者的观点，社会正义不能指望市场的自发调节，而必须更多地聚焦于分配领域，在财富分配中重建社会的正义原则。这种改变的诉求，就是建立与最广大工人利益相一致，且符合"自然正义"标准的"分配的自然法则"。例如，汤普逊、托马斯·霍吉斯金、约翰·勃雷等人都对资本主义提出彻底批判，并强调依据权利平等原则，扬弃资本主义不平等的分配制度，建立社会主义的"公平的分配"。

对分配正义的构建体现了工人阶级政治意识的觉醒。由于马克思的资本主义批判蕴含了强烈的道义色彩，人们也经常从分配正义理解科学社会主义。但考据文本，在《资本论》及其手稿等政治经济学著作中，马克思确实较少使用正义等具有伦理色彩的术语来批判资本主义，更不会把分配正义作为理论的中心问题。在历史唯物主义语境中，马克思揭示了资产阶

[①]　［英］唐纳德·温奇：《亚当·斯密的政治学》，褚平译，译林出版社 2010 年版，第 12 页。

[②]　［英］亚当·斯密：《道德情操论》，谢宗林译，中央编译出版社 2008 年版，第 98 页。

[③]　［英］亚当·斯密：《道德情操论》，谢宗林译，中央编译出版社 2008 年版，第 103 页。

级的正义观念和权利话语奠基于经济与政治、市民社会与国家的二元结构，其基础是市民社会。作为社会的统治阶级不仅生产符合自己利益的经济关系，同时也生产占统治地位的意识形态："支配着物质生产资料的阶级，同时也支配着精神生产资料……作为思想的生产者进行统治，他们调节着自己时代的思想的生产和分配。"① 以此为前提，马克思对交换正义提供了一个唯物史观的注解。在古典经济学看来，市民社会作为交换体系，它发端于人性的自然倾向，可见，私有制是永恒、正义的制度。马克思却认为，市民社会的交换体系所表达的完全是一种观察社会的个人主义视角，而这样一种原子式个人正是历史活动的结果。由于斯密把资本主义视为交换的体系，在交换关系的视域中，资本主义就呈现为一种和谐的整体，从而遮蔽了资本主义社会的物质基础——生产方式。同样，从分配视角出发，李嘉图派或是导向庸俗的乌托邦社会主义，或是导向专注于再分配问题的社会渐进工程，实际上即放弃了社会主义目标。

　　资产政治经济学割裂了生产与分配的辩证统一关系。马克思认为，生产是根本范畴，对消费资料的任何一种分配都不过是生产条件本身分配的结果，而生产条件的分配表现为生产本身的性质。资本主义生产方式是生产的物质条件以资本和地产的形式掌握在资本家手中，工人阶级所占有的只是生产的人身条件，即劳动力。这种生产要素的分配形式决定了消费品的分配形式。通过把生产进一步扩展为生产关系概念，政治经济学批判不再只是对财富领域进行量化研究，而是看到其质的方面，恢复了政治经济学作为社会科学的总体性的视野。在资产阶级政治经济学中，生产表现为客观的物质运动过程，是脱离一切价值的客观规律，结果抹杀了一种生产方式所包含的具体社会关系。资本主义商品生产不同于自然经济下的生产，在于它以交换价值为目的，而非为了使用价值。更确切地说，政治经济学批判有针对性地揭示了在资本增殖逻辑的背后，隐藏着社会生产资料的垄断阶级剥削劳动阶级的现实过程。不透视这一生产领域的秘密，就无法超越市民社会的交往幻象。

---

① 《马克思恩格斯文集》第 1 卷，人民出版社 2009 年版，第 550—551 页。

在这个意义上，资本主义的交往关系连同建立其上的权利与正义观念，都与生产方式相契合而构成了一个独立的整体。正义的有效性必须根据占支配地位的生产方式来衡量，它作为一种社会意识是生产方式衡量自身的标准，并依附于这一生产方式："生产当事人之间进行的交易的正义性在于：这种交易是从生产关系中作为自然结果产生出来的。这种经济交易作为当事人的意志行为，作为他们的共同意志的表示，作为可以由国家强加给立约双方的契约，表现在法律形式上，这些法律形式作为单纯的形式，是不能决定这个内容本身的。这些形式只是表示这个内容。这个内容，只要与生产方式相适应，相一致，就是正义的；只要与生产方式相矛盾，就是非正义的。"① 在资本主义生产关系当中，资本家只是生产职能的必要执行者，是资本主义生产关系的人格化表达。马克思接受了斯密的观点：剥削是资本主义的主要职能，只要取消了利润，资本主义就不可能存在下去。所以，从分配入手不可能推导出科学社会主义。正如恩格斯所说："按照资产阶级经济学的规律，产品的绝大部分不是属于生产这些产品的工人。如果我们说：这是不公平的，不应该这样，那么这首先同经济学没有什么关系。我们不过是说，这个经济事实同我们的道德情感相矛盾。所以马克思从来不把他的共产主义要求建立在这样的基础上。"②

那么，如何理解李嘉图社会主义的剥削概念？因为工资关系并非像汤普逊、霍吉斯金、勃雷所认为的是一种不等价交换、是资本家的"欺骗"。马克思指出，工人向资本家出卖的是"劳动力的价值"，而不是"劳动的价值"，资本家也并非从工人那里购买现成的作为商品的劳动，而不过是以商品的形式购买工人的"劳动力"。劳动力作为一种商品，其价值同其他商品价值的完全一样，是由生产维持劳动者及其家人生命的生活资料所需的劳动时间决定的，也依据特定的社会生产水平。但不论怎样，资本家付给工人的工资一般会是其劳动力的全部价值。就资本家和工人之间的交换形式看，雇佣劳动关系是一种符合资本主义生产方式的"正义的交换"，即符合"等价交换"原

① 《资本论》第3卷，人民出版社2004年版，第379页。
② 《马克思恩格斯文集》第4卷，人民出版社2009年版，第203—204页。

则。在这个交换过程中，并没有产生剩余价值。资本主义的全部秘密在于生产，一旦进入生产领域，劳动力的使用就不再属于工人了，这时劳动创造的全部价值都归资本家所有。

因此，当人们从分配领域入手，把科学社会主义抽象为"平等分配"的权利原则时，似乎并未抓住问题的根本。对分配正义的批判表明，科学社会主义是着眼于生产方式领域才得以想象的。马克思不再像李嘉图社会主义那样停留于资产阶级经济学的地基上推演社会主义的条件。相反，他造成了一种决定性的断裂："不是把经济学作别样的解释，而是通过实际地变革社会来造成一种状况，即在这种状况中资产阶级经济学的规律停止发生作用，从而使资产阶级的经济科学成为无对象的。"① 这一社会生产方式革命的理论，不仅中止了资本主义经济规律作用的对象，也消解了资本主义正义的存在论基础。相对于社会经济关系而言，正义问题毕竟具有派生性。从资本主义到社会主义的转换，首先是基于生产方式的变革，然后在此之上完成法与意识形态的全部革新。在马克思全新的社会概念中，通过对正义的存在论基础进行重建，资产阶级政治经济学描述的"自然规律"将全部失效，"生产正义"将打破资本逻辑对人的宰制，创造财富的物性逻辑必须服从于创造着人的个性的需要与自由。

（二）《资本论》对生产正义的建构

马克思固然没有专门写作任何以正义为题的著作，但这却绝不能成为否定马克思哲学拥有正义论的根据。事实上，不仅在青年马克思对资本主义造成剥削、异化的激烈控诉中，就内蕴着更为高阶的正义观念，而且甚至《资本论》这一被认定为严格"科学"的理论体系，同样是一部具有理论自觉的"政治"著作。

众所周知，《资本论》的副标题是"政治经济学批判"，而非"政治经济学原理"。这个区分提示，虽然同样对资本主义经济规律进行科学研究，但马

---

① ［德］卡尔·柯尔施：《卡尔·马克思——马克思主义的理论和阶级运动》，熊子云、翁延真译，重庆出版社1993年版，第54页。

克思同国民经济学家是截然不同的。马克思进行资本研究的真实目的并非像国民经济学家那样是为了促进"国民财富"增长，而是真正指向于工人阶级的解放。在《资本论》中，政治经济学现不再是关于商品的科学，而是关于劳动的科学。① 《资本论》以"劳动和资本"的关系为主题，通过对"劳动二重性"（具体劳动和抽象劳动）深入分析，资本增殖规律及剩余价值的根源被窥探得一览无余。马克思指出，作为超越资本逻辑统治的社会状态将是一种自由人的联合体——"联合起来的生产者，将合理地调节他们和自然之间的物质变换，把它置于他们的共同控制之下，而不让它作为一种盲目的力量来统治自己；靠消耗最小的力量，在最无愧于和最适合于他们的人类本性的条件下来进行这种物质变换"②。

然而，马克思设想的"自由人联合体"的状态是否需要一种正义原则的调节？对此，卢克斯认为，在共产主义社会中，由于正义论存在的社会环境已经被取消了，因此正义论不再必要。③ 按照斯密、休谟的观点，现代社会之所以需要建构正义原则，其根本原因在于资源的稀有性和道德的匮乏。而就共产主义作为生产力得到彻底解放、产品极大丰富以及剥削关系被彻底消解的社会而言，似乎这样的社会不再具有正义存在的土壤。但真的是这样吗？事实上，奠基于资本主义私有制之上的分配正义论只是一种针对社会问题的补救性方案。在这种情况下，无论如何强调"平等优先"的权利，都只不过是使资本主义社会的紧张关系得以暂时缓和，其最终目的是维护资本主义私有制。从这样一种补救性方案的正义论视野出发，显然是对马克思主义的降低。而真正理解马克思的正义观念，只能立足于《资本论》所开辟的政治经济学批判，从现实人的存在论视野出发理解马克思对正义的建构。

在《资本论》中，马克思以拜物教批判延续了《德意志意识形态》中的正义与法批判。所谓拜物教批判，不过是一种对商品社会之物化关系的存在

① ［德］卡尔·柯尔施：《卡尔·马克思——马克思主义的理论和阶级运动》，熊子云、翁延真译，重庆出版社 1993 年版，第 82 页。

② 《资本论》第 3 卷，人民出版社 2004 年版，第 928—929 页。

③ ［英］史蒂文·卢克斯：《马克思主义与道德》，袁聚录译，高等教育出版社 2009 年版，第 104—105 页。

论批判，即追问人们在这一社会关系内是如何将人格与人格的关系，错误地指认为物与物的关系。具体而言，资本主义社会是一种"互为性"的生产关系，每个人都生产他人的使用价值并与自身的劳动相对立，因此在这一社会里，商品具有一种独立于人并控制人的"魔力"。政治经济学以描述物的规律为己任，但实际上却根本地反映着人的社会关系的异化状态。更进一步，当这种社会关系建制被组织化、合理化之后，就成为近似自然的法权原则，而这种法权原则同时亦反证市民社会交往关系的合理性，并最终演变为一种法的形而上学。这种法的形而上学认为，正义是先在于特定时代和特定社会的普遍观念，它具有独立的历史，任何特定的社会只能在这一正义原则的架构下才能成为秩序良好的社会。很显然，这就是斯密的交换正义论背后的拜物教秘密。而分配正义论之所以不能超越交换正义论，根本原因在于缺少对正义话语背后的拜物教批判与资本逻辑分析。

在揭示出资本主义正义论的拜物教秘密之后，马克思继续从存在论视野出发，以克服资本逻辑运作来重建正义的现实根据。马克思的正义论思考具有连续性，共产主义正义既内生于资本主义经济关系，又超越这一社会经济关系。正义既可以"反映"资本逻辑，也可以"瓦解"资本逻辑。《资本论》的辩证法表明了，资本主义制度一方面是如何生产出大量的生产力和社会普遍联系，从而为人的潜能的全面实现提供了历史条件；另一方面，它所制造的法与正义保护的这一私有制又是如何自相矛盾，从而不可避免地走向自我毁灭的道路。"生产资料的集中和劳动的社会化，达到了同它们的资本主义外壳不能相容的地步。这个外壳就要炸毁了。资本主义私有制的丧钟就要响了。剥夺者就要被剥夺了。"① 因此，社会主义的正义只有建基于实际历史并以符合生产方式为原则，才能取代资本主义的正义，才能"去发展社会生产力，去创造生产的物质条件；而只有这样的条件，才能为一个更高级的、以每一个个人的全面而自由的发展为基本原则的社会形式建立现实基础"②。作为对其理念的描述，科学社会主义体现为"自由生产者的联合体"，这是一种相比

---

① 《资本论》第1卷，人民出版社2004年版，第874页。
② 《资本论》第1卷，人民出版社2004年版，第683页。

于资本主义补救性正义的超越性正义。依据唯物史观的现实原则，共产主义不依赖于任何先验的正义论或道德的应当，而是那种消灭不合理的现存状况的现实的运动。所以，马克思更多地把这种超越性正义描绘为每个人的自由个性得到充分发展的新文明形态，其基本特征是"迫使个人奴隶般地服从分工的情形已经消失，从而脑力劳动和体力劳动的对立也随之消失"，"劳动已经不仅仅是谋生的手段，而且本身成了生活的第一需要"。[①] 显然，这种正义是一种超越了资本主义正义的更高阶的正义观念，它更近似于亚里士多德的德性正义论。也就是说，真正的正义不再是形式化的自由主义的权利平等，而是对每个人的不同需要予以积极关注——各尽所能、按需分配。"权利，就它的本性来讲，只在于使用同一尺度；但是不同等的个人……要用同一尺度去计量，就只有从同一个角度去看待他们，从一个特定的方面去对待他们……因此，在提供的劳动相同，从而由社会消费基金中分得的份额相同的条件下，某一个人事实上所得到的比另一个人多些，也就比另一个人富些，如此等等。要避免所有这些弊病，权利就不应当是平等的，而应当是不平等的。"[②] 这样一种超越性的正义观念，在理论内涵上大大超越了资本主义正义的法权论，它立足于差别原则，尊重每一个人的个性和需要，支持人的个性发展的不一致和特殊性。因此，马克思不仅强调共产主义的共同体原则，也同自由主义者一样极其珍视个人自由和个人价值，并且只有当个人成为"自由人联合体"的成员时，才能获得真正的自我实现。

当然，尽管人的自我实现和"自由人联合体"应该成为共产主义超越性正义的核心理念来把握，但资本主义的不正义不能被简单地视为伦理失范而加以抛弃。事实上，当生产力发展还不足以在生产方式领域实现共产主义的正义建构时，就只能退而求其次，协调正义在现实世界的实现方式。这就要在社会"过渡时期"对分配正义作出必要的妥协。所以，马克思在《哥达纲领批判》中批判分配正义论的缺陷后，既指出"按劳动分配"是一种不平等的"天然特权"，却又承认："但是这些弊病，在经过长久阵痛刚刚从资本主

---

① 《马克思恩格斯文集》第 3 卷，人民出版社 2009 年版，第 435 页。
② 《马克思恩格斯文集》第 3 卷，人民出版社 2009 年版，第 435 页。

义社会产生出来的共产主义社会第一阶段，是不可避免的。"① 马克思看到，正义原则的实现，一方面既要穿透市场经济的拜物教幻象，揭示出资本主义正义的永恒论假象，勘定其立足于特定经济形式的存在论内涵；另一方面，也要把握社会主义正义论的建构性本质，使正义的实践形式与实际社会的生产方式和交往方式的特点而相适应，从而避免再次形而上学化，沦为既定现实作辩护的意识形态工具。所以，无论马克思怎样激进批判资本主义制度的不义性，由于社会主义正义立足于现实生产方式的存在论建构，它必然在一定程度上肯定"按劳分配"对社会正义进行补救的合理性，而共产主义不是要彻底越过资本主义阶段，它只能是对资本主义"政治解放"所达到的形式化正义的继承和提升。当资本主义生产方式彻底被共产主义所取代时，资本主义的补救性正义才能最终被超越性的正义所取代，每个人才有机会实现自我个性的充分发展，而资本主义为建立这一真正符合人的全面发展和自由个性的正义形式提供了必要的物质前提。

（三）劳动共同体与"生产正义"的伦理内涵

基于正义论的存在论视野，进一步应该追问：这一科学社会主义的正义论的伦理内涵是怎样的？马克思指出，正如封建所有制关系和已经发展的生产力相矛盾从而导致了封建社会瓦解，现代资本主义所有制关系所创造的生产力也必然超出这种关系所能容纳的限度，造成阶级冲突。社会主义对资本主义的替代不可能是一种局部范围的修补，而必须要求整体性地推翻资本主义生产方式和社会制度，以此重建一种能够容纳社会力量的积极的共同体，这必须"消灭雇佣劳动制度！"②

消灭雇佣劳动制度不仅具有经济意义，同时也富有一种伦理内涵，社会主义对资本主义的扬弃是一种建立在经济基础上的伦理超越。在马克思看来，人类历史必然呈现为一条合目的的自由进程：人的依赖关系，是最初的自然形成的社会形式；以物的依赖性为基础的人的独立性，是第二大形式，在这

---

① 《马克思恩格斯文集》第 3 卷，人民出版社 2009 年版，第 435 页。
② 《马克思恩格斯文集》第 3 卷，人民出版社 2009 年版，第 78 页。

种形式下，才形成普遍的社会物质变换、全面的关系和全面的能力体系；建立在个人全面发展和他们共同的、社会的生产能力成为从属于他们的社会财富这一基础上的自由个性，是第三个阶段。① 第一种社会形式对应于前资本主义的自然经济阶段，第二种和第三种社会形式则对应着资本主义和社会主义阶段。从资本主义到社会主义的跨越，不仅体现为经济发展的自然历史过程，并且在哲学人类学的视域中体现了一种自由的伦理意义。与资本主义相比，社会主义不仅体现为一种消除阶级、消灭剥削的经济正义的制度，也意味着在一种更高的历史阶段获得了人性发展的空间，其现实基础就是社会主义生产方式所内在具有的伦理潜力和规范性力量。

可以说，马克思依据生产方式而建构的正义与古典经济学的"交换正义"和"分配的正义"相比，具有完全不同的伦理内涵，我们明确地将其命名为"生产正义"。一方面，马克思的生产概念在经济学的含义上继承了古典政治经济学关于财富生产的概念，把生产看作"生产性劳动"，从而看到了"物"的方面；另一方面，生产具有存在论的意义。不仅人类历史的动力在于满足生命需要的物质生产活动，并且人性本身就是在生产活动中被不断形成和塑造的。特定的生产方式不仅反映社会生产力的发展水平，其本身就是人类表现自己生命的特定方式。② 从生产的整体性意蕴出发，资本主义不仅在事实维度表现为以生产资料私人占有制为基础的剥削制度，而且也在价值维度上表明了人类自由个性的自我实现的不可能性。因此，尽管当代资本主义通过福利国家政策大幅提升了工人的收入水平，从而在很高程度上促成了分配正义的实现，但在伦理的意义上，它仍没有超出 19 世纪资本主义的人性水平。因为生产仍然以异化劳动的形式出现，个人仍处于资本逻辑的"抽象统治"，并没有在实质上脱离物化社会关系的控制。

在这个意义上，即使当代分配正义论者也无法理解，社会主义作为一种真正的共同体并不是一种以经济利益为核心的理念，它不仅要消灭一切剥削人、压迫人的关系，同时也积极地体现为一种确保人之个性的自我实现的伦

---

① 《马克思恩格斯文集》第 8 卷，人民出版社 2009 年版，第 52 页。
② 《马克思恩格斯文集》第 1 卷，人民出版社 2009 年版，第 520 页。

理制度。回顾思想史，在洛克和斯密那里，劳动是确立私有财产的工具，而到了李嘉图，劳动作为商品价格的决定因素被蒙上了一层神秘面纱。只有在历史唯物主义语境中，马克思才完成了对劳动价值论的从纯粹量的规定向质的分析的转换，理解了具体劳动如何转变为交换价值。这意味着，只有在更高阶段上改造生产关系，才能超越资本主义条件下劳动的抽象规定，体现为人性自我实现的方式。正如麦卡锡所言："马克思在《资本论》中并没有给出一套直接的道德理论来建立其对资本的批判，而是——毋宁说——通过把从洛克到斯密和李嘉图的传统劳动价值理论重新改写进入一种社会学的、历史的价值理论当中，从而发展出一种元伦理学。"①

从青年马克思关于"人的解放"（《论犹太人问题》）、"人作为类存在"（《巴黎手稿》）到"人的自我实现"（《政治经济学批判大纲》）和"人的真正自由"（《资本论》）说，其伦理运思逐渐表现为超越资本主义正义的形式法则，建构实质的社会正义的诉求。而这种实质正义的实现必须转向社会现实结构，建立生产正义。即通过对生产领域的合理性计划，使资本主义"看不见的手"转变为社会主义"看得见的手"，使资本主义的生产力和生产条件被重新吸收进社会主义生产方式当中，真正为人的自由服务。这一"看得见的手"，就是联合起来的个人对生产力总和的联合占有。"让我们换一个方面，设想有一个自由人联合体，他们用公共的生产资料进行劳动，并且自觉地把他们许多个人劳动力当做一个社会劳动力来使用。……在那里，人们同他们的劳动和劳动产品的社会关系，无论在生产上还是在分配上，都是简单明了的。"② 因此，只有通过建立平等地享有生产资料的权利，作为共产主义"过渡时期"衡量每一个生产者的"贡献原则"才能成为超越庸俗社会主义的分配正义论的绝对基础。并且，这一根据"贡献原则"的社会主义分配严格地建基于生产正义之上，其自身有着稳固的存在论基础。就此而言，科学社会主义与其说是一个分配概念，毋宁说代表了以"生产正义"为标准，以自由劳动为核心的共同体概念。在这一劳动共同体中，由于社会调节着整个生产，

---

① ［美］乔治·麦卡锡：《马克思与古人——古典伦理学、社会正义和19世纪政治经济学》，王文扬译，华东师范大学出版社2011年版，第271页。

② 《资本论》第1卷，人民出版社2004年版，第96—97页。

任何人都没有特殊的活动范围，都没有束缚在某一领域，而是可以在任何部门发展，并全面参与到生产实践的丰富性中。简而言之，人类是自由的还是被剥削的，是自我实现的还是自我异化的，这必然取决于他们对生产条件的理解程度和控制程度，取决于在这些社会条件下发展和践行"人的本质力量"的程度。

随着生产者重新支配生产条件，社会主义将扬弃资本主义条件下的片面自由，体现为人的力量的全面发展。马克思以此超越了资本主义经济学的狭隘性，看到人的能力的全面发展恰恰是真正的社会财富，即抛弃掉财富的狭隘的资产阶级形式而直接指向社会交往中产生的个人才能等多方面禀赋和能力的充分发挥。如果说古代世界对人的自由的理解，表现为一种封闭的、稚气的和朴实的崇高，那么资本主义的自由则表现为普遍的空虚化和不满足状态，表现为了外在性而彻底牺牲内在目的本身。因此，社会主义和共产主义必须从为生存需要而生产中解放出来，才能在一个具有社会正义的环境中创造性地实现其个人潜能。在这个新社会中，人类不再受经济规律的必然性的支配，而是自主地去创造其自身的历史形式。人作为生产性存在，将有机会实现自己的自由本质。新的生产方式和生产活动更像是一种艺术家的创作，虽然同样包含艰辛，却由于作为人的真正的自主性活动而重新焕发精神的光彩。

第三节　重建"共同性"社会：复兴共产主义的重要线索

随着在 20 世纪晚期冷战结束和消费主义的崛起，自由市场和代议民主似乎已经穷尽了人类对经济政治结构的想象，共产主义更被一些人看作乏人问津的历史记忆。但事实真的如此吗？至少，在生态灾难、金融危机和严峻的贫富差距等事实面前，任何人都无法否认资本主义仍存在社会对抗。这意味着马克思的学说在今天仍具有重要的理论与现实的意义。而如何重新激活马克思的那些经典观念，以寻获解决当前的社会问题之匙，将极大地触动我们时代的神经。对此，本节在启蒙与现代性问题的视域内对共产主义观念予以考察，旨在发现和重估其理论本义与精神内核，并发现暗含在马克思文本与体系中的一些重要价值与方法。

(一) 启蒙社会观的自然主义及其克服

对于 19 世纪而言，伴随着商品经济和民主政治的确立，欧洲步入了一种全然不同于古代社会的现代性社会。马克思和恩格斯把现代性描述为一种商业性社会关系对传统的宗法与习俗社会的取代："资产阶级在它已经取得了统治的地方把一切封建的、宗法的和田园诗般的关系都破坏了。它无情地斩断了把人们束缚于天然尊长的形形色色的封建羁绊，它使人和人之间除了赤裸裸的利害关系，除了冷酷无情的'现金交易'，就再也没有任何别的联系了。"① 在资本主义的架构下，现代牟利精神和商业原则对以血缘和宗法秩序为前提的封建共同体造成了毁灭性的冲击。早期经济与社会学家把自利主义宣布为新时代的精神，声称自利行为会导致公共善好。维系社会的基础不是道德，而是赤裸裸的私人利益，"单单指望依靠他人的仁慈来获得所需的帮助，必定是一无所获。相反，如果他投其所好并向他人说明帮助他也有利于他们自身的利益，那么他成功的机会将大得多"。于是，"我只是为自己的利益而工作"成为现代人的最高信条。②

古典经济学对于社会的自发平衡的假设，并不能掩饰住利己主义法则引导下社会丧失共同性 (commonality)③ 的实际后果，这表明现代社会进入了一种私人社会的状态，其必然的表现就是社会矛盾与社会对抗。事实上，斯密就毫不讳言工人阶级与资本家阶级、地主阶级之间是根本性的斗争关系。但他更倾向于认为资本主义所生产的庞大的财富足以平衡和满足各自的需要，相比于冲突而言，社会和谐才是主流。总体而言，古典经济学把社会概念奠基于人性的自然力学原理 (饥饿与贪婪)，从而更多是在自发性与自然演化的层面上理解社会，因而遗漏了对正义、团结、自由等社会规范的诉求，它们

---

① 《马克思恩格斯文集》第 2 卷，人民出版社 2009 年版，第 33—34 页。

② ［美］詹姆斯·L·多蒂、德威特·R·李：《市场经济读本》，林季红等译，江苏人民出版社 2005 年版，第 40、16 页。

③ "共同性"的词根是 common (英文)、commun (法文)，与 commune (公社)、commonwealth (共和国)、communism (共产主义) 等词相关联。

甚至干脆就把社会秩序与丛林法则相等同。

在政治学领域，近代克服共同性危机的重要途径是以人权和国家概念为基础进行社会重建。霍布斯、卢梭以来的契约论认为，国家应该是社会的黏合剂，它由人所建立并以"人民的统治"作为权力的合法性来源；其后，康德在道德形而上学中探讨了如何在纯粹实践理性的高度上为市民社会和私人法权奠定道德的基础，以此对市民生活的经验性内容予以规范；黑格尔认为，市民社会是直接的伦理实体分化后所达到的它的无限形式，它必须收归于国家之中，国家作为伦理理念的现实，是市民社会的真理①；但马克思认为，只要国家—市民社会二元结构不变，现代政治就不可能克服导致社会分裂的根本矛盾。完成政治解放的国家对公共领域和私人领域的划分，制造了人的物质生活和类生活的双重领域。尽管现代国家已经废除了封建等级所造成的限制，但它仍必须以私有财产为前提，受私人利益的制约。马克思对此领会得相当深刻：个人在其市民社会的直接存在中、在人把自己并把别人看作"现实的个人"的地方，人恰恰是一种不真实、非本质的东西；"相反，在国家中，即在人被看做是类存在物的地方，人是想象的主权中虚构的成员"②。进一步，马克思通过援引《1793 年宪法》分析了以自由、平等、安全为核心价值的居于现代政治中心的人权概念，指出："自由这一人权不是建立在人与人相结合的基础上，而是相反，建立在人与人相分离的基础上"；而平等，"无非是上述自由的平等，就是说，每个人都同样被看成那种独立自在的单子"；安全，则意味着"整个社会的存在只是为了保证维护自己每个成员的人身、权利和财产"。因此，所谓人权不过是"利己的人的权利"，以人权为根据的现代人"没有超出封闭于自身、封闭于自己的私人利益和自己的私人任意行为、脱离共同体的个体"。③ 在这个意义上，人与人的分离、单子化和以私有财产为中心的自保状态，把市民社会制造为一个疏离性、隔绝化的社会空间，作为利己主义的领域，"它已经不再是共同性的本质，而是差别的本质"④。

---

① 参见［德］黑格尔《法哲学原理》，范扬、张企泰译，商务印书馆 1961 年版，第 253 页。
② 《马克思恩格斯文集》第 1 卷，人民出版社 2009 年版，第 31 页。
③ 《马克思恩格斯文集》第 1 卷，人民出版社 2009 年版，第 42 页。
④ 《马克思恩格斯文集》第 1 卷，人民出版社 2009 年版，第 32 页。

　　根据马克思的观点，社会的真正含义应该是使人在其中作为"类存在物"的共同体，而私有制社会把人联系起来的唯一纽带却是"自然的必然性""需要和私人利益"。以私有财产为前提的现代国家，并不能拯救共同性萎缩的现代社会。民主政治在今天日渐丧失活力已是不争的事实。民众在资本逻辑的操控下，更热衷于消费狂欢，对政治领域和公共生活却报以绝对冷漠的态度。政治冷漠为大资本和利益集团介入政治制造了空间，使民主政治受到资本逻辑的侵蚀。政治哲学家阿伦特把这种状况归因于近代市民社会兴起与公共领域消失后所导致的"世界异化"——现代性以"劳动的人"取代"政治的人"，这种类型的人埋头于生产和消费，对人之"共同世界"没有兴趣。"共同性"的萎缩意味着人们不再具有共同经验和可供传达的"共通感"（common sense），人生在世的根本体验就是孤独。政治哲学的当务之急，就是要重建公共领域、恢复人的"共同世界"，"从我们自己之中抽离出来，进而将我们自己嵌入一个有着共享的经验、共享的语汇、共享的景象的公共世界之中，这才是我们身为人类的最基本的需要"。①

　　然而，马克思对黑格尔法哲学的批判表明了，单纯进行政治的创制并不能完成对共同性与公共领域的重建。阿伦特没有顾及，随着资产者生活的舒适性和私人性日益普及，那种政治人的观念显得越发站不住脚了。历史唯物主义的基本论断——古代的政治自主性的观念无法立足了，工业以至于整个财富领域同政治领域的关系，是现代的主要问题②——并非一个价值问题，而是对社会进行实证研究产生的科学结论。事实上，阿伦特对现代社会的物化逻辑的批判性理解正是继承了马克思的遗产，"正是马克思最先提出：现代物化世界生成于人的关系（由于分工和私有制）变为物的关系，因而要把人的关系和力量从经济主义和物质主义的世界逻辑制约下解放出来，必须建立社会世界的自由王国，使物质生活的创造服从于个人自主活动的内在规律"③。在此，马克思的理论构想形成了对古典社会理论与阿伦特共和主义政治观的

---

　　①　［美］汉娜·阿伦特：《康德政治哲学讲稿》，曹明、苏婉儿译，上海人民出版社 2013 年版，"中文版前言"第 3 页。

　　②　《马克思恩格斯文集》第 1 卷，人民出版社 2009 年版，第 8 页。

　　③　张盾、田冠浩：《黑格尔与马克思政治哲学六论》，学习出版社 2014 年版，第 357 页。

双重视域的超越，把问题指向对公共领域与私人生活相分裂的现代政治的辩证扬弃："任何解放都是使人的世界即各种关系回归于人自身"，而问题的核心在于如何使人意识到自身"固有的力量"是社会力量，"并把这种力量组织起来因而不再把社会力量以政治力量的形式同自身分离"。① 这意味着，历史前进的方向只能是对作为市民社会基础的私有财产展开彻底的批判与扬弃，即共产主义程序的开启。

（二）"共同性"作为共产主义的本义

现代市民社会作为一种私人社会，由于它把原子化的个人视为最高目的、把社会关系看作达到私人目的的手段，因此侵犯了一种使人之为社会存在或类存在的生活方式。区别于以市民社会为立脚点的旧唯物主义，新唯物主义的立脚点是"人类社会"或"社会的人类"。在 1844 年以后，马克思逐渐从哲学人本主义转向科学共产主义，虽然表面上发生了"问题式"（阿尔都塞语）的转变，但其背后的价值立场却是始终一贯的。也就是说，共产主义是超越私人社会、重建人的本质与实存统一的逻辑终点。②

在进入科学共产主义之前，我们首先清点一下那些让共产主义声名狼藉的观念。马克思之前的共产主义，要么被构思为单纯在流通领域消灭资本的蒲鲁东式的生产合作社，要么是贬低工业生产、抬高农业劳动的傅立叶式的浪漫主义观念，或者是幻想在私有制范围内改善工人状况、制造和谐社会的圣西门主义。而其中影响最坏的是具有平均主义倾向的巴贝夫、布朗基等人的空想共产主义观点。这种观点把共产主义看作"私有财产关系的普遍化和完成"，即以强制办法消灭不能被所有人作为私有财产占有的一切，把物的直接占有作为生活和存在的唯一目的。马克思指出，这种共产主义是对人的个性的直接否定，它在表面上反对私有财产，但实际不过是私有财产的狭隘表现，是"一种动物的形式""粗陋的共产主义"。这种共产主义对共同性的构想也相当简单："共同性只是劳动的共同性以及由共同的资本——作为普遍的

---

① 《马克思恩格斯文集》第 1 卷，人民出版社 2009 年版，第 46 页。
② 参见拙文《青年马克思论"真正的民主制"与共产主义》，《黑龙江社会科学》2017 年第 2 期，第 3—4 页。

资本家的共同体——所支付的工资的平等的共同性。"① 这些空想共产主义的共同特征是，它们都建基于事实性的平面，把共产主义理解为经验维度的"共同体同物的世界的关系"②。这实际上是一种庸俗唯物论的社会观。庸俗唯物论社会观在本质上是一种自然主义态度，没有达到历史唯物主义的反思性理解的高度。从《巴黎手稿》开始，马克思就对自然主义的共产主义概念葆有深刻的敌意。无论关于"共产主义是私有财产即人的自我异化的积极扬弃"，抑或是"每个人的自由发展是一切人的自由发展的条件"的联合体，这些表述只能理解为是建立在彻底扬弃资本主义生产方式基础之上的人的自由之境的反思性论断。

在《巴黎手稿》中，共产主义被描述为"最近将来的必然的形式和有效的原则"，但"共产主义并不是人类发展的目标，并不是人类社会的形态"。③ 这个表述拒绝了那种对共产主义的经验论的实体性理解，但要求必须紧紧抓住其"必然的形式"和"有效的原则"。正是在"形式本质"与"形式规定"的意义上，共产主义本然地关联于"共同性"概念，指向"共同体"。马克思在《德意志意识形态》中对资本主义和共产主义分别作"虚假的共同体"和"本真的共同体"的区分，其关键点在于通过对共同性的沉思创新了共产主义的积极含义，使共产主义概念摆脱被空想主义者所腐化的使用。对共产主义的思考必须恢复其原本的意义。正如私有之于资本主义、公有之于社会主义，共产主义的合理含义是"共有"，即共同性的占有模式。欧洲对共同性的思考历经以下两个阶段。一种是自然的共同性。这是一种相对静态、传统的概念，一般指自然资源。现代早期社会理论家将人类可用的自然恩惠视为共同性，如肥沃土地和大地上的水果。洛克宣称：正如大卫王所说，上帝"把地给了世人"，让人类共有。另一种是人造的共同性。这个概念是动态的、涉及劳动产品以及未来生产的工具。这种共同性不只涉及人类共享的大地，也包括我们所创造的语言、所确立的社会实践，以及规定我们关系的社交模式，等等。④ 两种共

① 《马克思恩格斯文集》第 1 卷，人民出版社 2009 年版，第 184 页。
② 《马克思恩格斯文集》第 1 卷，人民出版社 2009 年版，第 183 页。
③ 《马克思恩格斯文集》第 1 卷，人民出版社 2009 年版，第 197 页。
④ ［美］迈克尔·哈特、［意］安东尼奥·奈格里：《大同世界》，王行坤译，中国人民大学出版社 2015 年版，第 111 页。

同性之间的关系是：资本主义所造成的社会（人造）共同性的缺失，同样会导致自然共同性的缺失。共同性的缺失根源于私有制所导致的社会异化。由于社会异化最终在经济中找到其最后根据，马克思对共同性的反思建基于物化社会关系的彻底扬弃，并在私有财产的否定运动中找到整个革命运动的理论基础与经验基础。马克思认为，共产主义作为对私有财产的积极扬弃，重建了属人的生命表现的财产概念，即人以一种全面的方式、作为一个总体的人占有自己的全面的本质，"从而是人从宗教、家庭、国家等等向自己的合乎人性的存在即社会的存在的复归"①。这里的"社会的存在"表现的是共同性含义。

在共产主义中，对象性的现实在共同性的作用下成为人的本质力量的现实，对象成为"人的对象""社会的对象"，资本被扬弃掉狭隘的、私人的性质，成为真正的社会力量。对个人而言，一旦对象成为本质力量的确证，人的本质的客观丰富性将被打开，"具有丰富的、全面而深刻的感觉的人作为这个社会的恒久的现实"② 被创造出来。因此，"社会的人的感觉不同于非社会的人的感觉"③，感性的解放和人在自然界中本质力量的公开展示（工业），证明了自然界以社会为中介向人的生成过程和人的自然在更高层次上的自我复归，即自然的人化和人的自然化的双重过程。而感性世界的解放，是个人作为类存在物在他们之间重获共同性与共通感的直接的存在论基础："直接的感性自然界，对人来说直接是人的感性（这是同一个说法），直接是另一个对他来说感性地存在着的人；因为他自己的感性，只有通过别人，才对他本身来说是人的感性。"④ 从感性解放的视角看，共产主义作为人类发展的最高憧憬，衡量着全部历史运动中人的整个文化教养的发展程度——人在何种程度上成为并把自身理解为类存在物、人。这个意义上的共产主义不仅指向一种全新的社会形式，也意谓一种"新人"的创生。

共产主义作为一种制度实践在 20 世纪遭遇了重大挫折，人类在"历史的

---

① 《马克思恩格斯文集》第 1 卷，人民出版社 2009 年版，第 186 页。
② 《马克思恩格斯文集》第 1 卷，人民出版社 2009 年版，第 192 页。
③ 《马克思恩格斯文集》第 1 卷，人民出版社 2009 年版，第 191 页。
④ 《马克思恩格斯文集》第 1 卷，人民出版社 2009 年版，第 194 页。

终结"的喧嚣中进入全球资本主义消费时代。而作为一种哲学观念的共产主义却并未褪色，其无与伦比的深刻性反而更加映衬出当前时代的堕落。当个人在私人领域获得最大的满足时，资本对共同性与公共空间的吞噬愈加疯狂，最终将毁灭掉任何创造人类的共同生活与共同希望的潜能。科学共产主义则昭示出：由于人在本质上是社会存在物，因此，创造出具有共同性的人类生活形式，要远比商业性的私人社会更有前途。① 这种共同生活被马克思描述为"自由的联合"或一种使个人在其中作为社会存在的普遍交往形式，其旨在说明只有在共产主义社会中，资本主义所制造的经济与政治的二元性才能得到和解。因为共产主义不是对感性实物的占有，而是以共同性实现的人对其自身本质的真正占有，个人劳动在其中直接作为社会劳动生产自身的独特性、自由和全面的能力，亦即实现了后现代意义上的生命政治的生产。②

（三）共产主义：对私人社会的克服

从思想史来看，科学共产主义根植于启蒙传统。共产主义以克服异化劳动为中介，异化劳动揭示了现代性的深层悖论。对劳动的推崇是启蒙的信条，斯密的劳动价值论、霍布斯的自然权利论与笛卡尔的自我意识论，分别在社会、政治、思维领域建构了启蒙的内在性（immanence）的"三一体"结构。内在性就是把人类制造为主体，通过肯定此岸世界的权力，拒绝神圣和超验之物的权威，反抗一切强制性的统治。因此，启蒙与现代性在本质上就是以内在性反抗外在性或超验性的历史进程。在这个过程中，现代哲学与政治获得了一种世俗的沟通形式，通过不断消解社会中的神圣权力和价值等级，触及内在性的视界——平等和民主政治的浮现。③

然而，近代启蒙具有内在的自反性。从霍布斯到黑格尔，内在性虽然被

---

① 田冠浩：《历史唯物主义的政治哲学理由》，《江苏社会科学》2017年第2期，第95—96页。

② 哈特和奈格里认为，由于今天非物质劳动取代物质劳动成为资本主义生产的核心，劳动已经不再像阿伦特所说的那样只属于必然性领域，而是直接具有政治性、关涉生命的再生产。因为非物质劳动具有非排他性、共享性、交互性的特征，劳动者不仅直接创造价值，并在共同性中再生产自身的主体性。

③ ［美］迈克尔·哈特、［意］安东尼奥·奈格里：《帝国——全球化的政治秩序》，杨建国、范一亭译，江苏人民出版社2005年版，第92页。

反复触及，但通过对绝对主权、市场与资本的设置，启蒙所打造的自由个人却再次臣服于某种新的、对立性的超验权力。结果生命的创造性被隶属于外部秩序，伦理价值被异化为经济利润。其中，霍布斯以自然权利和绝对主权的并置显示出两方面特征。一方面，自由个人及其相互之间的"同意"作为政治正当性的来源而被确认；另一方面，绝对主权所维护的"强制—服从"关系却表明了"利维坦"是一种取代旧神圣权威的新的压迫性权力和超验力量。同样，斯密对劳动与资本的同等推崇也清晰地表现出现代性的悖谬性：存在论层面所彰显的自由个人与力图控制、规训这一个人的超验权力（资本）之间的绝对冲突。在这个意义上，马克思提出人类应该把自身的力量组织为一种社会力量以实现自我统治、摆脱现实政治中的强力与服从的关系，可以说是对启蒙的内在性的彻底完成。

在超越现代性的意义上，科学共产主义作为内在性政治哲学，比启蒙走得更远。马克思以唯物史观和政治经济学批判为工具在双重维度上深化了启蒙。第一个维度是批判性的，即坚持内在论立场，彻底终结现代性的内在与外在、政治与自然的辩证法，把启蒙的核心价值推进到解放层面；第二个维度是建构性的，即从内在性生成主体性，以一个革命主体（无产阶级）作为共产主义的存在论前提，把资本主义现代性扬弃为普世性的全球自由联合体。

首先，欧洲现代性奠基于自然状态与公民秩序、私利与公共善、敌友政治等二元范畴，在存在论的意义上，现代化的过程就是外在性不断内化的过程。但资产阶级意识形态只承认静态的对峙，否定其辩证转化的潜能，认为经济作为自然事实领域，具有与政治完全不同的性质。资本主义的本质是一种普遍的交易过程，而交易关系的双方是平等、自由的主体。马克思认为，这不过是一种认识论的自然态度，是在资本的物化统治下产生的幻象。个人在经验性的视域内无法穿透物化意识的浓雾，必然把商品看作最终的实在。从而本来是作为劳动产品的东西现在被遮蔽掉其社会关系的本质，向人显现为"可感觉而又超感觉的物"，具有了"神秘性质"。[①] 因此，"在形式上他们之间（资本家与工人——引者注）的关系是一般交换者之间的平等和自

---

① 《资本论》第 1 卷，人民出版社 2004 年版，第 88 页。

由的关系"①，在实质上工人却仍受物化社会关系的支配，劳动从作为本己的力量异化为一种与自己相外在、相对抗的属于资本的财产。异化劳动不仅是内在性的丧失，它还制造出"资本"这一新的外在性力量。资本不是单纯的物，而是"他人的权力"，"不是神也不是自然界，只有人自身才能成为统治人的异己力量"②。

在资本主义社会，市场呈现为一种直接的被给予性，劳动的内在性处于被遮蔽状态。从市场的视角只会看到意志自由、公平买卖的幻象，唯有从劳动视角才会发现剥削的真实过程。资产阶级政治经济学自诩为以自由市场为轴心的实证科学，实际上是在肯定资本的主体性，贬低劳动的地位，从而肯定了对个人的抽象统治，变成了启蒙的对立面。马克思则重新把政治经济学还原到构成社会的生产领域，指出一切历史都从现实的人及其物质生活的生产出发的，生产不仅仅是一个纯粹的自然事实，同时也是政治的本体，它为自由敞开了历史的视野。把社会还原到生产，就是把人性还原为纯粹的创造性，就是要求重新获得内在性、克服社会的异己性。因此，异化社会关系的扬弃与内在性的生成是同一过程，生产不仅仅是把自然改造成人类所需要的生活资料的手段，它还是人的生命活动。"个人怎样表现自己的生命，他们自己就是怎样。因此，他们是什么样的，这同他们的生产是一致的——既和他们生产什么一致，又和他们怎样生产一致。"③ 由于启蒙驻留于内在与外在的二元性关系，结果产生了理念与现实的分裂。共产主义作为对分裂的现代性的克服，意味着内在性与外在性辩证统一的重新完成。如果说启蒙的核心价值是自由，对于马克思而言，自由则意味着解放，这个解放的实质是对外在性的永恒反抗与内在性的彻底复归，最终使经济的自然过程控制在全体社会成员手中，使生产变得透明，使社会关系回归于人自身。

其次，马克思为实现共产主义指出了科学路径。不同于近代哲学的先验论的内在性，马克思的内在性内置于历史性和唯物论，是在物质生产方式的

---

① 《马克思恩格斯全集》第 30 卷，人民出版社 1995 年版，第 457 页。
② 《马克思恩格斯文集》第 1 卷，人民出版社 2009 年版，第 165 页。
③ 《马克思恩格斯文集》第 1 卷，人民出版社 2009 年版，第 520 页。

历史变革中展开自身的。也就是说，自由与平等都不是外在于现实历史的超越论的东西，而是内在于对资本逻辑的解构和对共产主义的建构这一双重规定中。这就需要从内在性推论出主体性，才能证成共产主义的现实性。第二国际的经济决定论阐释必然把共产主义无限推迟。但事实上，以"改造世界"为目标的历史唯物主义不只是关于经济过程和历史规律的描述性真理，更是一种行动与革命的理论。《资本论》的写作开始于商品、结束于阶级，这绝非偶然。总体而言，唯物史观是关于经济—社会结构分析与阶级—主体分析的辩证结合。所谓改造世界，一定是针对经济—社会结构的改造而言的，而经济—社会结构的改造依赖于人的主体能力。马克思无产阶级叙事的优越之处，在于超越了自由主义的虚幻的个人主体，把主体作为一个具有先进政治觉悟的整体来看。对政治经济学的批判和对无产阶级主体性的建构具有一体两面性，资本逻辑批判必然引申出阶级斗争。

如前所述，资本主义的直接现实是把资本生产为主体，把劳动贬低为客体。启蒙以之为主体的个人，不过是依附于资本逻辑的职能性存在。个人的劳动和需要看似自主，但其实都是被资本逻辑塑造出来的。由于意识到劳动主体的非现实性，马克思认为社会革命的起点恰恰是使劳动者从"自在"的阶级向"自为"的阶级转化："形成一个被戴上彻底的锁链的阶级，一个并非市民社会阶级的市民社会阶级，形成一个表明一切等级解体的等级，形成一个由于自己遭受普遍苦难而具有普遍性质的领域。"① 在市民社会的"私有"秩序中，无产者并不像资产阶级一样有确定的位置，相反，它作为"非等级的等级"，是一个被现存社会所全面排除的领域，朗西埃称其为"无分者之分"（part of no part）——不被纳入资本主义政治理性的计算之内，成为无法参与的部分。② 在政治经济学批判的层面，这一部分属于资产阶级政治经济学的范畴体系所无法覆盖又"看不见"的存在论"剩余"。马克思对政治经济学"总问题"的革命，就是重新揭示出资产阶级政治经济学中的"剩余"，将"不可见"的予以"可见化"，也就是把"无分者之分"（无产

---

① 《马克思恩格斯文集》第 1 卷，人民出版社 2009 年版，第 16—17 页。

② ［法］雅克·朗西埃：《歧义：政治与哲学》，刘纪蕙等译，西北大学出版社 2015 年版，第 112 页。

者）置入主体化模式、建构为"无产阶级（主体）"。阶级政治的起点，就在于挑战已经稳定的资本主义政治的计算理性，借由无产者所暴露的资本主义话语之内的差异，打破、重组现存的政治配置，带来无产者的解放。

相对于原子化的个人主体导向市民社会，无产阶级主体必然导向社会联合。共产主义之为"自由的联合体"也应该在"共同体主义"的意义上进行理解。在资本的统治下，无产者不仅意味着没有物质资产，更意味着缺少政治、文化乃至"精神"的"自我同一性"的相关"特性"。① 而共产主义作为"新共同体"则代表了个人的积极自由的实现——"代替那存在着阶级和阶级对立的资产阶级旧社会的，将是这样一个联合体，在那里，每个人的自由发展是一切人的自由发展的条件"②。这意味着共产主义首先应该是一种精神性的规定："共同体不仅是由任务和利益的公正分配所构成，也不仅仅是由力量和权威的美妙均衡所构成，而是说，它首先是由众多成员当中对同一性的分享、传播或浸润所构成"，"共产主义想要说的是，存在是于共通之中存在的……我们中的每一个人，都是在共通之中，有着共通性"③。在这个意义上，以财货分配为核心的空想共产主义必定无法达到反思的共同性概念，因为分配正义无法克服原子化主体的封闭性；相反，马克思对社会联合体的设定旨在超越以私人利益为原则的物性逻辑，建构使全体自由在其中得以可能的共同世界、实现人与人的"共在"。在这种情况下，"生产的社会性是前提，并且参与产品界，参与消费，并不是以互相独立的劳动或劳动产品之间的交换为中介。它是以个人在其中活动的社会生产条件为中介"④。

在科学共产主义的图景中，马克思以社会范畴取代政治范畴，把传统西方政治哲学中内涵于政治领域的自由、公正、团结等价值归属于社会领域，把正义构筑为社会内部的和谐关系。现在实际存在的只是具体的个人，在个人及其交互关系之外不存在任何统治个人的强制性的总体。人们不仅共同决

---

① ［日］今村仁司等：《马克思、尼采、弗洛伊德、胡塞尔——现代思想的源流》，卞崇道等译，河北教育出版社 2002 年版，第 68 页。

② 《马克思恩格斯文集》第 2 卷，人民出版社 2009 年版，第 53 页。

③ ［法］让-吕克·南希：《无用的共通体》，郭建玲等译，河南大学出版社 2016 年版，第 21、282 页。

④ 《马克思恩格斯全集》第 30 卷，人民出版社 1995 年版，第 122 页。

定生产的目的和产品的分配，并且劳动本身也成为一种富有个性创造的活动，使每个人都获得最充分的发展空间。马克思因此写道："随着个人的活动被确立为直接的一般活动或社会活动，生产的物的要素也就摆脱了这种异化形式；这样一来，这些物的要素就被确立为这样的财产，确立为这样的有机社会躯体，在其中个人作为单个的人，然而是作为社会的单个的人再生产出来。"①

第四节　唯物史观与共产主义的当代图景

在欧洲思想史上，共产主义理论的历史源远流长。从早期英、法空想社会主义思潮到马克思的科学共产主义观，近代启蒙哲学的人道主义终于在历史进程中获得了普遍化和现实化。马克思立足于唯物史观对资本主义运动的考察，说明了资本主义不仅具有自我瓦解的一般趋势，并且从其内部产生出必将颠覆自身的革命主体。这就要求必须以政治经济学批判为中介，揭示资产阶级社会的内部结构，从中梳理出变革生产关系、实施社会革命的客观形势和主体条件。

然而，20世纪下半叶以来，随着全球资本主义出现了新的变化，传统的阶级概念遭到颠覆，革命主体失落了。后工业时代语境中的大众在生产中不仅仍然受到剥削，并且个体被资本主义生命政治制造为虚假自由的主体。在当今，马克思主义者应该继承科学共产主义的方法，从当代资本主义的政治经济学批判中寻求重新激活共产主义的理论路径。

（一）欧洲共产主义的谱系

早在1848年欧洲革命爆发前数十年间，随着大工业生产的迅速扩张，不仅产生了越来越多的赤贫阶层、失业大军，并且由于周期性的经济危机、日益剧烈的政治骚动，广大群众深受社会动荡与异化劳动之苦，从而对资本主义产生日益强烈的反抗意识。这一事实表明，近代启蒙运动及其自由主义方案（工业社会与市场经济）所承诺的富足与自由并没有真正实现，资本主义

---

① 《马克思恩格斯全集》第31卷，人民出版社1998年版，第244页。

仍是一种压迫和奴役的社会形式。"总而言之，它用公开的、无耻的、直接的、露骨的剥削代替了由宗教幻想和政治幻想掩盖着的剥削。"① 在这个氛围下，广大群众越来越倾向于在社会主义和共产主义中寻求解放的出路。

早期社会主义和共产主义思想主要产生于法国和英国，其法国源头至少可以追溯到法国大革命关于自由、平等、博爱的伟大人道主义理想，代表人物是马布里、摩莱利、巴贝夫、圣西门、布朗基、蒲鲁东等人，其英国源头则可以追溯到基于古典经济学传统的李嘉图社会主义学派和欧文等人。这些历史先贤为后来的科学社会主义和共产主义的创立奠定了思想地基，马克思首先是这些大哲的传人。早在马布里、摩莱利那里，他们就认为私有财产和社会平等之间不具有可调和性，并且把建立美好的人类社会制度诉诸废除私有财产的构想。此后，巴贝夫带领"平等派密谋"把这一构想诉诸真正的革命实践，圣西门则寄望于具有善良意志的资产阶级采取他的由科学家和技术精英管理的精密的社会工程计划。此外，作为马克思同时代的伟大的理论对手——蒲鲁东，因其著作《什么是所有权》而声名大噪。在这部著作里，蒲鲁东把私有财产权定义为资产者对穷人的"盗窃"的激进观点，对马克思产生了极大的影响。但蒲鲁东思想是落后的法国农业生产方式的产物，他鄙视大工业和共产主义，主张以小农为基础的农业合作社生产，因而其本质属于保守主义。另外，在英国，伴随资本主义工商业和新技术革命的进展，作为其衍生物的工人阶级的主体意识和社会主义思想也被孕育、萌芽。李嘉图作为英国古典经济学的集大成者，对资本主义经济体制的分析不同于斯密。在后者看来，资本主义作为一个内在平衡的整体，能够调和所有成员的利益。而李嘉图则相信，个人利益在根本上束缚于其阶级地位，无产阶级与资本家阶级必然是资本主义社会中两个对抗性的集团。在这个意义上，李嘉图因其从政治经济学上揭示了"资产阶级体系的生理学"（资本主义生产过程内部的有机关联）而被指认为"共产主义之父"②。由于直接立足于资本主义充分发展的现实，李嘉图派社会主义者比法国空想社会主义更前进了一步，他们从

---

① 《马克思恩格斯文集》第2卷，人民出版社2009年版，第34页。

② ［德］马克思：《剩余价值学说史》，郭大力译，北京理工大学出版社2011年版，第7页。

对资本主义生产结构的内在分析中揭示工人阶级遭受剥削的直接原因。因此，劳动价值论在李嘉图那里仅仅是一个经济学概念，而汤普森、霍奇斯金、西斯蒙第等人则进一步将其提升为一个批判资本主义的政治和伦理观点。

综上，英、法社会主义思想为马克思和恩格斯最终创立科学共产主义积淀了相当深厚的理论资源，堪称科学共产主义的前奏曲。列宁由此把空想社会主义视为构成马克思主义"三个来源与三个组成部分"一说自然也有合理性。但以今日马克思主义学术史的视角观之，马克思主义哲学的思想来源要远为复杂得多。按照伯尔基的观点，马克思主义哲学是欧洲思想的三条现代进路——现代政治经济学、革命共产主义和人本主义哲学——的理论综合体。其思想的内部构架中，底层是欧洲古典自由主义及其在政治、社会、哲学等方面的不同表述，顶层是上述革命共产主义、乌托邦社会主义、激进人本主义的融合。[1] 因此，科学共产主义理论比法英社会主义思想要具有更高的综合性和深刻性。早在《论犹太人问题》和《〈黑格尔法哲学批判〉导言》中，马克思指出资本主义的"政治解放"只是通往真正的"人类解放"的一个阶段而已，现代国家在表面上是无神论的，实际恰恰是基督教的直接表达和体现，即国家代表"天堂"声称在其公共领域中实现了每个人的自由与平等。关键在于，世俗国家掩盖了真正的社会现实，社会以一种疏远的、异化的形式体现了人的类生活与类本性。在社会领域，个人生活在与自身疏离、扭曲的单子化、异己化的生活中，不仅把他人当作奴隶，也把自己看作手段。由此，马克思认为在宗教批判以后，揭露人在"非神圣形象"中的自我异化，就成了为历史服务的哲学的迫切任务，对宗教的批判变成对法的批判，对神学的批判变成对政治的批判。[2] 简而言之，马克思所提出的"人类解放"不是要求世俗的宗教自由，而是要求从宗教中解放出来的自由；不是要求资产阶级的私有财产的自由，而是要求从私有财产中解放出来的自由。这意味着，社会革命的最终目的就是使"人的世界的各种关系回归于人自身"，使人"认识到自身'固有的力量'是社会力量，并把这种力量组织起来因而不再把社

---

① ［英］伯尔基：《马克思主义的起源》，伍庆、王文扬译，华东师范大学出版社 2007 年版，第 180 页。

② 《马克思恩格斯文集》第 1 卷，人民出版社 2009 年版，第 4 页。

会力量以政治力量的形式同自身分离"①。可见，科学共产主义在其本质中饱含着一种深刻的启蒙人本主义精神。

在《共产党宣言》（以下简称《宣言》）中，马克思把这一成就人的社会形式表述为以每个人的自由发展为条件的"自由的联合体"，它与资本主义所造成的对人的类本质以及人与人关系的限制、异化、疏离和对抗相比照。因此，科学共产主义不仅仅是推翻剥削与压迫的资本主义批判理论，同时也意谓一种符合人性发展的可欲价值与至高善。关键在于，这一价值超越了形式伦理学的"应当"，具有深刻的实践意涵和现实性根据。它不像空想社会主义那样悬浮于理念的真空中，而是内在于现实的人类历史发展进程，是世界历史的下一阶段的目标。在这个意义上，马克思强调共产主义不是一种"应当确立的状况"和"现实应当与之相适应的理想"，而是"那种消灭现存状况的现实的运动"。这个运动的目标是"推翻一切旧的生产关系和交往关系的基础……自觉地把一切自发形成的前提看做是前人的创造，消除这些前提的自发性，使这些前提受联合起来的个人的支配"②。

（二）唯物史观对共产主义的科学奠基

纵观英、法两大社会主义思想谱系，其资本主义批判主要集中在两个维度上。第一，他们往往把资本主义体制看作造成工人群众苦难的全部根源，从而导向对资本主义的彻底否弃，并倒退为各种反动的社会主义思潮，如封建的社会主义、基督教社会主义等。第二，早期社会主义者大多具有非革命倾向。空想社会主义者对政治斗争毫无兴趣，他们倾向于用非革命的手段建立社会主义，通过宣布发现一种全新的社会科学，试图说服当权者自愿承担建立一个美好社会的责任；李嘉图派社会主义则寄望于分配正义，在不触动生产关系的情况下缓和资本主义社会的阶级矛盾，其实质是一种资产阶级的社会主义。

科学共产主义对上述思想实现了根本性超越，这是因为马克思并不像浪

---

① 《马克思恩格斯文集》第 1 卷，人民出版社 2009 年版，第 46 页。
② 《马克思恩格斯文集》第 1 卷，人民出版社 2009 年版，第 539、574 页。

漫主义和封建主义者那样面对资本主义社会的异化而展现出哀怨的乡愁性。相反，马克思对资本主义的历史的进步性方面予以了大量的肯定，承认"资产阶级在历史上曾经起过非常革命的作用"，称赞其创造的伟大的物质文明，认为"资产阶级揭示了，在中世纪深受反动派称许的那种人力的野蛮使用，是以极端怠惰作为相应补充的。它第一个证明了，人的活动能够取得什么样的成就。它创造了完全不同于埃及金字塔、罗马水道和哥特式教堂的奇迹；它完成了完全不同于民族大迁徙和十字军征讨的远征"。① 资本主义生产方式使宗法的、封建田园诗般生活不复存在，它无情地斩断了把人们束缚于天然尊长的形形色色的羁绊，用一种公开利己主义、交换价值与自由贸易代替了一切以往的坚固的关系和神圣价值。对此，那些浪漫主义和封建的社会主义者控诉资本主义的异化，不仅是由于他们"不能理解现代历史的进程"，并且也因恐惧于革命的无产阶级崛起，转变为彻底的反动力量。马克思早在《巴黎手稿》中就指出那些试图从资本主义倒退为平均主义的"粗陋的共产主义"，其对资本主义的否定实际是以对整个文化和文明世界的抽象否定为根基的，因而是"向贫穷的、需求不高的人"的自然的简单状态的倒退，这种人"不仅没有超越私有财产的水平，甚至从来没有达到私有财产的水平"。② 而科学的共产主义"是对私有财产即人的自我异化的积极的扬弃，因而是通过人并且为了人而对人的本质的真正占有"，是"人向自身、也就是向社会的即合乎人性的人的复归……是自觉实现并在以往发展的全部财富的范围内实现的复归"③。也就是说，共产主义不仅指向一种全新的社会组织的形式，同时也意谓"新人"的创生，是人的解放与自我实现。

《宣言》表明，资本主义所创造的物质文明及其交往形式，为实现人的自由个性与全面发展开启了历史可能性。"资产阶级，由于开拓了世界市场，使一切国家的生产和消费都成为世界性的了……过去那种地方的和民族的自给自足和闭关自守状态，被各民族的各方面的互相往来和各方面的互相依赖所代替了。物质的生产是如此，精神的生产也是如此。各民族的精神产品成了

---

① 《马克思恩格斯文集》第 2 卷，人民出版社 2009 年版，第 34 页。
② 《马克思恩格斯文集》第 1 卷，人民出版社 2009 年版，第 184 页。
③ 《马克思恩格斯文集》第 1 卷，人民出版社 2009 年版，第 185 页。

公共的财产。民族的片面性和局限性日益成为不可能，于是由许多种民族的和地方的文学形成了一种世界的文学。"①马克思认为，共产主义所设定的"个人的独创的自由的发展"取决于社会联系的普遍发展，这种联系需要一定的经济前提，即形成于以发达生产力为基础的个人的多种多样的活动方式中。因此，"自由的联合体"构建，以人的世界历史性的而不是地域性的存在为前提，"如果没有这种发展，那就只会有**贫穷**、极端贫困的普遍化；而在**极端贫困**的情况下，必须重新开始争取必需品的斗争，全部陈腐污浊的东西又要死灰复燃"②。

在这个意义上，马克思与恩格斯的共产主义理论之所以是"科学"的，在于其根植于揭示人类历史发展一般规律的历史唯物主义世界观。《宣言》就是从生产力与生产关系的辩证矛盾关系说明社会历史发展的诸阶段，展望实际发生的共产主义运动。马克思指出，现代资产阶级社会的形成，是由于封建所有制关系越来越不适应日益发展的社会生产力，促使资产阶级打破了这种所有制，并"按照自己的面貌为自己创造出一个世界"③。同样，无产阶级贫困化、经济危机、生产过剩的瘟疫，表明"资产阶级的所有制关系，这个曾经仿佛用法术创造了如此庞大的生产资料和交换手段的现代资产阶级社会，现在像一个魔法师一样不能再支配自己用法术呼唤出来的魔鬼了"④。正如"资产阶级赖以形成的生产资料和交换手段，是在封建社会里造成的"，现在，不仅资本主义所创造的生产力已经强大到与这种生产关系同样不能相适应的地步，并且，资本主义生产还创造出反对它自身的新的世界历史性主体——无产阶级。

尽管马克思在《资本论》中把资本家描述为"资本的人格化"，并从资本逻辑结构化的视角描述了资本生产、增殖与积累的运动过程。但这只是暗示了生产力发展不可能是与生产关系及其担当者的性质相脱离的中立存在，而是具有比生产关系更能左右其发展速度、动态和内容的侧面。⑤在共产主义

① 《马克思恩格斯文集》第2卷，人民出版社2009年版，第35页。
② 《马克思恩格斯文集》第1卷，人民出版社2009年版，第538页。
③ 《马克思恩格斯文集》第2卷，人民出版社2009年版，第36页。
④ 《马克思恩格斯文集》第2卷，人民出版社2009年版，第37页。
⑤ ［日］伊藤诚：《〈共产党宣言〉中的经济学理论和社会主义论》，载郑天喆主编《〈共产党宣言〉研究》，中央编译出版社2014年版，第191页。

规划中，资本逻辑分析与以阶级叙事为核心的革命政治构成一个完整的理论总体。只不过《宣言》对于以无产阶级主体的革命政治话语呈现得更为直接而明快："共产党人到处都支持一切反对现存的社会制度和政治制度的革命运动"，"共产党人不屑于隐瞒自己的观点和意图。他们公开宣称：他们的目的只有用暴力推翻全部现存的社会制度才能达到"[1]。革命主体的建构，有待于使无产者"组织成为阶级""组织成为政党"。而无产阶级之所以是一个普遍性的历史主体，在于它不仅没有财产，甚至也没有任何宗教、伦理、精神层面的既定的同一性内容。这也就是说，不同于以往一切阶级在获得政权后总是使整个社会服从于他们的物质利益的条件以巩固其统治，无产阶级只有彻底废除造成自己异化存在的占有方式，从而彻底废除现存的所有制结构，才能重新占有社会生产力。正因为无产阶级没有需要保护的特殊利益，他们才具有彻底的普遍性，从而才能够去摧毁保护私有财产的一切。[2] 唯物史观和政治经济学批判证明，无产阶级是由资本主义生产的它自身的掘墓人，资产阶级的灭亡和无产阶级的胜利是同样不可避免的。

可见，在当代复兴共产主义观念，首先应该深化对全球资本主义的政治经济学批判。如果说唯物史观是共产主义的世界观前提，那么，政治经济学批判就是共产主义的现实化路径。因为政治经济学是资产阶级社会的理论分析，它以发达的资产阶级生存关系为前提，而政治经济学批判就是在政治经济学中梳理出其内部的基本关系，从中寻获变革生产关系、实行社会革命的条件和依据。所以，共产主义的诞生离不开对资本主义现实的批判，而科学共产主义之所以区别于空想的共产主义，在于它不仅更彻底地反映了自由与平等的价值，并且也指出了实现这一目标的现实性根基。马克思揭示了，资本主义生产方式不仅具有无法调和的内在矛盾，并且它本身就生产出它自身的反对力量。如果说资产阶级生产的本质是资本对雇佣劳动的"抽象统治"关系，那么社会革命的目标就是以无产阶级主体重新占有生产资料，"把资本变为公共的、属于社会全体成员的财产"，改变财产的社会性质。[3]

---

① 《马克思恩格斯文集》第 2 卷，人民出版社 2009 年版，第 66 页。
② 《马克思恩格斯文集》第 2 卷，人民出版社 2009 年版，第 42 页。
③ 《马克思恩格斯文集》第 2 卷，人民出版社 2009 年版，第 46 页。

以唯物史观观之，科学共产主义绝不是一种价值中立意义上的非批判的"实证科学"，因为这种资产阶级的实证主义满足于"一些僵死的事实的汇集"，只抓住了事物的一些片面的规定性。相反，"对实践的唯物主义者即共产主义者来说，全部问题都在于使现存世界革命化，实际地反对并改变现存的事物"①。所谓"实践的唯物主义"，要求超越对对象、现实、感性的直观唯物主义观点，将其理解为现实的人的感性实践活动的结果，从而实现"按照事物的真实面目及其产生情况来理解事物"②。感性实践作为人的存在方式，它既是认识世界的主体，也是改造世界的主体，既受自然合规律性的约束，也提出主观的合目的性要求，进而在现实历史的进程中实现人类的自然与自由、实存与本质的否定性统一。在最根本而重要的意义上，科学共产主义代表资产阶级社会中被压迫的最广大人民的根本利益，它并不羞于掩饰自己的政治倾向，而是直接标明自身为以实现人类解放为宗旨的"革命者的科学"。这门科学的世界观前提是历史唯物主义，主体是无产阶级，因而具有实现自身的力量。

（三）对当代复兴共产主义思潮的总体性反思

20 世纪国际共运史表明，马克思与恩格斯所期待的那种通过全世界无产阶级联合建立的共产主义并未如期到来。一方面，19 世纪欧洲资本主义在经历长期萧条后通过内部调整又重新焕发生机，而欧洲各国马克思主义政党却并没有形成一整套建设性的行动方案，这表明正统马克思主义对资本主义新变化的回应不足，其与时代之间的鸿沟也日益明显。类似地，在西方马克思主义思潮中也同样存在此种情况。在卢卡奇、葛兰西、柯尔施之后，西方马克思主义在其发展中越来越趋向于思辨化的学院派风格，并与工人阶级的革命实践相脱离。另一方面，随着 20 世纪晚期苏联与东欧社会主义阵营的垮台，"历史终结论"甚嚣尘上，开启了新自由主义称霸全球的时代。新自由主义立足于后福特制、后工业时代抑或后现代主义所宣布的"消费社会"（它们

---

① 《马克思恩格斯文集》第 1 卷，人民出版社 2009 年版，第 527 页。
② 《马克思恩格斯文集》第 1 卷，人民出版社 2009 年版，第 528 页。

意指同一个对象）。在"消费社会"中，消费替代生产成为社会经济中的主导要素，一切物品都成为潜在的商品、消费品。人们消费的主要对象不仅包括超物质性的符号消费，并且，大众传媒也通过制造符号、传播符号引导人们去进行消费。马克思主义者没有预料到，昔日的产业工人化身为消费大众，他们不仅没有了革命意识，并且变成了维系资本主义再生产的社会基础。在《巴黎手稿》中，马克思提出通过私有财产批判实现彻底的感性解放，使人的自然存在直接成为社会存在，使个性与类相统一，使感觉直接成为理论家，以此确证人的最高本质。但由于消费社会把大众文化与商品生产相结合，感性与审美能力非但没有成为超越资本主义的契机，却沦为消费对象而成为升级资本主义的重要手段，即资本主义以"审美消费"和"商品美学"改造大众，制造出"审美资本主义"① 这一新形态。

在意识形态层面，共产主义面对后现代主义思潮的冲击，也产生了合法性危机。后现代主义哲学家利奥塔援引精神分析学话语，认为共产主义之所以失败在于人并不是彻底的理性主体，"力比多"（libido）作为马克思主义总体性观念控制之外的剩余物，内在地摧毁了阶级意识、社会革命、人类解放等启蒙与马克思主义的宏大叙事。"（无产者——引者注）享受着歇斯底里、自作自受的乐趣，无论在矿井中，在铸造工厂中，在地狱般的工厂中劳作得多么精疲力竭，他们都乐此不疲，他们喜欢那种事实上强加于自身的、对自身有机身体的大规模摧毁，他们喜欢对自身的个人认同——即农民传统为他们所建构的认同——的拆解，喜欢家庭和村庄的消亡，他们喜欢郊区和酒馆在清晨和夜晚时新出现的怪异的隐秘性。"② 利奥塔的意思是，工人和资本主义之间并非如预想那样是一种不可调和的对抗关系，相反，他们之间建立了某种奇特的受虐狂关系。工业化和消费社会对人的剥削与压榨非但没有激发工人的阶级意识和革命性，却成为"快感"的出口，结果使工人们默认了在资本主义工厂中遭受苦难与压榨这一事实。也就是说，在利奥塔看来，工人

---

①　关于"审美资本主义"的相关论述参见［法］奥利维耶·阿苏利《审美资本主义》，黄琰译，华东师范大学出版社 2013 年版。

②　转引自［英］斯图亚特·西姆《后马克思主义思想史》，吕增奎、陈红译，江苏人民出版社 2011 年版，第 170 页。

之所以选择资本主义是因为资本主义利用了人性中的"力比多"能量，这种力比多能量主宰了我们的理性，使我们不再想要一种完整的认同。利奥塔的反马克思主义本质毋庸置疑，但他对资本主义社会中工人生存样态的描述，却深深地刺中了像青年黑格尔派那样的马克思主义意识形态家们的痛点——他们表面上严格地遵循马克思主义经典文本的教谕，将其视作不容亵渎的"神圣文本"，实则却因其忽略现实层面的变化而成了唯心主义者。不消说，我们只要注意到发达资本主义在剥削海外市场的基础上，通过国家实现剩余价值的再分配从而使劳工和资本具有了共同利益这一事实，就可以说从侧面印证利奥塔的观察绝非没有客观依据。因此，如何在把握当代资本主义新变化的前提下，恢复马克思主义的批判性潜能，从而复活共产主义的当代路径，就成为今日马克思主义者的真正任务。

资本主义何以不仅避免崩溃且能够实现自身的再生产，甚至收获了大众的虚假认同？早在 20 世纪 20 年代，卢卡奇在《历史与阶级意识》中依据《资本论》的"拜物教"章内容，论证了资本主义的物化已经深入意识层面，造成了"阶级意识"的湮没，他因此而提出在新的语境下重塑"阶级意识"以实现无产阶级革命主体性的建构。尽管卢卡奇依据黑格尔主客体同一性的辩证法重构阶级意识不免具有意志论和唯心主义色彩，但其在政治经济学批判中拓展意识形态批判的进路则推动了阿尔都塞、福柯、齐泽克等人把资本主义批判推至生命政治批判的维度。在《意识形态和意识形态国家机器》一文中，阿尔都塞指出资产阶级不仅靠军队、警察、监狱和法律等镇压性国家机器施行统治，更重要的是，在日常生活中靠教会、学校、家庭、商业以及文化系统组成的意识形态国家机器来维系其运作。意识形态国家机器通过把个人"传唤"为主体，塑造帮助资本主义进行再生产的尽职尽责的个人。[①] 此后，晚近激进政治理论更深入地指出，阶级的失落不仅是消费社会的异化后果，更是资本主义统治权自我调整的产物。按照福柯的权力考古学，资本主义实现了从封建王权时代的高压性的惩罚范式向资本治理逻辑下的生命政治范式的转变，亦即权力的统治方式实现从过去对生命"生杀予夺"的

---

① 陈越编：《哲学与政治：阿尔都塞读本》，吉林人民出版社 2004 年版，第 372 页。

特权到以维护和治理生命为目标的"生命权力"的变化。尤其自 20 世纪中后期以来，西方发达资本主义国家利用福利制度改善工人生活状况，在一定程度上缓和了阶级矛盾。但从生产过程内部来看，资本主义的当代发展就是一部从泰勒制、福特制到丰田主义转变的"资本主义劳动优化史"①，并没有从实质上减轻其物化和剥削的程度。较之过去，福利资本主义似乎看起来更"人性化"、统治手段更"柔和"，但实际上"人的解放"变得更为艰难。在资本主义社会中，人的生命被作为一项生产要素加以对待，劳动只有作为生产力才进入生命权力的视野，否则，生命就会遭到弃置。② 正如马克思所说，"国民经济学不考察不劳动时的人，不把工人作为人来考察，却把这种考察交给刑事司法、医生、宗教、统计表、政治和乞丐管理人去做"③。

当代激进哲学家齐泽克认为，"意识形态不是用来掩饰事物的真实状态的幻觉，而是用来结构我们的社会现实的（无意识）幻象"④。换言之，当代资本主义意识形态的作用方式并非在认知层面，而是在实践层面发挥作用：我知道这是一种幻觉，但仍然如此行动。今天，我们都清楚资本主义不断通过多种媒介制造着关于消费与自由的"虚假意识"，但每个人却仍在行动层面对其予以迎合。比如，在"双 11"期间，我们明知商家那些一贯的促销伎俩，却依然对"凑单"乐此不疲。总之，资本主义似乎更容易制造出一些犬儒主义的个体，而非具有革命意识的激进主体。这种犬儒主义个体不仅难以作为有效的革命主体概念，它甚至是革命共产主义的障碍。但是，如果我们承认马克思与恩格斯对共产主义的原初设想，不仅仅是一种全新的经济与社会生产方式，并且也意谓一种"新人"和人类文明新形态的话，那么，由资本主义生命政治所建构的当代人，就同样是有待扬弃的。这就要求我们对马克思在《宣言》中所开显的阶级范式予以高度重视。总体上而言，不同于《资本

---

① ［比］亨利·霍本著：《资本主义劳动优化的历史：泰勒制、福特制和丰田主义》，邢文增译，《海派经济学》2008 年第 1 期。

② 参见［法］米歇尔·福柯《规训与惩罚：监狱的诞生》，刘北成、杨远婴译，生活·读书·新知三联书店 2007 年版，第 27 页。

③ 《马克思恩格斯文集》第 1 卷，人民出版社 2009 年版，第 124 页。

④ ［斯洛文尼亚］斯拉沃热·齐泽克：《意识形态的崇高客体》，季广茂译，中央编译出版社 2014 年版，第 30 页。

论》以"资本逻辑"——资本"同一性"统治的资本矛盾运动——为线索的政治经济学批判的"客体向度",《宣言》指示了以强调"劳动逻辑"为核心的政治经济学批判的"主体向度"。① 如果仅仅从《资本论》所呈现的"资本逻辑"来看,就很容易产生关于无主体的资本的结构化运动的假象,"解放"从而被诉诸资本自我瓦解的必然性,结果,共产主义堕入晦暗不明的未来。反之,从"主体向度"出发,就是走向以劳动和阶级范式在"资本逻辑"内部破解资本结构化运动、重构非异化的社会力量和共同性的道路。正如马克思所指出的,共产主义成立的第一个前提,就是以阶级革命摧毁资本主义社会对人的物化统治,建立一种符合人的社会存在的共同占有生产资料的社会生产关系,使资本回归"社会力量"的本义。实现这一进程的主体,是超越原子化个人的"革命的联合"的"联合的行动"的主体——"联合起来的个人",即自觉其阶级意识的无产者。为什么对资本主义的反抗需要个人之间"联合"的政治主体?这不仅是由于现存社会对个体的想象本身就是产生于资本主义私有制之上的自由主义幻象,并且,在资本逻辑的"规训"下,任何诉诸个体化的反抗形式往往沦为赢弱的生存美学,不具有变革现实的力量。相反,全世界无产者"联合"的深意在于,通过对生产过程的合理支配和生产力的共同占有,取代"资本逻辑"的盲目作用,消解人在一切"非神圣形象"中的自我异化,进而使人注意到在劳动配置模式的合理转变中直接包含着人对自身丰富性与创造力的全面释放。换言之,当"全部生产集中在联合起来的个人的手里的时候,公共权力就失去政治性质"②,产生作为人类存在新形态的社会——自由人的联合体。

总之,仅仅停留于传统的政治经济学批判,并不能带来共产主义的当代复兴。20 世纪马克思主义发展史表明,以伯恩斯坦为代表第二国际理论家正是由于坚持经济至上性、政治从属性的逻辑,走上了民主修正主义道路。在今天,资本主义统治的新形式要求马克思主义在以政治经济学批判分析资本主义最新剥削形式(如数字生产、平台资本)的基础上,推进对当代资本主

---

① 孙亮:《历史唯物主义视域中解放的双重逻辑建构——从〈资本论〉的"商品起点论"谈起》,《黑龙江社会科学》,2018 年第 2 期。

② 《马克思恩格斯文集》第 2 卷,人民出版社 2009 年版,第 53 页。

义的生命政治批判。因为以"资本逻辑"为对象的政治经济学批判只是探索
实现共产主义所需要的客观条件，而通过对当代资本主义的生命政治批判则
开启了重建革命主体的契机。在这方面，意大利自治主义马克思主义代表奈
格里（Antonio Negri）、维尔诺（Paolo Virno）等人的"非物质劳动"论，正
是在政治经济学批判中挖掘其生命政治维度、建构新主体的努力。当然，由
于他们在诸多层面溢出经典马克思主义的范式，其中存在多少合理之处，尚
有待深入分析。① 在批判地吸收已有研究的前提下继承马克思的历史科学，剖
析全球资本主义时代的资本运行规律与剥削方式，并从中重构出当代的阶级
范式与政治主体，这应该是复活共产主义的当代路径。

---

① 　本书第四章第四节"历史唯物主义与人力资本理论批判"，对此话题做了进一步分析。

第四章　历史唯物主义与当代资本主义批判

第一节　历史唯物主义与生命政治批判

晚近数十年来福柯、奈格里、阿甘本等人对生命政治学的探讨，唤醒了人们反思现代自由主义国家的治理限度，确立了当代资本主义批判的新支点。鉴于福柯的生命政治学主要是以政治经济学考古的形式展开的，而马克思最早奠定了政治经济学批判的传统，这为我们今天在历史唯物主义语境中考察马克思的生命政治批判，提供了重要启示。在马克思从异化范式向生产范式的迁跃中，不仅透过国民经济学批判揭示了资本作为"生命权力"（bio-power）的"规训"本质，并且基于对资本共同体的"纳入性排除"结构的内在性批判，从资本主义内部完成对无产阶级政治主体的形塑，从而使革命具有了现实的力量。据此出发，本节借助于生命政治学话语，通过揭示古典政治经济学内在的生命权力建制，发掘马克思政治经济学批判的生命政治批判之维，激发历史唯物主义的批判潜能，深化其当代的阐释空间。

（一）生命政治：当代资本主义批判的新支点

"生命政治"一词最早由瑞典政治学家鲁道夫·科耶伦（Rudolf Kjellén）所创，后来由福柯将其在社会批判理论中凸显出来，经过朗西埃、阿甘本、奈格里、埃斯波西托等人的推进，成为当前学界的显学。从思想史的脉络看，肇始于19世纪中后期尼采、柏格森等人的生命哲学思潮是生命政治学诞生的直接语境。从那时起，生命被视为超越知觉与意识的普遍的、非历史的本体实质，是唯有通过"直觉"性把握才能抵达的世界的解释原则。在相近的意义上，生命政治学可以视为生命在政治领域的中心化趋势，或者说，它标志着生命开始占据政治分析的中心位置，正如福柯所言，"我觉得，19 世纪的一个基本现象是，我们也许可以称之为权力负担起生命的责任：如果你们不反对，就是对活着的人的权力，某种生命的国家化，或至少某种导向生命的国家化的趋势"①。

一般认为，古代与中世纪都把政治视为某种超越个人的至上性存在，而霍布斯、洛克、卢梭等启蒙哲人所发动的现代政治哲学革命，则以个体化的自然权利论颠倒了古代关于政治与个人的价值排序。不同于生命哲学与自由主义政治理论，生命政治之"生命"在福柯这里既不是一个形而上学概念，也不是法律主体或权利主体，而是作为人的自然的生物生命（zoē）与政治生命（bios）相统一的对象。福柯认为，所有的现代社会学和政治哲学分析的缺点，在于以统治者、主权、人民、公民、国家、市民社会等特定的抽象概念来考察治理实践，而生命政治学在方法上较为特殊，即"不是从普遍概念出发推导出具体现象，更不是从作为某些具体实践必须遵守的可知性框架的普遍概念出发，我想要从这些具体实践出发并且某种程度上在这些实践活动的框架中检验普遍概念"②。这似乎表明福柯的生命政治学，具有一定的历史唯物主义特征。也就是说，生命政治学并不是一种从理论到理论的思辨哲学，而是以直接面向社会现实的态度所展开的批判理论，是"现实的思想"与"思想中的现实"。

回顾马克思对历史唯物主义的建构，作为其理论的批判对象，无论是进行词句革命的青年黑格尔派，还是资产阶级政治经济学家，都错误地从某种形而上学假定出发对现实进行观念论的推演。比如，青年黑格尔派预设了"自我意识"，政治经济学家预设了私有财产，等等。而马克思的出发点是"从事实际活动的人，而且从他们的现实生活过程中还可以描绘出这一生活过程在意识形态上的反射和反响的发展"③。但历史唯物主义并不是一种思辨历

---

① ［法］米歇尔·福柯：《必须保卫社会》，钱翰译，上海人民出版社 2010 年版，第 183 页。
② ［法］米歇尔·福柯：《生命政治的诞生》，莫伟民、赵伟译，上海人民出版社 2018 年版，第 2 页。
③ 《马克思恩格斯文集》第 1 卷，人民出版社 2009 年版，第 525 页。

史哲学,它不提供适用于各个历史时代的药方或公式,只要求从观念的抽象王国退回到社会生活的实在大地。"这种历史观就在于:从直接生活的物质生产出发阐述现实的生产过程,把同这种生产方式相联系的、它所产生的交往形式即各个不同阶段上的市民社会理解为整个历史的基础,从市民社会作为国家的活动描述市民社会,同时从市民社会出发阐明意识的所有各种不同的理论产物和形式,如宗教、哲学、道德等等,而且追溯它们产生的过程。"① 同样,尽管福柯不是从经济视角考察现代社会,而是把目光聚焦西方"治理技艺"的历史,但他并不是对现实的治理实践进行某种经验主义和实证主义研究,而是要探索"在治理实践领域中,人们设法以何种方式对这个治理的实践活动进行概念化","总之,是要研究政治主权运转中的治理实践之合理化",即反思"治理之理"。② 如果说历史唯物主义归根结底要追问,在资本主义社会中个人究竟如何"受抽象统治",那么,生命政治学则旨在思考什么是治理,以及"权力是如何具体地穿透到主体们的身体中,以及穿透到生命的诸种形式中?"③ 在马克思看来,问题的解决要从市民社会及其政治经济学批判入手,通过解剖资本主义生产的内在架构,从中梳理出社会关系的基本矛盾,为革命提供准备。福柯尽管不是一位革命家,但他以谱系学方法揭示了现代国家究竟如何通过操控"规训权力"和"生命权力"制造安全范式,进而反思现代政治的治理限度。

从历史发生学的视角看,生命政治诞生于资本主义兴起的历史进程中,是自由主义框架下的一种治理技艺的创新,即治理的节制性。在《生命政治的诞生》中,福柯把生命政治学聚焦在政治经济学领域,认为对资本主义治理实践的历史考察,就是对政治经济学的考古学研究。政治经济学自其诞生起,不仅是对物质财富的生产与流通进行研究,"确保一个民族繁荣的所有治理方法",并且它在深层上意指"对于一个社会中诸多权力的组织、分配和限

---

① 《马克思恩格斯文集》第 1 卷,人民出版社 2009 年版,第 544 页。

② [法] 米歇尔·福柯:《生命政治的诞生》,莫伟民、赵伟译,上海人民出版社 2018 年版,第 2 页。

③ [意] 吉奥乔·阿甘本:《神圣人:至高权力与赤裸生命》,吴冠军译,中央编译出版社 2016 年版,第 8 页。

制进行一种一般性思考"，因此，这一时期的政治经济学的根本目的就是为限制政府的治理提供理由。[①] 在这个意义上，节制性治理和政治经济学几乎同步出现，其核心是限制国家公共权力，把市场的自我调节功能置于首位。而政治经济学对市场调节的强调，同时暗含着关于人的权力配置模式发生了根本变化，即权力从过去"使人死"的君主权力转变为现代国家的"使人活"的"生命权力"。从这时起，权力不再用以彰显君主的无上权威，而是开始带有一定积极的、生产的功能，它关注如何使作为整体的人口更加健康、寿命更长、更有质量，等等。生命权力以人口的治理为对象，从工厂制度、学校教育、医疗体系、公共卫生乃至消费文化等日常生活的领域，全面地实行对生命的"规训"，进而把人的存在嵌入资本主义体系中。因此，生命政治的实质就是权力对生命配置的主题化，其真正诉求是塑造对资本主义的"有用之人"，即马克思早就揭示的劳动力商品化这一主题。

就生命政治学指向当代资本主义批判而言，它在理论旨趣上与历史唯物主义具有内在的耦合性。由于历史唯物主义与生命政治学都立足于对资本主义社会现实的分析，从其内部的矛盾、斗争与自我理解中发现它的准则，因此，它们共同被界定为一种内在性批判的方法，并且从生产范式与权力范式相互融合的视角出发，在福柯与马克思之间进行互文阐释，能够展现出一种更具总体性的当代资本主义批判理论。一方面，权力范式对于瓦解经济决定论、挖掘历史唯物主义的批判潜能，具有极其重要的作用；另一方面，生命政治学与当代激进理论也必须重新在更高层次上回归政治经济学批判，才能使批判理论转化为现实的革命力量。

（二）生产范式：历史唯物主义及其生命政治之维

对生命政治的政治经济学回溯，为今天重释历史唯物主义提供了一个独辟蹊径的视角。路易·阿尔都塞认为，马克思固然从《巴黎手稿》开始就进入政治经济学研究，但由于其沿用了异化、类存在等费尔巴哈的范畴，可以

---

① ［法］米歇尔·福柯：《生命政治的诞生》，莫伟民、赵伟译，上海人民出版社 2018 年版，第 11 页。

说，这时的马克思依然囿于近代人本主义哲学的"问题式"中，因此，青年马克思还并不是真正的马克思主义者。直到1845年的《德意志意识形态》中，早期人本学话语基本消失，并通过生产力、交往形式、所有制等范畴实现了一次"术语革命"（恩格斯语），才意味着马克思主义"历史科学"（历史唯物主义）的诞生。必须注意到，这一区分的结果或以意识形态人本学视角降低《巴黎手稿》的批判内涵，过分低估青年马克思政治经济学批判的价值，或导致以"科学"范式把历史唯物主义去价值化、实证化的危险倾向。而如果我们跳出人本主义和科学的二分框架，回到历史唯物主义的生成逻辑内部，会发现：对现实的个人及其生命形式的持续关注，是贯穿马克思每一思想阶段的内在线索。正如恩格斯所定义，历史唯物主义究其本质是"关于现实的人及其历史发展的科学"①。尽管马克思未曾使用过生命政治概念，但其理论的实质却几乎使其成为生命政治批判的实际奠基人，生命政治批判构成了历史唯物主义之不可剥离的内在维度。

首先，《巴黎手稿》中历史科学方法的阙如并不意味着马克思就处于所谓人本学界面上。众所周知，马克思批判费尔巴哈过多强调自然而过少强调政治来表达自己的实践指向，但马克思对政治的介入，却是从对斯密与李嘉图等人的国民经济学著作的批判性阅读展开的，因为人的现实生命并不是费尔巴哈意义上的感性自然存在，而恰恰处于政治经济学的理论配置之中。在政治经济学中，劳动、资本、利润都是作为国民生产的要素被加以分析，但马克思却从中透视到人之存在的实际性状况。在18世纪，重农主义学派曾把劳动树立为价值的起源，但由于重农主义处在资本主义工业尚不发达的阶段，所以，它理解的劳动无非农业劳动。而亚当·斯密实现了一次关键性转变，就是把一般劳动视为创造价值的来源。但斯密的价值论内在地具有不一致性，他虽然把一般劳动看作价值的原初规定形式，但时而又从交换视角出发，把利润、地租、工资并置为价值的三种构成形式，这就形成了斯密体系中的庸俗部分，并影响了萨伊、巴师夏、西尼尔等人。此后，虽有李嘉图更彻底地从生产视角出发，一以贯之地把劳动价值论运用到资本主义生产过程的内在

---

① 《马克思恩格斯文集》第4卷，人民出版社2009年版，第295页。

分析之中，但马克思认为，国民经济学的问题正在于仅仅把人类劳动归结为一般"抽象劳动"，导致把工人看作无生命的抽象存在物。在这里，资本主义社会中的广大劳动人民不是作为人，而是作为工人才得以存在，甚至其作为工人的存在也全凭资本的意愿，而一旦资本不再对他产生兴趣，那么他就彻底被社会所弃置。"因此，国民经济学不知道有失业的工人，即处于这种劳动关系之外的劳动人。小偷、骗子、乞丐，失业的、快饿死的、贫穷的和犯罪的劳动人，都是些在国民经济学看来并不存在，而只在其他人眼中，在医生、法官、掘墓者、乞丐管理人等等的眼中才存在的人物；他们是一些在国民经济学领域之外的幽灵。"① 这意味着，在资本主义社会中，无产者能获得被资本剥削的资格似乎成为一种"幸运"，反之则是"不幸"。那些被弃置于生产过程之外的无产者，则是潜在的有待被剥削的"产业后备军"。

简而言之，马克思在《巴黎手稿》中通过对国民经济学初步的批判性阅读，深刻地揭示了资本主义所有制对个体生命的强制性，表明政治经济学家们所谓实现了丰裕与和谐的资本主义生产方式，实际不过是一种支配与被支配、权力与服从的政治关系。在此意义上，政治经济学批判可以说就是对资本主义生命政治的批判。而在标志历史唯物主义之诞生的核心文本《德意志意识形态》中，随着异化论被经济范畴取代，马克思似乎走向了实证科学。但如果我们意识到马克思在《巴黎手稿》中的生命政治批判，只是在话语批判层面揭示生命之遭受奴役的境遇，那么唯有进入历史唯物主义界面，生命政治批判才成为一种现实批判。这时马克思从人类社会一般的生产逻辑出发，揭示出生产范式中内蕴的生命政治维度；而通过政治经济学批判，又从生产逻辑深入资本逻辑的架构，在资本批判中瓦解生命政治的"规训"，寻求劳动解放。

从异化劳动迁跃到生产范式，马克思的生命政治批判实现了从主体与对象化视角向客体性的社会实在的转变，并对生产进行了双重规定。马克思首先从物质生活资料的生产出发，把生产视作人和动物相区分的本质行为，将其设定为人类社会的起点。然而，在政治经济学中，生产仅仅表现为物质生

---

① 《马克思恩格斯文集》第 1 卷，人民出版社 2009 年版，第 171 页。

活资料的生产，却对人的生命与生活方式视而不见。马克思决定性地超越了政治经济学的生产概念，透视到生产方式与生活方式的内在一致性。因为人们在生产生活资料的同时，间接地生产了自己的物质生活本身，而每一时代的生产方式受特定历史条件制约，取决于已有的和需要再生产的生活资料本身的特性。针对资本主义的社会现实，马克思指出，只要人类社会还处在自然形成的分工下，只要分工还不是出于自愿自觉，那么人本身的活动对其自身来说就是一种异己、敌对的力量。而唯有通过政治经济学批判进入资本主义生产方式内部——生产力和交往形式（生产关系）的矛盾关系中，才能破解资本主义生命政治的逻辑。

必须注意，现代人的劳动只能体现在资本主义大工业生产中，这一点早已被黑格尔所指明。马克思认为，斯密对"生产性劳动"和"非生产性劳动"的划分是正确的，马克思的生产概念实际上就是"生产性劳动"，而"生产性劳动"是创造剩余价值的劳动。当资本和劳动的分离被国民经济学家作为政治经济学未经反思的前提来论述利润的来源时，马克思诘问道："第一、我们要问，这种没有生活资料也没有劳动材料，总之，毫无所有的'勤劳的人民'，是从哪里来的呢？假设我们在斯密的文句里，把他的素朴的见解剥出来，他就不外是说，资本主义生产，是在劳动条件属于一个阶级，劳动的支配权属于另一个阶级那时候开始的。劳动和劳动条件的分离，是资本主义生产的前提。"① 这样，作为经济学话语的资本与价值就被马克思破解为一种社会关系，并指出："资本越来越表现为社会权力，这种权力的执行者是资本家，它和单个人的劳动所能创造的东西不再发生任何可能的关系；但是资本表现为异化的、独立化了的社会权力，这种权力作为物，作为资本家通过这种物取得的权力，与社会相对立。"② 资本的"社会权力"在运作中呈现为"生命权力"，它使资本主义建立在一个阶级向另一个阶级出卖劳动力的基础上，而另一个阶级却依据所有权不劳而获。斯密界定"生产性劳动"与"非生产性劳动"的本意是用来指证地主阶级和封建官僚的寄生性本质，借以说

---

① ［德］马克思：《剩余价值学说史》，郭大力译，北京理工大学出版社 2011 年版，第 112 页。
② 《资本论》第 3 卷，人民出版社 2004 年版，第 293—294 页。

明资本文明的历史进步性。而基于马克思对资产阶级所有权"合法地"剥夺工人剩余劳动的权力解剖学，历史辩证法开始转变为对资产阶级"非生产劳动"的批判。

资产阶级政治经济学从市场和流通领域出发，只能看到交换双方的互惠与和谐，从而把资本主义看作天然合理的制度。只有从生产范式出发，雇佣劳动作为创造价值的主体，以及在生产过程中工人与资本家之间的阶级冲突，才能被观察得到。因此，只有把目光从市场和流通转移到劳动和生产领域，才能发现价值生产与社会关系再生产的全部秘密——以资本为基础形成的生产关系架构、生产逻辑。不仅如此，资本主义生产关系与交换关系还进一步架构了人与国家、人与社会乃至人与自然、人与生态之间的各种关系，产生一系列颠倒性的错认。在马克思看来，政治经济学批判的最终任务就是将现实社会中这些把人们束缚起来的生产关系、交换关系加以摧毁。

马克思在西方经济思想史上素有"穷人经济学家"的称号，不过这个归纳并不准确，因为资产阶级政治经济学始终是在非反思的框架内描述经济运动的规律，它仅以国家的有限治理为目标，不具有任何超越性的政治构想；相反，历史唯物主义及其政治经济学批判的意义却远非经济学话语所能涵盖，它旨在破解经济关系背后掩盖的权力关系，并指向对生命政治批判的主体——无产阶级的重塑。因为生命政治批判要想成为具有现实性的批判，就必须依托现实的力量，从资本主义内部形塑出反抗资本主义治理的新主体，所以，回到阶级范式仍是当代资本主义批判无法避开的主题。

（三）在 bios 与 zoē 之间：无产阶级主体的形塑

在古代希腊世界中，简单的自然生命始终被严格地排除在城邦之外，仅仅作为繁衍性的生命被限定在"家"的范围内。亚里士多德把人定义为"政治动物"，意谓生命在其本质上与"善好的生活"相关，是"政治上有质量的生活"。[①] 而现代性的开端，肇始于自然生命被纳入国家权力的算计之中，

---

① ［意］吉奥乔·阿甘本：《神圣人：至高权力与赤裸生命》，吴冠军译，中央编译出版社2016年版，第5页。

至高主权转变为对人的治理的生命权力。"如果没有那新的生命权力（bio-power）所实现的规训性的控制，资本主义从这个角度来看，就根本不可能得到发展并高唱凯歌。通过一系列适当的技艺，新的生命权力可以说创造了资本主义所需要的各种'驯顺的身体'。"① 阿伦特认为，现代人遗弃掉共同性的政治生活、把劳动作为人的最高生存方式，无疑是向低于政治的生物性存在的倒退，结果产生一个共通感丧失的异化世界。而唯有遵从亚里士多德式的古代教诲，回到人与人在其中对话、交流和行动的公共领域，人才能摆脱异化、重新拥有其整全性的存在。其实，阿伦特所否定的"劳动动物"只是马克思所揭示的异化劳动，但这不是一般的自然生命，而是重新被生命权力政治化了的"自然"生命，是生命政治建构的产物。福柯认为，现代生命政治的机制在于将社会分为两类：一类是属于人口总体、大多数；另一类是那些被排斥的部分，可以在总体安全的名义上被剥夺、消灭的对象。② 阿甘本借用亚里士多德的概念，将其区分为 bios 与 zoē 两种生命形式。"bios（近汉语'生活'义）指一个个体或一个群体的适当的生存形式或方式"③，这种"适当的生存形式或方式"来源于共同体的保障，因为正是共同体通过塑造标准的生活形式保障了生命的再生产，在这个层面上，政治作为共同的生命形式，是人的存在论根基。而与其相对立的 zoē，是一种没有获得共同体保障、被褫夺了 bios 的弃置于生物性的存在界面的"赤裸生命"，它既意指奥斯维辛集中营中那些遭受屠杀的犹太人，同样也包括现代大工厂中那种被机器反复吞噬的扭曲、麻木的工人群体。

现代性的命门在于生命政治并不能保证所有人的生命，它必须在整体的人口内部有所区分。在福柯看来，现代社会中的正常与非正常、包含与排斥、普遍与例外的区分，是通过医学、生物科学等现代知识话语所建构起来的。在 19 世纪，精神病学正是通过宣布社会中具有危害社会的"不正常的人"，

① ［意］吉奥乔·阿甘本：《神圣人：至高权力与赤裸生命》，吴冠军译，中央编译出版社 2016年版，第 6 页。
② 蓝江：《赤裸生命与被生产的肉身：生命政治学的理论发凡》，《南京社会科学》2016 年第 2期，第 50—51 页。
③ ［意］吉奥乔·阿甘本：《神圣人：至高权力与赤裸生命》，吴冠军译，中央编译出版社 2016年版，第 3 页。

从而以保护社会的名义发挥公共卫生的作用，赋予了自己特殊的权力。这样，生命权力就以精神病学为载体，实现了对人的身体与精神进行干预，为了人口的健康，个人的身体和精神健康必须成为国家和社会问题。① 而到了阿甘本这里，他从权力的"微观物理学"重新溯回到至高权力分析，认为主权就是通过设置"例外状态"，使生命缩减为"赤裸生命"。因此，尽管现代国家声称以人权实现了启蒙的人道主义，但在实际社会中，总有一些人作为"人权神圣不可侵犯"中的"例外"被凸显出来，比如黑人、妇女、难民、移民、农民工，等等。

实际上，并非只有福柯与阿甘本才对现代社会的普遍与特殊、包含与排斥的辩证结构有所察觉，马克思早在《论犹太人问题》中对自由民主制及其政治解放限度的批判，就已经隐约地触及了生命政治的痛点。马克思认为，尽管自由主义以国家和市民社会的分离废除了封建等级制，但由于市民社会的私利性本质，在资本主义政治体中，"自由这一人权不是建立在人与人相结合的基础上，而是相反，建立在人与人相分隔的基础上"；平等，"无非是上述自由的平等，就是说，每个人都同样被看成那种独立自在的单子"；安全，则表示"整个社会的存在只是为了保证维护自己每个成员的人身、权利和财产"。② 如果说上述批判还带有思辨哲学的色彩，而后在《〈黑格尔法哲学批判〉导言》中，马克思在一种更为明晰的生命政治话语层面界定了无产阶级："一个并非市民社会阶级的市民社会阶级，形成一个表明一切等级解体的等级，形成一个由于自己遭受普遍苦难而具有普遍性质的领域……总之，形成这样一个领域，它表明人的完全丧失，并因而只有通过人的完全回复才能回复自己本身。社会解体的这个结果，就是无产阶级这个特殊等级。"③

可以说，马克思对阶级的理解决定性地超越了之前的所有思想家。马克思所发现的"无产阶级"其实并非一个真实的社会等级，相反，它只是资本主义体系中那一遭受排斥的领域，"它必须承担社会的一切重负，而不能享受

---

① 陈培永：《福柯的生命政治学图绘》，中国社会科学出版社2017年版，第72页。
② 《马克思恩格斯文集》第1卷，人民出版社2009年版，第41—42页。
③ 《马克思恩格斯文集》第1卷，人民出版社2009年版，第16—17页。

社会的福利，它被排斥于社会之外，因而不得不同其他一切阶级发生最激烈的对立"①，并且它在资产阶级经济学的理论配置中，只是作为物的要素而存在，其主体性和人的内容却被"视而不见"。虽然资产阶级通过技术和生产方式革命摧毁了前现代社会中稳固的政治等级，制造出一个处在不断变幻中的世界，但资本主义仍不是透明性的社会。资本主义以其特殊的经济—政治配置，在市民社会的私有秩序中结构性地制造"剩余"，即一个法内秩序与法外秩序之间无区分的地带。在这里，资本以自然之名发挥对社会的建构、对个人施行"抽象统治"，人的 bios 生活形式遭受悬置，权利的神圣性随之失效，"人是想象的主权中虚构的成员"②。也就是说，资本主义的生命政治结构，决定了表面上具有平等权利的无产者，实际并没有分享到任何利益。自由、平等在资本主义政治中作为"虚假的计算"，建立在以私有财产权为基础的原子化的主体上，它对于无产阶级而言不过是一种错误的"空名"：由于它拥有的唯一财产就是自身的劳动力，自由不过意味着能够把自己作为商品加以出卖。对此，朗西埃（Jacques Rancière）把无产阶级称为"无分者之分"③（part of no part）——在社会整体中没有获得"参与之份"的那个部分，可谓十分精准。

根据阿甘本对西方共同体之原初结构的揭示，生命政治总是通过对一部分进行"纳入性的排除"来建构自己，"在西方政治中，赤裸生命有着特殊的存在之特权：通过排除赤裸生命，人之城就得以建立了"④。对于资本主义工厂中的工人而言，代表人之本质的共同性生活的 bios 以权利话语的形态呈现为一套无法兑现的抽象言辞，他们所实际占有的，仅仅是其生物性的 zoē 生命，因此成为资本主义生产流水线上的依附于"机器主体"的一个部件，在机器面前毫无主体性可言。马克思不无悲愤地把资本主义称为"现代奴隶制"，正是要表明现代资本主义对无产阶级的拟定并不比亚里士多德建构城邦

---

① 《马克思恩格斯文集》第1卷，人民出版社 2009 年版，第 542 页。

② 《马克思恩格斯文集》第1卷，人民出版社 2009 年版，第 31 页。

③ ［法］雅克·朗西埃：《歧义：政治与哲学》，刘纪蕙等译，西北大学出版社 2015 年版，第 112 页。

④ ［意］吉奥乔·阿甘本：《神圣人：至高权力与赤裸生命》，吴冠军译，中央编译出版社 2016 年版，第 11 页。

对奴隶制的依赖处在更高界面上。在资本主义社会中，劳动力和劳动资料的分离不仅使工人劳动成为生产商品的异化劳动，并且工人同样在生产过程中再生产出剥削工人的条件，并使之永久化。而在工人方面，他们必须按照资本主义生产所需要的劳动力样式，接受资本主义对自身的规范化、标准化塑造。一旦有人不愿接受资本的规训，那么，他就会遭受淘汰和排斥，沦为彻底的"赤裸生命"。不仅如此，当资本的"规训"扩展到工厂以外，甚至妇女、儿童也以"过剩人口"形态成为供资本主义随时予以吸纳的"产业后备军"，只要有资本需要，他们就自愿出卖劳动力，接受剥削。

面对生命政治的密不透风的"规训"，"解放"何以可能？在获得阶级意识的自觉之前，无产阶级只是市民社会那漫漫黑夜中的无声的存在，他们作为动物性的"赤裸生命"，至多只能发出一丝近似牛哞的痛苦声，却不被理解。而马克思主义哲学的诞生，才使无产阶级走上政治舞台，表达了无产阶级世界观对何谓公正与良善生活的理解。在马克思看来，异化和异化的扬弃走的是同一条道路，创造历史的可能性只能出现在历史过程之中。作为资本主义所制造出的"剩余"，无产阶级同样潜在地构成反资本主义的力量。由于个人在资本主义的总体性面前极其渺小，因此必须超越原子式个体、以"联合起来的个人"实现对社会的改造。为什么无产阶级能够成为普遍性的力量？因为无产阶级不仅没有财产，甚至也不存在任何宗教、伦理甚至道德的精神同一性。不同于以往的一切阶级在完成革命后总是使整个社会服从于他们的物质利益，"无产者只有废除自己的现存的占有方式，从而废除全部现存的占有方式，才能取得社会生产力。无产者没有什么自己的东西必须加以保护，他们必须摧毁至今保护和保障私有财产的一切"①。在此意义上，阶级政治的起点就在于挑战已经稳定的资本主义政治的计算理性，借由无产者所暴露的资本主义话语之内的差异，打破、重组现存的政治配置，开启共产主义的解放议程。

随着无产阶级不断把自身置入主体化模式，实现阶级意识自觉，个人之间"联合"也将深入，从而真正去实现社会共同意志对生产的合理性支配，取代资

---

① 《马克思恩格斯文集》第 2 卷，人民出版社 2009 年版，第 42 页。

本逻辑的盲目统治与生命权力的"规训"。在很大程度上，共产主义运动就意味着不断地追求透明性的社会，摆脱西方几千年来建立在 bios 与 zoē 相区分基础上的生命政治架构，进而使人的政治生命与自然生命、个性存在与类存在相统一。因此，"任何解放都是使人的世界即各种关系回归于人自身"，通过使人意识到自身固有的力量是"社会力量"，"并把这种力量组织起来因而不再把社会力量以政治力量的形式同自身分离"①。而当"全部生产集中在联合起来的个人的手里的时候，公共权力就失去政治性质"②，产生出代替国家的人类存在的新形态——自由人的联合体。时至今日，资本主义的当代批判仍是一个富有张力的话题，因为只要人类仍处于"纳入性的排除"的生命政治结构，共同体中就依然具有潜在的"赤裸生命"和被噤声的人。进一步，像马克思一样在政治经济学批判中实现政治主体的形塑，就是逾越"历史的终结"的起点。

第二节　历史唯物主义与数字资本主义批判

自 20 世纪 60 年代，随着电子信息技术的发展及其在国民经济中的比重增大，资本主义宣布进入后工业社会、信息化社会阶段，并引起社会关系、阶级结构与意识形态的一系列变化。然而，近十几年来随着大数据、云计算、高级人工智能的开发，信息与传播技术完成了更彻底的数字化升级，数字媒介从生产环节渗透到了日常生活一切领域。时至今日，我们已经很难再用信息社会准确概括当代资本主义的本质特征了。当代批判理论家们敏锐地意识到，当代资本主义已经进入了数字化阶段，即数字化资本主义的社会形态。在数字资本主义中，信息与数字媒介不是生产过程之外的中立的技术网络，而是建构社会生活的本体，数字资本主义"把一切个体甚至最偏远的个体都卷入到数字文明中来了"。从生产方式视角看，数字资本主义生产方式占统治地位的社会的财富，表现为"庞大的信息堆积"，数字资本作为一种支配性力量，推动了资本积累，制造了数字拜物教。从生产关系视角看，数字资本主

---

① 《马克思恩格斯文集》第 1 卷，人民出版社 2009 年版，第 46 页。
② 《马克思恩格斯文集》第 2 卷，人民出版社 2009 年版，第 53 页。

义不仅没有放弃剥削，并且通过生产受众，在日常生活领域进行再生产。随之带来的问题是：在今天，数字化的生存方式对于人类的命运而言到底意味着什么？数字技术到底带来人的平等与解放，抑或是资本的一种剥削的新形式？对这些问题的研究，需要立足于历史唯物主义的视野，运用政治经济学批判的方法解剖数字资本主义。这是我们进行历史唯物主义当代化研究中所不可忽视的重要课题之一。

（一）从后工业社会到数字资本主义

20世纪60年代以来，西方世界发生了一系列的社会结构变化，学者们根据不同视角，一般将其概括为后工业社会、后福特主义、后现代或晚期资本主义，等等。不同于19世纪工业资本主义，后工业社会的典型征候表现为导致经典马克思主义所定义的充当"资本主义掘墓人"角色的工业无产阶级走向衰落。后工业社会的理论的倡导者丹尼尔·贝尔、安德烈·高兹等人认为，传统的工业社会以商品经济为主导，主要社会商品是机械化生产的工业产品，大企业主是社会的统治阶级。后工业社会以知识和科技为主轴，伴随技术化、信息化生产的转型，后工业社会创造了更加多样的"新无产者"阶层。"传统的工人阶级现在不过是一个特权性的少数派。大多数人现在属于后工业的新无产者，他们没有就业保障和明确的阶级认同，是实习工、合同工、临时工和兼职工人。在不久的将来，这些工作很大程度上将被自动化所取代。"[1]

安德烈·高兹认为，后工业社会的新无产者不仅仍然遭受剥削，并且与其工作世界之间也如此疏离，没有任何统一的阶级意识相信能够通过接管生产资料实现向社会主义的过渡。相比于以旧无产阶级为主体的革命宏大叙事，后工业社会的新无产者不仅对重新占有生产资料缺少兴趣，甚至工作本身也不再被视为人类自我认同的全部内容。事实上，在工作之外存在着大量属人的活动的领地，如审美的、爱欲的、文化的、情感的活动，等等。[2] 工作作为

---

[1]　Andre Gorz, *Farewell to the Working Class: An Essay on Post-Industrial Socialism*, trans. Mike Sonenscher, London: Pluto Press, 1982, p. 69.

[2]　Andre Gorz, *Farewell to the Working Class: An Essay on Post-Industrial Socialism*, trans. Mike Sonenscher, London: Pluto Press, 1982, p. 66.

一种必要的恶，只能是应该尽量予以规避的活动。因此，社会主义的合理性不是通过重新占有工作实现劳动认同，而是倾向于尽可能地废除劳动与工作。后工业社会和技术革命为这一设想提供了条件，"新无产者不过是一个由不断变化的个人所组成的模糊领域，他们的主要目标不是夺取政权以便建设一个新世界，而是通过摆脱生产主义的市场合理性来恢复自己的生活的权力"[①]。反对工作的暴政、夺取"生活的权力"，不可避免地溢出了马克思主义关于社会革命的总体化命令，以至于后马克思主义开始以女权主义、生态主义等"新社会运动"（New Society Movement）取代科学社会主义。

后马克思主义的运思表明，随着历史决定论遭到颠覆，马克思主义理论与现实之间产生了直接的断裂，历史的统一性被后现代思潮的偶然性、不确定性取而代之。因此，走出马克思主义的合法性危机，必须在"断裂"处思考重构理论的统一性问题，通过重启理论与现实之间相互接合的实践，激活马克思哲学的当代性。这要求必须立足于历史唯物主义的立场、方法、精神，批判性地解读当代资本主义。

必须看到，后工业社会理论已经不足以概括现如今资本主义的新形态了。尽管高兹、贝尔等人预见到了知识、科技和信息在"后工业社会"中的主导作用，但晚近十几年来凭借互联网、大数据、云计算、人工智能等媒介技术的发展，全球资本主义已经悄然更新到另一个层面上——数字化的资本主义。数字资本主义概念的首倡者丹·席勒（Dan Schiller）认为，数字资本主义源于网络工程师们一直对如下目标的追求："建立一个泛经济网络，以支持规模不断扩大的企业在内部以及企业之间的商务活动。这一目标涵盖了从生产调度、产品开发到财务、广告、金融以及培训等诸多环节。"[②] 为了实现这一目标，各大计算机公司和电信运营商纷纷与跨国企业结盟，在利润的推动下将网络不断地转化为企业工具。事实上，互联网的出现本来与自由市场机制毫无关系，而是起源于冷战时期的军事工业。[③] 然而，自 20 世纪 90 年代以来，

---

① Andre Gorz, *Farewell to the Working Class: An Essay on Post-Industrial Socialism*, trans. Mike Sonenscher, London: Pluto Press, 1982, p. 75.

② ［美］丹·席勒：《数字资本主义》，杨立平译，江西人民出版社 2001 年版，第 3 页。

③ ［美］丹·席勒：《数字资本主义》，杨立平译，江西人民出版社 2001 年版，第 12 页。

虽然全球网络系统建设规模空前、实现了技术升级，但世界各国的决策者们几乎在同一时间放弃了大众服务的政策，转而采取以市场为导向的发展理论。这一网络市场化的幕后推手就是新自由主义政策。新自由主义的最高信条是市场自由，即消除国家不必要的干预，为企业争取最大的自由活动空间。不过，新自由主义的意识形态本质决定了互联网工程市场化同样需要政治性干预才得以完成。席勒指出，美国政府和几代领导人为推动互联网市场化付出了不竭的努力，它把信息自由流通视为美国政治经济利益的原动力，将几十个经济落后的新独立国家与由美国政府及企业指导的政治经济体制联系到一起，开启了一场非正式的统治运动。今天的互联网科技的市场化发展不仅涉及经济，更与政治密不可分。美国由于其在信息科技与网络经济领域的领先，在信息地缘政治中始终保持着霸权地位。对如何以其自身利益为主导，设计和掌控一套覆盖全球的通信网络一直是美国参与全球传播规制的核心诉求。

　　席勒对数字资本主义的揭示主要着眼于信息地缘政治，对其结构性矛盾及发展趋势缺少基于历史唯物主义视角的考察。一方面，随着信息技术的快速发展、家庭互联网的普及以及数字媒介的不断升级，资本主义获得了进行剥削的最有效的新工具，并生产出无数免费的"知识劳工"与"数字劳工"，进一步突破国界、扩大市场，维系资本在全球的扩张与统治。在这个层面上，数字资本主义不同于后工业社会理论在于现今无论产业资本还是信息/知识资本都一律被一般数据所中介，采取数字资本的普遍形态，数字资本已经成为我们时代的本体，不断地建构我们的存在。正如马克思在《共产党宣言》中的描绘，产业资本主义"把一切民族甚至最野蛮的民族都卷到文明中来了"①。现在，对于习惯了微信、微博、美团、支付宝、滴滴出行乃至 VR 等媒介的当代人而言，数字媒介彻底成为海德格尔意义上的座架（Ge-stell），它是集中（Versammlung）、安排（Stellen）我们生活的强制性力量。相应地，马克思的这句名言也应被进一步改写：数字资本主义"把一切个体甚至最偏远的个体都卷入到数字文明中来了"②。另一方面，存在更严峻的现实是信息

---

① 《马克思恩格斯文集》第 2 卷，人民出版社 2009 年版，第 35 页。

② 蓝江：《一般数据、虚体、数字资本——数字资本主义的三重逻辑》，《哲学研究》2018 年第 3 期。

与数字技术已经不再是独立于资本的纯粹的中立性存在，资本主义不是把信息技术"运用"到生产过程中，而是直接侵入大学这一原本应该保持独立性的领域，并通过控制信息技术的研发、扩张来达到资本与技术的共谋关系，从而实现资本的再生产。霍尔（Richard Hall）、斯塔尔（Bernd Stahl）两位学者以情感计算、虚拟现实、云系统和人机共生四种新型技术为代表，作为例证说明了大学里的技术创新是如何被商品化、被拜物迷信以及如何进一步促进了资本的自我再生产。[①] 不过，数字化时代所发生的一切早就被法兰克福学派预见到，霍克海默、阿多诺与哈贝马斯都认为，科学技术对生产过程的深层介入已经告别了启蒙信条，证明其自身为一种资本主义意识形态。本书下文还要进一步指出，不仅在生产领域，数字媒介甚至在工厂之外的日常生活中也同样进行着再生产，导致我们的全部生活都被资本化、商品化。

正如卢卡奇指出，所谓马克思主义的"正统"绝不是一些现成的结论和教条，而是其方法和灵魂的实质，即辩证法的批判立场。自马克思的时代以来，社会构型发生了深刻变化，资本统治从生产渗透到日常生活的各个领域。然而，传统马克思主义政治经济学的范畴并不能解释工作场所之外的统治，在这些领域发生的统治游离于生产方式理论的问题域之外。这样，西方马克思主义就聚焦到日常生活领域，发现工人不仅在工厂里遭受统治，并且异化为生活的所有领域中的普遍现象。正如西方马克思主义把历史唯物主义的问题域从工厂领域转换到日常生活领域，在今天，当信息与数字媒介控制社会的全部领域时，同样亟待对数字资本主义的统治形式展开深入分析，这是推动历史唯物主义当代化的使命。

（二）对数字资本主义的政治经济学批判

当代数字资本主义批判的基点必须始终是历史唯物主义，马克思指出："人们在自己生活的社会生产中发生一定的、必然的、不以他们的意志为转移的关系，即同他们的物质生产力的一定发展阶段相适合的生产关系……物质

---

① 参见〔瑞典〕福克斯、〔加〕莫斯可主编《马克思归来》（上），"传播驿站"工作坊译，华东师范大学出版社 2016 年版，第 116 页。

生活的生产方式制约着整个社会生活、政治生活和精神生活的过程……社会的物质生产力发展到一定阶段，便同它们一直在其中运动的现存生产关系或财产关系（这只是生产关系的法律用语）发生矛盾。"① 可以说，唯物史观的精髓，就是立足于对特定物质生产方式的分析，把握社会基本矛盾的方法。"历史唯物主义就是从历史的角度考察资产阶级社会及其经济结构，而这正是《资本论》的'政治经济学批判'所做的工作。"②

　　不过，把视角定位在一般的生产概念仍然具有抽象性，"一般的抽象的规定……或多或少属于一切社会形式"③，对生产的绝对化、抽象化，不免具有19 世纪思辨历史哲学的色彩。为了摆脱思辨的抽象性，必须把一般的生产概念深化为对资本主义生产关系的具体性，即资本逻辑的分析。这需要我们把目光聚焦到"政治经济学的方法"，因为历史唯物主义之"历史"是"现实的历史"，"物"体现为"物质生产过程"，历史唯物主义的理论内核就是政治经济学批判。在《〈政治经济学批判〉导言》中，其方法被揭示为关于"表象具体"—"思维抽象"—"思想具体"的思维的辩证运动过程。资产阶级经济学家往往从某些"生动的整体"（人口、民族、国家）出发寻找到抽象的一般关系（分工、货币、价值），建构抽象、永恒的经济学"原理"。譬如，李嘉图就把"资本"错认为存在于一切时代的范畴，从而无法把握住资本主义生产方式的本质。马克思认为，"具体之所以具体，因为它是许多规定的综合，因而是多样性的统一。因此它在思维中表现为综合的过程，表现为结果，而不是表现为起点，虽然它是现实的起点，因而也是直观和表象的起点"④。这意味着即使政治经济学中最具体的范畴——如资本、货币、人口，在一个不甚发达的社会形态中也有过比较充分的发展。同样，即使在政治经济学看起来最简单的范畴——以劳动为例，也只有在最复杂的社会形式（资本主义社会）中，其范畴的深度和广度才能得到最充分的发展。从重农主义

① 《马克思恩格斯文集》第 2 卷，人民出版社 2009 年版，第 591 页。
② 白刚：《〈资本论〉如何证明了唯物史观》，《华中科技大学学报》（社会科学版），2017 年第 3 期。
③ 《马克思恩格斯文集》第 8 卷，人民出版社 2009 年版，第 32 页。
④ 《马克思恩格斯文集》第 8 卷，人民出版社 2009 年版，第 25 页。

把农业劳动作为创造价值的来源到重商主义推崇商业劳动，再到最终亚当·斯密提出"劳动一般"作为劳动价值论的基石，表明唯有在工业资本主义生产中，个人才很容易从一种劳动转到另一种劳动上，一定种类的劳动对于人们来说变成偶然的。马克思进而指出，"劳动这个例子令人信服地表明，哪怕是最抽象的范畴，虽然正是由于它们的抽象而适用于一切时代，但是就这个抽象的规定性本身来说，同样是历史条件的产物，而且只有对于这些条件并在这些条件之内才具有充分的适用性"①。显然，所谓"劳动一般"并不一般，它只能是资本主义生产关系的"历史条件的产物"。在这个特定的历史条件内部，资本作为"特殊的以太"和"普照光"处于支配地位，劳动表现为彻底地作为资本对立面的雇佣劳动。因此，"黑人就是黑人。只有在一定的关系下，他才成为奴隶。纺纱机是纺棉花的机器。只有在一定的关系下，它才成为资本。脱离了这种关系，它也就不是资本了"②。

在此意义上，历史唯物主义的核心是生产方式的"历史条件"性，这是怎样强调都不为过的。因此，一旦我们注意到，从后工业社会到数字资本主义中传统的工厂制度已经日益被边缘化这一事实，那么今天就无法再直接沿用马克思的生产方式范畴去理解当代资本主义。经济学家们推测，在美国等发达国家中，超过一半的就业人口既不在第一产业（农业），也不在第二产业（工业），而是在第三产业——服务业。这意味着劳动的传统方式——人在工具的中介下作用于物的活动，转变为一些人作用于另一些人的形式。从传播的角度看，社会交往现在表现为人以信息、符号为中介作用于人。在今天，信息操作已经是普及到了所有部门的活动，一些较为激进的经济学家甚至认为"信息工人"这一概念不仅是指工作在硅谷、中关村的那些从事高端科技的人，而是存在于所有主要部门。以百度外卖为例：当外卖员用智能手机从APP上接单、取货、送货、签收及顾客评价，这个过程虽仍不免必要的体力劳动，但其中的每个环节都是在信息与数字媒介下进行的。一旦脱离互联网设备，我们的生活与工作便立刻变得举步维艰。未来的必然趋势是，传统的

---

① 《马克思恩格斯文集》第 8 卷，人民出版社 2009 年版，第 29 页。
② 《马克思恩格斯文集》第 1 卷，人民出版社 2009 年版，第 723 页。

脑体分工将慢慢失效，一个脱离信息技术的劳动者甚至将无法从事一般性的体力劳动了。

为了理解数字资本主义所带来的新变化，我们进一步改写马克思在《资本论》开篇的那句名言："资本主义生产方式占统治地位的社会的财富，表现为'庞大的信息堆积'，数字媒介表现为这种财富的元素形式。因此，我们的研究就从分析数字媒介开始。"传播理论家马克·波斯特认为，尽管贝尔等人预见到了信息技术的巨大影响，并把知识/信息看作推动当代社会的主轴，但由于他们把信息当作经济事实而非语言事实处理，从而仍是在卢卡奇的"物化"概念层面理解信息。① 作为"物化"的信息虽然没有广延，但仍具备时间性的持存原则。这导致贝尔进一步从时间限量的角度把信息商品化，得出了"信息经济"这样肤浅的概念。② 其实，所谓的信息经济仍处在工业资本主义的认知模式下，它保留了认识论上的所指和物质对象的符合关系，并以资源的匮乏性这一预设性的资产阶级政治经济学观念为前提。现在，对信息的数字编码及电子操作使得以往交流的时空限制失效了，信息的复制、传输、储存都变得轻而易举，信息由此变得丰裕而廉价。信息化的本质就是数据化，当声音、图像、语言被数字编码时，信息被从物质存在域中抽取出来，转化为可控的数字信息。只有在数字化界面上，信息/知识才具有了区别于传统知识概念的典型形态，成为建构世界、升级存在的本体性力量。正因此，当前的信息资本主义确切而言就是数字资本主义。

在今天，数据不仅是人们获得新认知、创造新价值的源泉，还是改变生产、拓宽市场、组织机构，以及塑造政府与公民关系的方法。家庭互联网与智能手机的普及使我们不用亲自逛商店就可以在家中方便地获取信息，这似乎对于打破信息商品化具有积极意义，但事实上，对于类似亚马逊、京东这样的网站而言，大数据和云计算功能会使消费者每订购一次产品的同时为这

---

① 马克·波斯特对信息的独特解释在于模仿马克思的生产方式概念，提出了"信息方式"（the mode of information）概念，用以界定不同时代采用的符号交换情形的结构变化，因此是对生产方式概念的有益补充。参见［美］马克·波斯特《信息方式：后结构主义与社会语境》，范静哗译，商务印书馆2000年版，第13页。

② 参见［美］马克·波斯特《信息方式：后结构主义与社会语境》，范静哗译，商务印书馆2000年版，第39—43页。

些公司提供该消费者的消费趣味、倾向、身份、地点等信息，从而又产生新的数据库。这些数据库不仅出于营销目的给消费者源源不断地推荐新的消费目标，并且还通过反馈给商家产生与生产调节相关的信息，创造出一个真正控制论意义上的生产与消费的循环。可见，在数字资本主义中，互联网不只是一种传播和生产工具，同时是获取信息/数据的特殊权力。信息/数据也不是一种普通商品，而是一种支配产业布局、投入、运营的指挥棒，成为攫取利润的数字资本。数字资本并非一种特殊形态的资本，而是数字资本主义中资本的一般形态。在数字化时代，任何事物都必须采取数字编码的形式在数字资本建构的界面上维系其存在。"这种新特征恰恰是一种客观性的力量，即由数据和云计算形成的庞大的关联体系，我们可以称之为一般数据。而今天的数字资本主义正是在这个一般数据基础上架构出来的体系。在这个意义上，数字时代的所有要素，包括所有个体，所有的物，都无一例外地被这个一般数据所中介，只有在一般数据的坐标系上，所有对象才能找到其特定的存在意义。"①

随着一般数据和数字资本具有了本体性的力量，资本主义意识形态也从马克思所界定的商品拜物教和货币拜物教转化为数字拜物教。拜物教的基础是"物化"概念。简单而言，商品本是人所创造的、应体现人和人的社会关系，但随着商品形态的普遍化，资本主义使这些关系隐藏在物的面纱背后，并把人和人的关系抽象为物和物的关系，从而使价值具有"幽灵般的对象性"，仿佛是依附于商品的自然属性。商品拜物教不仅使商品被看作"可感觉又超感觉"的人之外的具有独立生命的存在物，更重要的后果是，它还是在人们之外统治人、压迫人的支配力量。从商品拜物教过渡到数字拜物教，是由于商品不是某种自然物，而是人的劳动产品。劳动产品之所以具有价值全在于劳动的二重性（具体劳动和抽象劳动），而劳动二重性产生了商品二重性（使用价值和价值）。在这个过程中，使用价值代表产品有用性，抽象劳动赋予产品的价值则代表一定的劳动量。当价值形式达到其最高形态——货币阶

---

① 蓝江：《一般数据、虚体、数字资本——数字资本主义的三重逻辑》，《哲学研究》2018年第3期。

段，不同事物（使用价值）之间的等价化（价值）才被建立起来。因此，交换在其本质上就是一种测量关系。如果说在前数字化时代，不同商品之间的量化关系还采取货币形态，那么，随着支付宝、微信支付等数字支付手段的发展，数字媒介则进一步连货币这一充当一般等价物的符号都抽象掉了，它体现为智能手机中的一串数字，归属于一个数字化的账号和密码。随着物质性的外衣被剥除，人与人之间的关系彻底被计算为数值关系，形成了比商品拜物教更抽象的全新的拜物教形式：数字拜物教。[①]

数字拜物教的异化性将更加隐蔽。互联网公司实际上只是一般数据的占有者，而我们每个人却是这些信息和数据的直接创造者，它来源于我们的智能手机、平板装置、电脑等媒介。这些媒介从我们的日常生活与工作中提取大量信息与数据，当我们每一次网上购物、微信聊天、浏览网站、在线游戏、生活缴费等，都会生成大量信息与数据。这些用户生产的数据在谷歌、苹果、百度、脸书等互联网公司眼中具有潜在的巨大的商业价值，从而被不断地搜集、利用、霸占，并售卖给产业资本家和广告公司。然而，尽管我们是一般数据的创造者，但普通民众不仅远离核心数据，并且是资本家运用一般数据进行资本积累的剥削对象，而随着数字媒介渗入日常生活中进行再生产，剥削也变得无处不在。

（三）数字资本主义的剥削与再生产

贝尔、卡斯特（Manuel Castells）[②] 等媒介理论家把信息媒介看作生产过程之上的独立的技术网络，只是一种在外部关系中看待信息与资本主义。然而，在数字资本主义中，信息是内嵌于资本主义生产方式的存在论建制，并经过数字技术完成了存在的升级。工业时代中的语言符号与物质对象、虚拟与现实的二元划分现在不再奏效，我们彻底生存在一个由网络和数据建构的空间中，一切存在物都必须经过数字编码的转化，才能在这个空间上获得其

---

① 蓝江：《数字异化与一般数据：数字资本主义批判序曲》，《山东社会科学》，2017 年第 8 期。
② 曼纽尔·卡斯特，传播学家，美国南加州大学传播通信技术与社会讲座教授、加州大学伯克利校区社会学和城市与区域规划系荣誉教授。代表作：《网络社会的崛起》《认同的力量》《千年终结》等。

存在的位置。对数字资本主义的批判，必须基于马克思政治经济学批判的内在论方法，从资本主义生产过程的内部分析出其中人与人的关系，勾画出其剥削过程。

以后工业社会理论为背景，20世纪60年代兴起的意大利自治论马克思主义学派，基于认知资本主义（Cognitive Capitalism）的理论建构，绘制了一幅当代的解放图景。认知资本主义认为，以生产文化产品、信息交际、语言与情感反应为特征的"非物质劳动"直接具有政治性，它再生产人们共同的社会生活与社会关系本身，因此，后福特制资本主义从其自身内部就蕴含着实现劳动解放、建立真正的民主政治的可能性。认知资本主义理论来源于奈格里、维尔诺、拉扎拉托等人对马克思《政治经济学批判大纲》中所谓"机器论片断"一节的改写，马克思在这里提到：随着知识、科学和技术等"一般智力"（general intellect）因素在生产中的不断发挥作用，劳动越发不是创造财富的直接因素，"一旦直接形式的劳动不再是财富的巨大源泉，劳动时间就不再是，而且必然不再是财富的尺度，因而交换价值也不再是使用价值的尺度"[①]。不过，对其他一些论者而言，对"一般智力"的过分夸大与《资本论》的观点并不协调。在《资本论》中，马克思把一般社会劳动视为创造一切交换价值的最终来源，从劳动价值论完成对无产阶级主体的形塑。认知资本主义不仅破坏了劳动价值论和阶级理论，由此想象非物质劳动和"一般智力"能够直接成为控制生产的主观力量，从而以工人自治实现未来共同体的建构，这同样是一种幻觉。正如哈里比指出："经济活动向非物质生产的巨大转变并没有改变资本积累与劳动直接的关系本质"，"全球范围内的资本积累并没有脱离，也不可能脱离劳动"，问题不在于价值的来源需要重新衡量，而是"资本主义的新矛盾在于想把构成活劳动的主要因素——知识——变成为增值的资本，也就是说，转变为一种新型的死劳动"[②]。如果不能把握矛盾的本质，那么认知资本主义无疑是"理论与政治的死胡同"。

总之，那种认为数字媒介时代下的信息流通、非物质劳动能够使我们告

---

① 《马克思恩格斯文集》第8卷，人民出版社2009年版，第196—197页。
② ［英］莱姆克等：《马克思与福柯》，陈元等译，华东师范大学出版社2007年版，第181、182页。

别资本主义的幻想，的确需要一针清醒剂。其实，从 19 世纪工业资本主义到福特制、后福特制生产乃至今天的数字化资本主义，其重点并不在于生产过程的优化、信息与科学技术的应用，这些只是资本主义的表面。笔者认为，本质环节在于资本主义再生产的不断革命化，这是个无法直接观察到的维度。正如让·波德里亚看到，"技术作为中介不仅压倒了产品的'信息'（它的使用价值），而且也压倒了劳动力……真正的信息，真正的最后通牒就是再生产本身，生产则没有意义：生产的社会目的性丧失在系列性中"①。波德里亚对再生产的理解是以对马克思的误解为代价的，他认为马克思的生产概念建立在资产阶级政治经济学的基础上，当马克思寄望于共产主义以生产率的绝对优势超越资本主义，只是完成了资产阶级意识形态的生产主义的另一种解释。不过，在马克思自身的语境中，生产不只是个经济学概念，也是个批判的哲学概念。马克思指出资本主义生产不仅是创造剩余价值、实现物质生存条件再生产的过程，同时也是资本主义生产关系再生产的过程。"生产过程和价值增殖过程的结果，首先表现为资本和劳动的关系本身的，资本家和工人的关系本身的再生产和新生产。这种社会关系，生产关系，实际上是这个过程的比其物质结果更为重要的结果。"② 可以说，正是这种奴役性的生产关系的再生产，构成了资本主义生产的本质规定。政治经济学批判的任务，就是要揭示出表面上公平、正义背后的资本主义生产关系的真实本质，进而为无产阶级革命提供科学的依据。

同样，在数字化资本主义中，再生产变得更加隐蔽、更加广泛。互联网作为传播手段，表面上使每个人都可以自由地获取信息和大量免费的资源，这似乎实现了启蒙运动关于知识和信息可以自由获取的原则——大多数启蒙哲学家都认为，一个民主国家的财富有赖于知识与信息的畅通无阻的流通。不过，如果现在就认为数字媒介和互联网能够作为一种主体力量，驱动真正民主共同体的到来，那就是盲目的乐观主义。把个人看作互联网中的主动者是极其表面的幻觉，我们事实上既是信息交流中的主体，但同时又像雇佣工

① ［法］让·波德里亚：《象征交换与死亡》，车槿山译，译林出版社 2006 年版，第 78 页。
② 《马克思恩格斯全集》第 30 卷，人民出版社 1995 年版，第 450 页。

人一样，仍然是一种商品。互联网工业最重要的功能就是生产"受众"本身，"受众"是今天的商品、新雇佣劳动力，媒介中的个人经常陷入主体性幻觉，殊不知他们早已作为"受众"被出卖给了广告主、产业资本家。媒介工业的厉害之处在于，它不再像旧的工厂那样通过把工人控制在工厂领域完成剥削，而是通过广告、电影、电视剧、Facebook、微博、微信等媒介渗透进我们的日常领域。阿多诺在其论文《闲暇》中指出，资产阶级自诩在工作之外建立自主、自由的时间，并在这些时间里发展某些"爱好"，但这些"爱好"仍不过是由资本主义的"娱乐业""休闲产业"所开发的，"闲暇"因此成为资本主义运作中的一个重要部分，被商品化和定价。所谓的"自由时间"，其实仍在资本社会的控制之内。[1]

因此，数字化时代并不会自动带来解放与自由，恰恰相反，资本主义正是通过传播媒介渗透进日常生活领域，使劳动时间延伸至非工作时间，潜移默化地进行再生产活动。在马克思那里，生产的本义是主体与对象的相互建构的过程，"生产不仅为需要提供材料，而且它也为材料提供需要"，"消费对于对象所感到的需要，是对于对象的知觉所创造的。艺术对象创造出懂得艺术和具有审美能力的大众，——任何其他产品也都是这样。因此，生产不仅为主体生产对象，而且也为对象生产主体"[2]。马克思在这里以艺术生产为例，喻示人类正是通过生产与再生产，把自身建构为自由的审美主体。然而，数字资本主义时代的再生产则是以互联网和数字技术作为生产工具，"为对象生产主体"——把民众驯服为商品生产中的受众。因为互联网活动并不能看作一种单纯的消费休闲时间、消费流量、消费我们注意力的活动，媒介活动中的消费同时具有生产性，是一种"生产性消费"——当我们消费时就在进行某种生产。比如，当我们创建自己的 Facebook 主页、博客、公众号时，就已经在为这些媒介平台生产互联网产品。这些页面为媒介拥有者创造出很多效益，如维系媒介平台的运营、获取更多的关注度。每一次在线观看、点击、反馈，都不仅仅是接受活动，同时是一种创造价值的特殊劳动形式。如同工

---

① ［瑞典］福克斯、［加］莫斯可主编：《马克思归来》（上），"传播驿站"工作坊译，华东师范大学出版社 2016 年版，第 310 页。

② 《马克思恩格斯全集》第 30 卷，人民出版社 1995 年版，第 33 页。

人向工厂主出卖劳动力一样，受众向媒介拥有者出卖他们的"观看力"（另一种劳动时间），"受众活动（听、看、浏览、'点击'）创造了价值，这一价值被资本家据为己有，进行交换的是提供了一个表面上免费的午餐（各种类型的内容）"①。媒介拥有者正是通过直播平台、大 V、公众号等形式不断地制造热点，以吸引点击率、阅读量、观看率，满足资本对劳动的实质吸纳的愿望。作为受众的广大民众，并不知道这些价值被数字资本家据为己有，却认为自己免费获得了各种类型的信息产品。如今，对于像谷歌这样的互联网平台而言，资本积累过程的一个最重要的来源，就是它的平台使用者们提供的无偿劳动，当互联网公司从受众活动中提取剩余价值时，两者无疑构成了一种剥削关系。

最为讽刺的是，大数据、云计算、人工智能等技术本应该为今天的人类追求美好的生活谋利益，在保护生态、维系和平、创建全球公平、正义方面发挥其积极作用，但在数字资本主义的运作下，却充当了营利和再生产的工具。就目前而言，数字化非但没有减轻资本主义对民众的剥削程度，甚至还以数字媒介为手段，把人们生活的全部领地都纳入资本的内在化领地。在数字资本的吮吸下，社会生活呈现为一种加速逻辑的状态。不过，正如青年马克思曾指出"异化和异化的扬弃走的是同一条道路"，数字资本主义既制造了剥削的新形式，其中也同样蕴含了解放的新契机。未来如何使用数字技术和互联网媒介，让它们服务于人类的共同生活的理想、变得更有意义，是数字时代的政治经济学批判的主题。

第三节　历史唯物主义与资本主义治理批判

福柯在其讲稿《生命政治的诞生》中认为，18 世纪古典政治经济学通过论证个人利益的合理性，不仅实现了经济领域的启蒙，而且创造了一种全然不同于传统的政治合法性论证方式的理解现代社会的治理范式，由此把自由

---

① ［瑞典］福克斯、［加］莫斯可主编：《马克思归来》（上），"传播驿站"工作坊译，华东师范大学出版社 2016 年版，第 311 页。

主义推进到一个新的理论层面上。以此为视角，福柯进一步分析了 20 世纪新自由主义的理论与实践，深入揭示了政治经济学治理术的现实效应，其中一个特别值得思考的问题是：如果说政治经济学本质上是资本主义治理术，那么，马克思的政治经济学批判又具有什么样的理论与现实意义呢？在福柯看来，20 世纪社会主义实践之所以屡屡受挫，就在于它缺少像资本主义那样成熟的治理体系。福柯这一分析或许并不十分严密周全，但确实在一定程度上构成了对马克思主义的理论挑战，成为亟待回应的一个重要问题。当然，在实践层面，中国特色社会主义建设所取得的伟大成功已经完全证伪了没有社会主义治理的观点，这不仅意味着更迫切需要我们从理论上总结、归纳、凝练中国特色社会主义治理的丰富内涵，并且，以此为基础回到经典理论中推进中国马克思主义哲学的创新发展，也是发展中国式现代化治理实践的重要议题。本节以反思福柯对社会主义治理的诘难为契机，重审马克思政治经济学批判中蕴含的资本主义治理批判，进而在历史唯物主义语境中奠定社会主义治理的合理性理由。

（一）政治经济学："反治理"的治理

福柯认为，古典自由主义的核心诉求一言以蔽之就是反对全权国家。这种全权国家就是在 17 世纪和 18 世纪初在欧洲出现的基于"国家理由"或者"管制国家"的治理模式。这种治理模式具有三个特征：首先在经济上强调重商主义，即通过国家力量进行货币积累、调控人口以及与国外保持军事竞争状态；其次是内部管制，即依据一种密集都市的构造模式而对国家进行无限制的规章管理；最后是组建强有力的军队和外交机构，以此对外保持国家间力量的平衡，避免在欧洲出现统一性的帝国。① 对此，17 世纪出现的自然法与自然权利理论最先试图对国家理由作出限制。自然法理论认为，在国家出现之前就已经有了基本法，基本法存在于国家之外并以其作为构成国家的法理根据。同样地，自然权利理论不仅认为人与生俱来的自然权利在任何情况

---

① 参见［法］米歇尔·福柯《生命政治的诞生》，莫伟民、赵伟译，上海人民出版社 2018 年版，第 4 页。

下都不能被君主所侵犯，并且认为君主之为君主恰恰源于个体之间订立的契约。总之，人们最先从法权和伦理的观点对国家权力进行限定，当国家行为越出法律的限制时，这种治理行为就被定义为"非法"。特别是从 18 世纪中期开始，出现了一种与众不同的更为彻底的限制国家理由的原则，这个原则不再像 17 世纪的法哲学那样以一种外在于对象的方式对其作出戒令，而是对国家治理的合理性本身进行内在调整。这种原则就是政治经济学。

政治经济学不是从法权这种外部理由对国家做出某种限制，也就是说，问题的关键不再是君主的合法性或君权的滥用，而是围绕治理理由展开的国家如何不过度治理和国家治理实践的合理性问题。按照福柯的揭示，政治经济学正是作为治理理由自我限制的知识工具、估算形式、合理性形式而出现的，"是指对于一个社会中诸多权力的组织、分配和限制进行的一种一般性的思考"，是一种"从根本上就是能够确保治理理由作出自我限制的东西"。①

那么，政治经济学是如何实现上述目标的呢？第一，政治经济学并不像十六七世纪的法律思想那样，在国家外部提出限制国家理由的要求，相反，它形成于以国家理由为治理技艺所规定的各种目标和框架之内。比如国家富有、人口增长、维持生育率等。因此，它始终处于治理的内部，完全不同于法律思想的这种外部性立场。第二，政治经济学不是对国家理由及其政治自主的一种外在性反对，因为历史地看，政治经济学并不像法学家所期待的那样是作为政治自由主义的立场出现的，这源于重农主义在政治上对总体专制的要求，这一要求绝非出于法权的理由，而是出于治理的理由。在重农主义思想中，专制就是一种治理，"它的边界只是被一种由它自己界定并且由它自己完全掌控的经济所勾勒和描绘"②。第三，政治经济学思考和分析的对象是治理实践本身，它不是从法理上去拷问这些治理实践是否合法，是谁授予君主征税的权力等问题，而仅仅提出在特定时间段征收某种税会发生什么情况，

①　［法］米歇尔·福柯：《生命政治的诞生》，莫伟民、赵伟译，上海人民出版社 2018 年版，第11 页。

②　［法］米歇尔·福柯：《生命政治的诞生》，莫伟民、赵伟译，上海人民出版社 2018 年版，第12 页。

会造成什么后果。也就是说，思考的是治理手段运行所产生的实际效果，而不是回答有哪些原初权利为这种治理手段奠基。第四，通过对上述问题的回答，政治经济学揭示了根据诸多可理解机制而发生的现象、过程和规律性的存在。也就是说，政治经济学所发现的不是一些先于治理术运转的自然权利，而是治理实践本身所特有的某种"自然性"。治理行为的对象具有一种自身独有的"自然"，这种"自然"才是政治经济学所要研究的。第五，政治经济学之所以能够作为这种新的自我限制的治理之理由，是因为如果存在着治理术及其对象和运作所特有的"自然"，治理实践将只有遵守这种自然才能做它要做之事。如果治理实践没有遵守这种自然所确定的法则，就会产生负面的结果，即治理失败。在这个意义上，政治经济学以关于治理"成功或失败"与否代替"合法或非法"的问题。①

那么，到底什么是影响一种治理有可能忽略或违背治理对象的"自然"呢？从 16 世纪直到 18 世纪中期，关于财政征收、关税、生产条例、价格调整、市场保护等一系列的治理实践，一直被认为是君主权力和封建主权的实施，也是维持习俗、国库增收、阻止叛乱的有效手段。在国家层面的治理下，问题始终是：为使国家力量实现最大化，治理是否足够强化、深入和细致？与此不同，政治经济学所关心的问题是：治理是否超越了事物其"自然"所予以确定的界限？② 关于这个问题，斯密的"看不见的手"之说是一个重要的思想范本。"看不见的手"往往吸引人们把关注点放在"手"上，似乎喻示了在经济活动之外有一个神圣的目光能够穿透整个经济的世界，而依其神圣意旨，所有这些分散的利益线条都被联结在了一起。但这种看法忽视了自然法在其本质上是一种先于世界的超验法则，而斯密则事后性地揭示了受利益驱动的人类行为如何产生超出预料的社会的普遍福利。"无形手的形象让大家看到，人即使是在自然的局限中，他的私欲与多数人的（也许是所有人的）好处也可以调和起来……在维护生存的事上……惹人讨厌的利己色彩，就像

---

① ［法］米歇尔·福柯：《生命政治的诞生》，莫伟民、赵伟译，上海人民出版社 2018 年版，第 11—14 页。

② ［法］米歇尔·福柯：《生命政治的诞生》，莫伟民、赵伟译，上海人民出版社 2018 年版，第 15—16 页。

机械运作般，给改换成对社会、对人类有利的行为。"①

对此，福柯从认识论的视角指出，"看不见的手"之重点不在"手"，而在于"看不见"，也就是"不可见性"。但正是这种认识论上的"不可见性"，才使得每个经济行为人不应该，也不能去追求某种虚幻的"集体幸福"，譬如，卢梭与黑格尔意义上的"公共善"或"伦理"。斯密认为，无须任何外部力量的干预，每个人只要依其自身利益而采取合理性的行动，就能够实现个人性和社会性之间的真正一致。换言之，斯密要对任何试图干预个人合理追求其自身利益的权威进行阻止。在《国富论》第四卷第九章，斯密明确表达了限制君主权力的重要意义："每个人，只要他不违反公正的法律，都完全被放任自由，都可以按照他自己的方式追求他自己的利益，都可以拿他自己的勤劳与资本，来和其他任何人或任何阶级的勤劳与资本竞争。君主完全被免除某种职责；他若企图从事那种职责，必定总是陷入无数的欺瞒与迷惑之中，而人世间恐怕也没有足以适切执行那种职责的智能或知识。"②

可以说，限制君主权力是古典政治经济学和近代契约论政治学说的共同目标。就契约论而言，它自上而下地颁布伦理律令：因为"你"（君主）的权力是"我"委托于你的一部分自然权利，"你"就不能触碰"我"的其他权利。与此不同，古典政治经济学尽管也对君权进行限制，但它所依据的是一种认识论的理由：为什么君主必须停止对"我"的干预？因为君主根本"做不到"（对"我"进行合理性干预）。而君主之所以"做不到"这件事，那是因为君主根本"不知道"（如何做）。也就是说，在经济这件事情上，君主也同样是彻底"无知"的。③"看不见的手"旨在说明，并不存在整体性的经济自由的观念，在经济领域中不存在这种自明性，没有一位能够对经济生活进行通盘掌握的经济君主。通过这种论证，斯密彻底瓦解了17世纪管制国家及其重商主义政策的理性根据，划定出了君主权力的边界。对古典政治经

---

① ［美］约瑟夫·克罗普西：《国体与经体：对亚当·斯密原理的进一步思考》，邓文正译，上海人民出版社2005年版，第165页。

② ［英］亚当·斯密：《国富论　Ⅳ-Ⅴ卷（全译本）》，谢宗林、李华夏译，中央编译出版社2011年版，第792页。

③ ［法］米歇尔·福柯：《生命政治的诞生》，莫伟民、赵伟译，上海人民出版社2018年版，第250页。

济学而言，其核心问题意识始终是如何在政治社会中为自由市场划分出一定的空间。

总之，"看不见的手"代表了上升时期的资产阶级从封建专制政府中获得解放的诉求。对政治经济学家而言，由于经济学以揭示对象之"自然"本性的方式探讨人类行为，因此它是任何治理都必须尊重的科学。不过，这种科学并不为治理直接提供某种合理性规律或规范性的价值法则，相反，它要求依对象之"自然"来确立治理的边界，因此恰恰是以反对人为、反对治理的方式来介入治理的。换言之，斯密在反对专制政府和君主权力的过程中，奠立了自由主义的新型治理模型。按照福柯的观点，所谓自由或经济自由概念是作为一种与国家作为治理理由相对峙的自由主义的治理理由提出的。不同于政治自由主义聚焦于个人权利的多寡，对经济自由主义而言，问题的关键在于现代资产阶级国家中发生的治理技术的变化。从这时起，所谓的治理被认为就是以"自然"为理由来反对、限制治理行为，即一种"反治理"的治理。

（二）政治经济学批判：马克思的资本主义治理术批判

回到马克思的政治经济学批判。我们认为，尽管在马克思的文本中包含了许多对资本主义制度"非人化"进行控诉的内容，但对于一些将其过度窄化为道德批判的做法，须持审慎态度。在历史唯物主义视域中，对资本主义作道德批判是没有深入市民社会的实体性内容之中的表现。不仅如此，由于《资本论》所予抗辩的对手——资产阶级政治经济学——的治理内涵，决定了马克思的政治经济学批判只有采取最彻底的科学论证，才能从根本上击穿资本主义治理的合理性根据。从这个意义上来讲，由分析马克思主义者所掀起的关于《资本论》正义问题的争论，看似十分热闹，实则已经完全偏离了马克思创立政治经济学批判的原初语境。从治理视角来看，如果说政治经济学是一种资产阶级的治理术，那么，马克思的政治经济学批判无疑就是对资本主义治理术的批判。这一批判超越了道德和法权的规范性论证，其本质是一种内在性批判。正所谓"革命不是靠法律来实行的"①，只有从资本主义经济

---

① 《资本论》第1卷，人民出版社2004年版，第860页。

关系内部瓦解其治理的合理性，才能重新找寻人类解放的现实路径。

在呈现出马克思对资本主义治理的批判进路之前，首先应该揭示资本主义治理术的运作方式。按照福柯的分析，政治经济学的治理术包含了两项重要技术，它们分别是："市场的真言化"和"效用估算"原则。就"市场真言化"而言，它强调政治经济学对于自由市场功能的确信，也就是高度强调市场的自然性、客观性或真理性，认定市场是真理化的场所和机制，从而将该真理表述为治理实践的规范。譬如，斯密认为，只要价格不是被操控而是通过市场形成的自然价格，就说明市场是一个真言化的场所。第二项治理技术是"效用估算"原则。如果说政治自由主义提出对国家权力应该进行必要的司法限制，那么，政治经济学则是从经济角度确立起限制国家治理的新原则，也就是根据资源、人口、生产等要素确立治理的界限。这是一条依据治理的效用性对公共权力进行限制的道路："治理的权限将被治理干预的效用性边界规定出来。"在治理术层面，自由不是什么道德人性的天赋，而是"被看作被治理者对于治理者的独立性"。①

在马克思的政治经济学批判中，包含有对上述两种治理技术的深入批判。首先，就"市场的真言化"而言，全部问题的关键在于如何理解市场。政治经济学视域中的市场不仅仅是一个商品交换的场所，更代表从交换中所确立起的一种公正秩序。对于马克思而言，把市场看作公正的秩序，这完全是一种拜物教意识。从直观上看，市场中所有经济活动都可以简化为一系列的商品交换，而从交换视角出发只能看到交换双方的互惠与和谐。然而，问题在于：一旦涉及雇佣劳动和资本的交换时，所谓的"自由"和"平等"的虚幻性就一览无余了。"只要把商品或劳动还只是看作交换价值，只要把不同商品互相之间发生的关系看作这些交换价值彼此之间的交换，看作它们之间的等同，那就是把进行这一过程的个人即主体只是单纯地看作交换者……作为交换的主体，他们的关系是平等的关系。在他们之间看不出任何差别，更看不出对立，甚至连丝毫的差异也没有。"② 按照齐泽克的观点，马克思的分析就

① ［法］米歇尔·福柯：《生命政治的诞生》，莫伟民、赵伟译，上海人民出版社2018年版，第34、35页。
② 《马克思恩格斯全集》第30卷，人民出版社1995年版，第195页。

是直接呈现资本主义这一带有征候性的"崩溃点",用以证明这些资产阶级价值的意识形态性质。比如,在斯密看来,市场作为一个"真言化的场所",它只要没有外力干预,就会形成某个"自然价格"。而马克思认为,所谓"自然价格"其实建立在一种前资本主义的自然经济形式上。一旦以市场为目的的资本主义生产方式建立起来,一种悖论性的商品形态——劳动力(工人)——的出现,就成为对这个价值(自由的等价交换)原则的否定了。因为工人不是生产资料的占有者,他们是被迫出卖自己的劳动力,而非出售劳动产品。唯独这种商品(劳动力)的出卖不是等价交换,而是出现了剩余价值被占有的情况,即剥削。资本主义的秘密在于:工人一旦进入生产领域,劳动力的使用权就归属于资本家所有了。资本家付给工人的是劳动力的价值,但劳动力的使用却创造了超出劳动力价值的一个余额,也就是工人在生产中所创造的剩余价值,它是资本积累和资本主义生产关系再生产的全部秘密。对劳动者而言,他与资本家在法律形式上完全是平等的关系,但实际上却被逼无奈地出卖劳动力商品;他在市场上按其所值获得相应的报酬,但实际上却遭受剥削;他在形式上是自由的,但实际上却被奴役。所以,劳动力商品是一种奇特的存在:劳动力价值与工资之间进行等价交换,但这种交换却充当了剥削的形式。这种商品的悖论性存在体现了资本主义生产方式的内在否定性,使市场作为"真言化的场所"的本义变成了讽刺。换言之,马克思对商品交换的悖论性的揭示暗含着对资本主义治理的批判,这一批判表明:与其说自由市场为人类带来了繁荣,不如说是造成了结构性的阶级贫困;同样,资本主义治理也并没有保障个人自由,反而造成对自由的消耗。

其次,针对"效用估算",我们可以从马克思关于资本主义无限制发展必然引发周期性经济危机的论证中析出相关的批判原则。在经济思想史上,从斯密到萨伊、巴师夏等效用价值论学派一直对资本主义的前景秉持乐观态度。直到19世纪60年代自由资本主义进入尾声,从古典经济学中逐渐蔓延出一股悲观、绝望的情绪。在李嘉图、马尔萨斯等人的著作中,此前作为生产对象的丰裕自然、自发平衡的市场、阶级和谐等假设开始遭受质疑,越来越凸显自然对人的敌意、逼仄的生存空间,以及日渐加剧的阶级冲突。马尔萨斯宣称,大自然在给予人类生存所必需的生存空间方面一直较为吝啬,自然法则作用在人类身上所产生的全部苦难，其根源都是贫困。[①] 但问题在于，马尔萨斯不仅没有揭示贫困的制度性原因，还心安理得地认为贫苦大众是任何一种社会结构中的必要组成部分。此外，李嘉图不仅把政治经济学的主题揭明为财富如何在社会三大阶级（资产者、地主、工人）之间分配的问题，他还从生产者视角出发，指出了工人阶级和资本家阶级之间一定是相互对立的，而资本主义工资规律必然导致积累中止与经济停滞，最终引起社会的普遍危机和贫困。

李嘉图关于资本主义将引发危机的观点在马克思的体系中被进行了更为细致和更为深刻的发展。马克思指出，资本家在竞争中必须为自己的商品争夺更大的市场才能存活下去，而这要求他必须做到所出卖的商品价格要比其他竞争者便宜些。"一个资本家只有在自己更便宜地出卖商品的情况下，才能把另一个资本家逐出战场，并占有他的资本。"[②] 这里的关键在于，经济学家们总是做这样的抽象思考，即认为每一个资本家都因市场和价格变化做出反应从而调整供给或投资转移，以适应需求的限制。但事实上，资本家们之所以增加生产并不是因为市场需求的刺激，而是"资本家们面对着竞争的强制规律"所做出的选择[③]，也就是通过引进新的生产方法为扩大规模创造条件。换言之，新的生产方法的引进在于降低成本的同时增加产品数量，也就是通过在控制成本的范围内生产更多产品来获利，在市场上保持竞争力。这也是追求剩余价值的必要手段。然而，更重要的是，"这个资本家的特权不会长久；参与竞争的其他资本家也会采用同样的机器，实行同样的分工，并以同样的或更大的规模采用这些机器和分工"[④]。在这个过程中，较小的资本家可能被驱逐出市场，但较大、较强的资本家不会轻易屈服，当他们也以"同样的或更大的规模"采用新的生产方法，导致生产的进一步增加并最终达到生产过剩的程度。[⑤]

---

① ［英］马尔萨斯：《人口原理》，朱泱等译，商务印书馆1992年版，第8页。

② 《马克思恩格斯文集》第1卷，人民出版社2009年版，第735页。

③ ［德］米夏埃尔·海因里希：《政治经济学批判：马克思〈资本论〉导论》，张义修、房誉译，南京大学出版社2021年版，第87页。

④ 《马克思恩格斯文集》第1卷，人民出版社2009年版，第737页。

⑤ ［英］克拉克：《经济危机理论：马克思的视角》，杨健生译，北京师范大学出版社2011年版，第92—93页。

事实上，整个资产阶级政治经济学的理论大厦都建立在资本主义生产能够自我调节以适应市场的极限这个荒谬的假设基础上，而一旦出现调节失败，就被他们看作"偶然"、意外的偏离、资本家个人的失误抑或政府干预的结果等。譬如，斯密就天真地认为"消费是一切生产的唯一目的"，利润不过是命运垂青于资本家美德的一种偶然的回报。马克思全力证明："资本主义生产过程的动机和决定目的，是资本尽可能多地自行增殖，也就是尽可能多地生产剩余价值，因而也就是资本家尽可能多地剥削劳动力。"① 并且，发展生产力的目的既不是要满足消费者的需求，也不是资本家的主观动机所驱使，而是源自竞争压力迫使资本家们不顾市场的界限想尽一切办法来扩大商品生产的必然结果。在这个意义上，生产过剩的趋势不是对市场界限判断失误的结果，因为改进技术的资本家能够将他增加的产品全部卖掉并获利，而市场的界限作为商品生产过剩的结果，影响的只是其他资本家。"因此，在资本主义制度内，就算人们能或多或少地看出何种发展中暗藏危机，危机仍然不可避免。"②

从反思资本主义治理来看，政治经济学从不以"现实的人"的自由而全面发展为目标，相反，被纳入对象的只是从价值形式的抽象化中所得到的"劳动力"概念。如果说古代的统治权是一种"让人死"的权力，那么资本主义治理则是一种"让人活"的权力，对于古典自由主义而言，这种权力的目标就是通过实现国民财富的增长，促进每个人的自由。尽管斯密自诩其政治经济学是一种"自然的自由体系"，但这种资产阶级自由观与其说是从自然接受来的，不如说它是被生产和建构出来的。由于资本主义的发展需要世界市场、劳动力、法制，这就导致了通过控制、干预相关的条件来引入更多的自由。从早期资本主义通过原始积累创造其发展所需的条件，到20世纪新自由主义对市场与国家的全面性介入，都能反映资本主义治理的建构性特征。所以，政治经济学关于自由的叙事具有明显的意识形态性特征，资本主义治理不仅仅生产出自由的话语，它同时又造成了限制、摧毁自由

---

① 《资本论》第1卷，人民出版社2004年版，第384页。
② ［德］米夏埃尔·海因里希：《政治经济学批判：马克思〈资本论〉导论》，张义修、房誉译，南京大学出版社2021年版，第145页。

的危险。

（三）基于历史唯物主义探索社会主义治理的合理性依据

尽管我们可以从马克思的著述中分析出对资本主义治理的系统批判，但人们可以进一步追问：马克思的思想中是否包含有某些对治理的正面建构？之所以会产生这样的质疑，是因为在马克思主义发展史上，马克思主义理论家们更多地致力于建构一种完整的社会主义国家学说，而对有别于资本主义治理的社会主义治理缺少详细说明。但这种仍限于从政治的逻辑来把握社会主义本质的方法，具有相当明显的缺陷。从 20 世纪资本主义全球化过程来看，当代资本主义的巨大发展从根本上取决于治理技术的不断创新，它完成了从古典自由主义向新自由主义的历史性转变。这在一定程度上说明了，社会主义所真正急需的绝不仅仅是政治和国家理论，同样也包括一套有别于资本主义的治理理论。正如当代中国特色社会主义道路所取得成功经验表明，社会主义的命运全系于对治理体系的不断完善与自我创新。

必须承认，马克思和恩格斯确实没有创立一套完整的社会主义治理理论。按照西方经济学的教条性观点，这是因为马克思没有一种完整的社会主义经济学理论，"马克思分析过资本主义生产关系，可对社会主义时期的核算，估价，标准，选择，合理作出决定及有关组织形式，他都没有谈到"①。如果用福柯的话语来表达，那就是社会主义缺少一种对于治理合理性的界定，亦即缺少对治理行为的目标和样态之范围进行合理的、可计算的衡量。这种指责的确在某种程度上构成了理论挑战。众所周知，一方面，马克思对资本主义经济规律进行了深入揭示与分析，另一方面，他却又极少就社会主义经济过程的细节展开描摹。但即便如此，这是否就足以构成了彻底否定社会主义治理的充分理由？回答是否定的。按照唯物史观，科学社会主义从根本上反对任何对未来社会的理想图景进行抽象的描绘，而是始终着眼于从特定的资本主义现实中把握通往社会主义的历史道路。在这个意义上，马克思曾言明："我们不想教条地预期未来，而只是想通过批判旧世界发现新世界……如果我

---

① ［英］A·诺夫：《可行的社会主义经济学》，徐钟师等译，华夏出版社 1991 年版，第 31 页。

们的任务不是构想未来并使它适合于任何时候，我们便会更明确地知道，我们现在应该做些什么，我指的就是要对现存的一切进行无情的批判。"① 从"对现存的一切进行无情的批判"中之所以能"发现新世界"，就在于我们能够从历史唯物主义出发，对一种基于资本逻辑之扬弃的具有实践可行性的社会主义治理奠定认识论的根据。

从历史唯物主义来看，自由主义治理术以认识论的不可知论为前提。亚当·斯密认为，经济领域中的合理性是不存在的，因为经济进程的总体对个体是不可见的，即便是全权君主，在经济领域中也必须承认其"无知"。由此，政治经济学便把有限理性的个人及其趋利活动作为全部经济事务的起点，从中推导出具有至上性的自由市场。这种经济学观点的哲学对应物，就是与斯密同时代的康德先验哲学。康德先验哲学一举奠定了近代市民理性的哲学高峰。从思想史来看，康德对知性能力的先验证成和斯密的劳动价值论，各自在不同的理论界面上完成了对资产阶级社会秩序的合理性论证。康德先验哲学中关于"物自体"不可知的观点，反映了受物化意识所作用拒绝认识资本主义社会关系本质的思想；其审美批判中的审美无利害与无目的的合目的性思想，则是商品形式的社会无意识的文化表达。②

与此不同，作为新世界观的历史唯物主义，通过对唯心主义不可知论及其载体的物化社会的认识批判，旨在"完整地描述事物"③。马克思指出，"人类始终只提出自己能够解决的任务，因为只要仔细考察就可以发现，任务本身，只有在解决它的物质条件已经存在或者至少是在生成过程中的时候，才会产生"④。在这里，不同社会形态的更迭绝非像政治哲学家们所想象的源于个体之间所达成的契约，而是受客观的经济力量的强制所产生的结果。正如资本主义所赖以形成的生产资料和交换手段是在封建社会里产生的，现在，从资本主义所有制关系中也逐渐产生出了它所不能控制的力量——社会生产

---

① 《马克思恩格斯文集》第 10 卷，人民出版社 2009 年版，第 7 页。
② 高雪：《审美意识形态批判与马克思社会哲学的辩证重构》，《华中科技大学学报》（社会科学版）2021 年第 4 期。
③ 《马克思恩格斯文集》第 1 卷，人民出版社 2009 年版，第 544 页。
④ 《马克思恩格斯文集》第 2 卷，人民出版社 2009 年版，第 592 页。

力。问题在于，如果不能彻底变革资产阶级所有制，那么生产力的进一步发挥就会受到限制，并势必引起全面的经济危机和社会问题。由此，历史的辩证法就要求实现替代资产阶级所有制的能够容纳更高阶生产力的社会生产方式——社会主义和共产主义。在《德意志意识形态》中，马克思把共产主义理解为一场消灭不合理的现存状况的"现实的运动"，它源于对具体历史的资本主义生产关系和交换关系的批判，而非从任何价值悬设中推衍出的。到了《资本论》中，马克思进一步把共产主义现实化为从资本主义内部所生成的"新社会的因素"①，这些"新社会的因素"既包括资本主义生产为创造新社会所准备的物质条件，如科学技术、"社会资本"、"工艺学"等，也包括要实现自由联合所需要的未来新主体的潜在生成。在客体向度上，这些物质条件的不断革新带来了生产力的发展，为缩短必要劳动时间实现"资本时间"向"自由时间"的转化提供了现实的基础。② 在主体向度上，"大工业的本性决定了劳动的变换、职能的更动和工人的全面流动性"，从而为"承认劳动的变换""承认工人尽可能多方面的发展"，"用那种把不同社会职能当作互相交替的活动方式的全面发展的个人，来代替只是承担一种社会局部职能的局部个人"成为现实。③

总之，无论在客体向度还是主体向度上，"解放那些由旧的正在崩溃的资产阶级社会本身孕育着的新社会因素"④ 是通往共产主义的必经之路，这是由资本主义内部的矛盾运动所决定的。也就是说，科学社会主义不是与当下彻底相脱离的未来某个阶段，而是立足于资本主义现实，通过对其中产生的新的共同性要素的自觉吸纳，在更高的历史刻度上所完成的社会性的重生。如果说资本主义把治理的合理性根据奠基于个人的合理性行为，那么，马克思主义提供了超越个人主义的历史合理性的视角，这种历史的合理性原则不同于德国古典哲学的理性目的论，而是立足于历史唯物主义揭示社会过程中所

①　《马克思恩格斯文集》第 2 卷，人民出版社 2009 年版，第 51 页。
②　[日]宫田惟史：《马克思与联合体——资本主义内部孕育着新社会的因素》，盛福刚译，《马克思主义哲学研究》2017 年第 2 期。
③　《资本论》第 1 卷，人民出版社 2004 年版，第 560、561 页。
④　《马克思恩格斯文集》第 3 卷，人民出版社 2009 年版，第 159 页。

显露出来的客观力量，发现新社会的曙光。在一定意义上，对未来的社会主义或共产主义的理解方式，从根本上先取决于我们如何深入地理解资本主义。马克思正是由于比资产阶级经济学家更深入、更彻底地理解了资本主义的本质，揭示出其内含的普遍性内容，才创立了科学社会主义理论。

在这个意义上，社会主义治理的合理性根据只能源于现实历史的合理性，并体现出对资本主义治理的全面而积极的扬弃。尤其不同于资本主义治理把人作为"资本权力"的操控对象以满足资本积累的目的，社会主义治理则通过立足于"现实的人"的主体性原则，在健康、社会保险、劳动保障等方面把个人作为积极的生命政治的主体来对待。对此，恩格斯通过初步揭示社会主义的治理逻辑表明了国家何以会最终消亡。因为对社会主义而言，国家的职能将会随着社会治理的不断完善而慢慢淡化，最终，以人的社会性存在为评价尺度的全面治理将取代政治性的权力逻辑（统治）。所以，"国家真正作为整个社会的代表所采取的第一个行动，即以社会的名义占有生产资料，同时也是它作为国家所采取的最后一个独立行动。那时，国家政权对社会关系的干预在各个领域中将先后成为多余的事情而自行停止下来。那时，对人的统治将由对物的管理和对生产过程的领导所代替"①。显然，所谓对物的管理和对生产过程的领导，将使人从物质关系的束缚中彻底解放出来，这时社会主义治理才能够把人的自由个性的全面发展作为社会生产的实质内容呈现出来。

第四节　历史唯物主义与人力资本理论批判

在当代经济发展格局中，对人才的重视与对科技的强调，都达到了前所未有的高度，人才取代技术、资本、土地、矿产等成为世界各国争夺的最重要的对象。这些现象与举措背后的核心经济学支撑就是人力资本理论。20 世纪 60 年代，美国经济学家舒尔茨（Theodore W. Schultz）和贝克尔（Gary S. Becker）基于"二战"后西方社会因经济的不断增长而出现的许多用传统

---

① 《马克思恩格斯文集》第 3 卷，人民出版社 2009 年版，第 562 页。

经济学理论无法阐述清楚的新现象，提出以"人力资本"理论对经济发展的动力进行全新的解释。如今，半个多世纪过去了，人力资本理论通过介入企业管理、教育投入、健康培育、人口迁移、资源配置等领域，真实地建构了当代人的生活形态。在这一理论中，对劳动者的主体化建构成为新自由主义的权力配置方式，由此造成了劳动成为被支配性存在与其内含解放潜能的悖论形态。本节基于马克思政治经济学批判的视域，就人力资本理论的解释原则及其深层价值展开历史性反思，并以此为基础考察当代资本主义语境下的劳动者主体性与劳动解放的问题。

（一）重新发现劳动概念：新自由主义对古典经济学的一个批评

众所周知，对劳动的发现是古典政治经济学的伟大成就。亚当·斯密指出："劳动是我们为一切东西所支付的原始代价。世上所有的东西，追根究底都不是用金银买来的，而是用劳动取得的。对于任何物品的占有者来说，当他想用它交换某些新产品时，它的价值就等于它能购买或支配的劳动数量。"① 这就是劳动价值论的基本雏形。此后，李嘉图及其学派、马克思等人从斯密所奠定的基础出发，以揭示资本—土地—劳动三要素的关系为着眼点，分析资本主义经济的运行规律。

但舒尔茨令人意外地指出，古典政治经济学恰恰是不分析劳动的。"经济学家们早已知道，人是国民财富的一个重要部分。拿劳动对于产量的贡献来衡量，现在人类的生产能力远远大于其余各种形式的生产能力的总和。经济学家所不曾强调过的简单事实是：人类是向其自身进行投资，而且这种投资数量是非常巨大的。"② 这里的关键在于，斯密、李嘉图等人对劳动的理解是简单、抽象的，主要是将其化约为能够在时间因素上加以界定的一系列变量，即工作小时、劳动时间。从根本上而言，古典政治经济学从未走出这种将劳动要素简化为时间变量的分析方式，甚至马克思也受其影响。比如，马克思

---

① ［英］亚当·斯密：《国富论　Ⅰ-Ⅲ卷（全译本）》，谢宗林、李华夏译，中央编译出版社2011年版，第31页。

② ［美］西奥多·W·舒尔茨：《论人力资本投资》，吴珠华等译，北京经济学院出版社1990年版，第2页。

关于商品价值量决定于劳动量的探讨、剩余价值率的计算方式等，都明显地打上了古典政治经济学的烙印。

我们知道，马克思非常激烈地批判了国民经济学把劳动抽象化，并从劳动的二重性、劳动与劳动力的区分出发，分析了资本主义生产关系下劳动的原本丰富性被资本逻辑加以抽象化，以及说明了资本主义经济机制如何只保留了劳动中的力和时间、使劳动成为纯粹商品这一事实。但是依照福柯的分析，新自由主义并不会把劳动的抽象化看作一种资本主义的现实后果，而是更倾向于将其视为古典政治经济学关于资本主义所作的理论行为，亦即一种单纯的经济学层面的理论抽象。如果说从斯密开始的古典政治经济学产生这种抽象是因为古典政治经济学向来认为经济学的对象只是资本过程、投资过程、生产过程、消费过程等，那么对于新自由主义而言，经济学分析则是如何把稀缺资源在相互冲突的个人目标之间进行分配。在这个意义上，经济学是关于"人类行为的科学"，也就是要分析人类行为及其内在的合理性。正如福柯所言："经济学分析的不再是过程，而是行为活动。它不再是分析过程的历史逻辑，而是分析人类活动的内在合理性、策略规划。"①

这种转变的意义在于，第一次在经济分析中不是把劳动作为客体，不是以劳动力的形式作为供给与需求的对象，而是作为经济分析中的主体来加以理解，也就是把劳动当作经济行为，当作"被实践的、被运作的、合理化的、被劳动者所考量过的经济行为来研究"②。也就是说，劳动者要把自己看作一个资本家，对自己加以投资。因为从劳动者这样一种主体出发，劳动不是被化约成劳动力或劳动时间变量的商品，而是直接成为一种资本、一种能力、一种技术。相应地，由这种资本和能力带来的是一种"收益"，即工资。舒尔茨认为，以往经济学过分地看重物质资本，而"完整的资本概念"必须对人力资本及其在现代经济的生产活动中所起的重要作用予以说明。这种对人力资本的投资大致包含医疗、家庭保健的投入，在职培训、基础教育、高等教

---

① ［法］米歇尔·福柯：《生命政治的诞生》，莫伟民、赵伟译，上海人民出版社 2018 年版，第197 页。

② ［法］米歇尔·福柯：《生命政治的诞生》，莫伟民、赵伟译，上海人民出版社 2018 年版，第198 页。

育的建立，非企业性组织的成人学习项目，个人和家庭因工作、就业所导致的迁移等四个方面。① 如果把这些内容归纳起来，人力资本的核心要件就是知识和技能。舒尔茨试图说明，"劳动者变成资本家并非传说中因为公司股份所有权扩散所致，而是由于他们获得具有经济价值的知识和技能的结果。这种知识和技能大半是投资的产物，而这种产物加上其他人力投资便是技术先进国家在生产力方面占优势的主要原因"②。1930 年以来的西方国家经济的大量迹象表明，人力资源质量的改进是经济增长的一个重要原因。以往简单地通过土地、资本以及劳动力数量等几个变量的分析是不得要领的。只有细致地分析人力资本的构成、人力资本的增长方式、人力资本增长的所在区域等要素，才能理解这些经济增长的实际原因。

舒尔茨的分析不无深刻性，但他对古典政治经济学的批评忽视了历史对斯密、李嘉图和马克思的外在限制。为什么古典政治经济学没有把人力的投入看作独立的资本要素？这与其背后社会生产方式的限制是分不开的。经过第一次工业革命，机器体系的资本主义应用与现代工厂制度日渐普遍化，在这个过程中，土地、机器等固定资本在生产中占据主要作用，而劳动者却毫无主体性，工人沦为机器的"有意识的器官"。其导致的结果是，在生产过程中分工不仅导致劳动被抽象化和异化，并且智力因素也被资本家转化为能够支配劳动的更强大的权力。"科学、巨大的自然力、社会的群众性劳动都体现在机器体系中，并同机器体系一道构成'主人'的权力。"③ 在机器体系的规训下，劳动不具有任何丰富的主体性内容，而是"连续性、划一性、规则性、秩序性"的"效能"④，这意味着不仅成年男性的工作可以随时被妇女、儿童替代，而且劳动本身也面临着机器的竞争。因为"劳动资料一作为机器出现，就立刻成了工人本身的竞争者"⑤，而资本主义生产方式的整个体系就建立在

---

①　［美］西奥多·W·舒尔茨：《论人力资本投资》，吴珠华等译，北京经济学院出版社 1990 年版，第 9—10 页。

②　［美］西奥多·W·舒尔茨：《论人力资本投资》，吴珠华等译，北京经济学院出版社 1990 年版，第 3—4 页。

③　《马克思恩格斯文集》第 5 卷，人民出版社 2009 年版，第 487 页。

④　《马克思恩格斯文集》第 5 卷，人民出版社 2009 年版，第 400、473 页。

⑤　《马克思恩格斯文集》第 5 卷，人民出版社 2009 年版，第 495 页。

工人把自身的劳动力作为商品加以出卖的这一基础上。智力和体力劳动的分工进一步加剧了劳动的片面化，使其成为整个生产流水线上的机器体系的局部工具。而一旦生产由机器来操纵，劳动力的交换价值也随同其使用价值一同消失，"工人就像停止流通的纸币一样卖不出去。工人阶级的一部分就这样被机器转化为过剩的人口"①。

与此不同，人力资本理论产生的现实语境是 20 世纪 60 年代西方进入后工业社会或后福特制资本主义阶段。此时，资本和劳动的雇佣关系并未改变，但由于信息、文化、知识等智能要素成为生产的主轴，劳动形式发生了重大变化，出现了从有终端产品的物质劳动向产出无形产品的非物质劳动的转型，资本主义开始进入对"人力"进行投资的"柔性"控制阶段。由此，人力被视为一种可供投资的新型"资本"也就并不足为奇。不过，工人真的能成为资本家吗？我们对此还需持谨慎的态度。

（二）从"商业人"到"企业人"：人力资本理论对 Homo Economicus 的转型

对于新自由主义经济学而言，其理论对象从资本过程转向对人类行为的内在合理性的关注究竟意味着什么？舒尔茨和贝克尔都认为，人力资本投资是通过其产量而非成本来予以估算的，虽然人力投资所形成的能力最终都变成劳动力的内部部分，但它实际上却通过影响人们在市场上所挣得的工资水平的方式表现出来，而这部分增加的收益就是人力投资的收益。② 从劳动者主体性的视角看，工资不是其劳动力的卖出价格，而是一种收益。那什么是收益？收益就是资本的产出或回报率；那什么是资本？资本就是所有身体因素、心理因素、健康投资、教育投资乃至技术水平方面的总和，正是它们使得某个人能够获得这样或那样的工资。在劳动者看来，劳动恰恰不是能够通过抽象化而化约成同质的劳动力商品，而是像一台不能与劳动者自身相分离的"知识—技能"机器。由于这台机器有自身的投资周期、生命周期、陈旧老

---

① 《马克思恩格斯文集》第 5 卷，人民出版社 2009 年版，第 495 页。

② ［美］西奥多·W·舒尔茨：《论人力资本投资》，吴珠华等译，北京经济学院出版社 1990 年版，第 9 页。

化，因此它得到的将是一系列的工资回报，是一个"收益流"。所以，人这台机器不是一个劳动力概念，而是"资本—技能"概念，即他是根据投入的各种可变因素来获得某种收益和一种工资回报的。

基于上述分析，福柯认为，人力资本理论的核心观念就是把劳动者自身看作一个企业，即从"企业—单元"看待社会构成。这是一种向古典的 homo oeconomicus（经济人）概念的回归。在古典自由主义那里，拉丁语 homo oeconomicus 被看作一种交换的人、交换的伙伴，它暗示了经济人自身具有某种自然的需求，由此根据需要理论建立资本主义生产、交换、消费的总体联系。这样，就导致"传统理论无数次地反复分析既是消费者也是生产者的个人，但在这种情况下，它一边作为生产者，另一边作为消费者，在某种程度上可以说，它自己被分裂开"[1]。不仅如此，把资本主义生产的动力归源于人的自然需要也是一种天真的想象，正如马克思所揭示出的，资本主义生产的直接动力是对利润的追求。不过，按照新自由主义的思路，homo oeconomicus 与其说是从事交换的"商业人"，毋宁说是一种"企业人"。他的行为就像一个小型企业，受到所拥有的资源束缚，每时每刻都致力于将其效用最大化。"作为自己的企业家，其自身是自己的资本，是自己的生产者，是自己收入的来源，这种 homo oeconomicus 连续不断地代替了作为交换伙伴的 homo oeconomicus。"[2] 也就是说，从人力资本投资的角度看，消费自身就是生产，即把它当作一种能够生产出自身某种满足感的企业活动。

这种对劳动的重新理解使经济学被引导去研究人力资本的构成方式与积累方式，从而真正将人的行为纳入经济学分析中。譬如，以往在教育上的投入仅仅被视为一种消费行为，把教育上的公共支出看作一种福利支出。但从人力资本的角度来讲，就应该理解为"教育投资"。教育作为人力资本投资，既包含一般意义上的学校学习，也包括更广范围的高等教育、在职培训乃至家庭教育，等等。人力资本投资不仅包括在这些过程中的直接资金与时间的

---

① ［法］米歇尔·福柯：《生命政治的诞生》，莫伟民、赵伟译，上海人民出版社 2018 年版，第 200 页。

② ［法］米歇尔·福柯：《生命政治的诞生》，莫伟民、赵伟译，上海人民出版社 2018 年版，第 200 页。

投入，甚至也包括孩子上学期间要放弃掉通常所做的工作为自己带来的价值，这些都应该算作完整的人力资本投资的成本，而这些受过教育的孩子在进入成年后才会获得教育投资所产生的收益。基于这种分析方法，甚至家庭生活中父母对子女的照料也能够被看作一种投资。比如，父母陪伴子女的时间越多，孩子的成长速度、社会适应性进步越快，他们的智力与情感能力发展得就越好。这些时间投入、物质投入、情感投入、给予照料乃至父母自身的文化层次，都可以看作对子女的一种人力资本投资而被分析。只不过这种投资不是为了当下的受益，它所带来的是"未来的满足或者收入"①。

从新自由主义经济学的"企业人"概念来看，人的行为、选择都能够被纳入经济学的范围，并从人力资本投资的角度加以分析。这意味着人力资本理论实际上不仅仅是一种单纯的经济理论，它同时表现了一种全新的分析样式和思想样式。可以说，在古典自由主义所划定的世界中，政治与经济、公共领域与私人领域之间始终处于内在的张力与平衡中。而人力资本理论通过对"企业人"的设定，表明新自由主义开始采取一种"主动出击"的模式，即从经济角度分析各种社会关系，认为包括从个人的婚姻、生育、教育、迁移到政府决策、公共行为等都在其分析范围内。换言之，市民社会的基础不再是原子化的"商业人"，而是以"企业家"模式组成的"企业—单元"社会。在十八九世纪，古典自由主义曾寻求建立一种行政法庭，试图从法律方面划定公共权力的作用范围，以保证市场自由。而现在，"出现了一种经济法庭试图严格地从经济和市场方面来评定政府行为"②，这就是新自由主义的统治方式。

那么，人力资本理论的"泛经济化"分析是否会造成某种道德危机？比如，一般会认为教育的根本目的是给人们提供这样一种学习的机会，使其懂得应该持有真正好的价值观念。因此，教育的目的应该是造就具有合格能力与责任感的社会公民。那么，把教育投入看作一种创造资本的手段，这是不

---

① ［美］西奥多·W·舒尔茨：《论人力资本投资》，吴珠华等译，北京经济学院出版社 1990 年版，第 92 页。

② ［法］米歇尔·福柯：《生命政治的诞生》，莫伟民、赵伟译，上海人民出版社 2018 年版，第 220 页。

是不道德的？对此，舒尔茨的回答是，虽然人力资本理论把教育看作一种可以作为资本而进行投资的行为，但这并不意味着否定教育在道德和文化层面上所负有的使命。人力资本理论所要阐明的是除了在这些文化和道德目标，教育还能提高一个民族的工作能力、管理能力等劳动力综合素质，而这些素质的提高无疑会增加国民收入，为社会创造更大的生产力。因此，教育所能带来的是文化和经济上的双重收益。① 这个回答清楚地表明了新自由主义的使命与目标。因此，建立在某种道德维度上的新自由主义批判（诸如针对消费主义、个人主义价值的批判）并不能切中其要害。由于人力资本理论一开始就把自身建立在某种并非基于道德考量的效用维度上，因此真正有效的回应也只有深入其理论内部，对其政治经济学的逻辑规定进行分析。

（三）人力资本理论未能超越劳动对资本的实际从属

众所周知，20 世纪西方资本主义经济并未像李嘉图和马克思所预言的那样，其利润率必然呈下降趋势。对此，以熊彼特为代表的主流观点认为，利润率之所以未降低主要归功于新技术、新资源与新生产方式的发现。在此前提下，人力资本理论则认为，所有这些新技术、新发明、新的生产与管理方式都不过是基于新的人力资源的发现，是人力资本投资的收益。对于资本主义的这些变化，绝对不能像传统经济学的分析那样，从资本、土地以及被简化的劳动者数和劳动时间这些变量来加以认识。世界现代化进程表明，不论高收入国家还是低收入国家的发展，耕地、资源等客观要素在经济发展中的比重在下降，而智力、知识和技能等人力资本的重要性却在提高。② 因此，只有对人力资本的构成、人力资本的增长方式等各种要素进行分析，才能真正理解这些国家的经济增长的实际原因。

无疑，人力资本理论不仅丰富了经济学对于劳动的理解，并且确实提升了劳动者的主体地位，仿佛使劳动者具有了成为资本家的可能性。舒尔茨认

---

① ［美］西奥多·W·舒尔茨：《论人力资本投资》，吴珠华等译，北京经济学院出版社 1990 年版，第 70 页。

② ［美］西奥多·W·舒尔茨：《论人力资本投资》，吴珠华等译，北京经济学院出版社 1990 年版，第 43 页。

为，劳动者变为资本家当然不是指公司股份所有权扩散的结果，相反，是由于劳动力通过其知识和技能而获得一定经济价值的结果，这种知识和技能是劳动力后天投资的产物。因此，先进国家之所以能在生产力上占据优势，就是通过它们在人力资本上的较大投资而获得较高收益的结果。① 但我们仍不免要问，劳动者经过对其自身的投资，就真的能成为"企业人"或资本家了吗？要解答这个问题，我们仍需要再次"回到马克思"。

在马克思看来，劳动力作为劳动者为了生存而不得不出卖的唯一商品，只是劳动者的私有财产，它只有到了买者即资本家手中，才能作为资本（可变资本）起作用。② 尽管人力资本理论把劳动分析为"知识"和"技能"两个部分，但这并不意味着剩余价值理论的失效。所谓劳动力资本的"收益"，内在可划分为两个部分——生产和再生产所需的知识和技能生产的费用，即工资；以及基于知识和技能的充分发挥在劳动中所创造的更多剩余价值，尽管其中会有一部分剩余价值被分配给经理人、销售人员等，但这种分享是有限的，大多数情况下不足以转化为资本。③ 因此，人力资本理论虽然通过纳入"知识—技能"要素消除了古典经济学的量化劳动的分析方式，发现了在实际过程中劳动收益的复杂形式，但根据资本逻辑的总图式，资本最终仍然回到资本家手中，而劳动者很难掌握任何资本。从更大的范围来看，这种社会关系决定了劳动者囿于其阶级地位的限制，不可能真的成为资本家。甚至资本家对具有较高"知识—技能"构成的劳动力的热衷，也正是体现了其对创造更大剩余价值、有利于资本积累的绝佳说明。事实上，今天在传播政治经济学中所谓的"知识劳工""信息劳动"，恰好构成对人力资本理论的"企业人""劳动者资本家"的反讽。因为只要劳动者处于雇佣关系中，那么劳动所创造的绝大多数价值仍被资本家所无偿占有。

此外，由于构成人力资本核心的知识和技能很难脱离劳动者而存在，因此人力资本无法像物质资本、金融资本那样可以通过被转让、借贷的方式获得增

---

① ［美］西奥多·W·舒尔茨：《论人力资本投资》，吴珠华等译，北京经济学院出版社1990年版，第4页。
② 《马克思恩格斯文集》第6卷，人民出版社2009年版，第491页。
③ 程晓：《人力资本与人的发展》，《哲学研究》2017年第2期。

殖。也就是说，它必须通过出卖劳动力（无论是体力劳动还是脑力劳动）才能获得其收益。在雇佣关系中，"工人不幸而成为一种活的、因而是贫困的资本，这种资本只要一瞬间不劳动便失去自己的利息，从而也失去自己的生存条件"①。

总之，人力资本经济学把知识、技能、健康、教育都视为可供投资的对象、具备资本属性，但这并没有从根本上改变劳动者对资本的从属地位。马克思并没有否认劳动者的"知识—技能"要素，但它仍然要转化为"直接社会的、社会化的（共同的）劳动的生产力"的一部分，即作为机器生产中的一个环节，受到资本逻辑的支配，而不能采取孤立的个人劳动的存在形式。那么，"所有这一切都表现为资本的生产力，而不表现为劳动的生产力"②。在相对剩余价值生产分析中，马克思进一步指出，随着资本主义大工业生产的确立，劳动从对资本的形式从属转变为对资本的实际从属。这种实际从属关系在机器大工业中表现为，机器体系通过提高劳动生产率最大限度地将劳动时间转变为资本增殖的剩余劳动时间，由此产生了机器本应从缩短劳动时间的最有力手段转变为使劳动在更深层上受资本增殖逻辑支配的可靠手段这一经济悖论。那么，所谓劳动者作为一种资本被使用，它不过意味着工作时间与自由时间、生产领域与生活领域的界限被模糊化了。③ 在今天，我们的许多产品、创意、设计已经不再是从工厂或办公室中生产的，而是很可能产生于家庭生活或是闲暇中。因此，后工业社会中的劳动者尽管不再是通过机器从属于资本，但人类生活的全部领地都逐步成为可予以计量的资本的内在领地。

（四）当代资本主义批判视域中的主体性与劳动解放

在唯物史观视域下，劳动者的主体性就是"现实的人"的劳动解放问题。在资本主义社会中从未实现真正的劳动解放。作为一种具有相当强的自我调整能力的制度，资本主义不仅利用国家机器和行政手段把阶级斗争一次次地转化为社会问题，并且能够以文化领导权实施意识形态控制，使资本主义看起来更"自由"，使身处其中的个人更易产生"自我认同"。人力资本理论的

---

① 《马克思恩格斯文集》第 1 卷，人民出版社 2009 年版，第 170 页。
② 《马克思恩格斯文集》第 8 卷，人民出版社 2009 年版，第 505 页。
③ 程晓：《人力资本与人的发展》，《哲学研究》2017 年第 2 期。

意识形态性即在于此，它对于劳动者主体性的"鼓励"究竟能够在何种程度上推动"劳动解放"，仍需批判地审视。

在传统马克思主义的分析中，资本主义生产方式的物化结构导致了这样一种"颠倒"，那就是，本应作为彰显人的主体性力量的劳动，在资本主义生产中被颠倒为纯粹被动的"客体"，而资本则成为发挥支配作用的能动的"主体"。因此，资本主义劳动被视为一个处在资本权力压迫下的受规训要素，而批判理论的核心即在于如何消灭资本权力，使劳动者从被动的客体重新成为生产过程的主体，恢复劳动者的尊严。需要指出的是，传统马克思主义的对象是19世纪的工业资本主义，这一阶段是以机器设备作为固定资本主要形态的大机器生产，工人的劳动环境和劳动过程十分艰苦。到了20世纪20年代，泰勒制劳动组织方式的广泛应用推动了企业生产的合理化，进入了福特制资本主义阶段。泰勒制劳动组织对生产的优化使剥削达到了前所未有的严酷性，工人在劳动过程中被肢解为纯粹受机器驱动的客体，而非有任何自主性的主体。然而，20世纪60年代新技术革命后的通信、文化与服务业的快速发展，推动福特资本主义向后福特资本主义转型。后福特制淘汰掉了紧张的泰勒制生产流水线，更多的生产环节采取高度自治的专业工人小组，劳动由此被赋予了更多的自主性、灵活性和创造性，而不再只是被缚于生产流水线上的抽象时间。这不仅表明劳动力技术水平获得明显提升，更意味着工人被赋予了更大的主体责任，以确保生产水平。后福特资本主义正是在被迫承认劳动者自治是生产的唯一可能形式的前提下，将工人的个性和主体性包括到价值生产中。① 而这一切的前提是劳动力所接受的教育与培训水平，也正是在这个意义上，人力资本理论切合了后福特资本主义对于具有多方面能力的创造性劳动主体的需要。

从批判理论的当代视域来看，后福特制生产下的劳动者主体性不是太少，而是太多，乃至"过剩"。② 劳动者以各种形式所进行的"自我投资"，看似

① ［意］毛里齐奥·拉扎拉托：《非物质劳动》（上），高燕译，《国外理论动态》2005年第3期。

② 夏莹、牛子牛：《主体性过剩：当代新资本形态的结构性特征》，《探索与争鸣》2021年第9期。

实现了某种"自我肯定""自我认同"，但其实质则是逼促自己沦为更高效的价值生产者，从而实现主动的"自我剥削"。"自我剥削"看似是一种矛盾表述，其实正揭示了新型的资本权力的诞生。"权力越来越呈现出一种自由的姿态。它以顺从、友好的形式摒弃了自己的否定性，将自己装扮成自由。"① 在后福特制中，问题不在于劳动者在生产中的主体性是否遭到了否定，而在于这是何种意义上的主体性。也就是说，"我们需要破除将劳动者的'主体性'一般地等同于劳动者的'解放'的神话，转而把握两种不同的'主体性'之间的对立：一种是能够承担劳动者的解放与发展的主体性；另一种则是已然'资本化'的、服务于资本关系的再生产的主体性"②。

在政治经济学的意识形态批判的意义上，人力资本概念无疑是一种伪主体性，因为其根本上仍处于后福特资本主义生产关系的强制下，服务于资本再生产。需要注意到，在后福特制劳动过程的新特征、新趋向中，确实内含了某种在当代语境下反思劳动解放的新根据，这就是非物质劳动理论。按照认知资本主义学派（Cognitive Capitalism）的代表哈特和奈格里的观点，后福特制生产中的非物质劳动，"即生产一种非物质商品的劳动，如一种服务，一个文化产品、知识或交流"③。它产生于信息技术革命所导致的对于"劳动力质量和本质"的改造，具有非物质化、智能化倾向，其另一个侧面则是"人类交际和互动的情感性劳动"，因为"真正根本的在于感情的创造和控制"。④ 进一步说，非物质劳动将导致社会现实发生重大变化。"经济生产的工具行业已与人类关系的交际行为相结合起来"，"生产已被丰富到人类互动的复杂性水平"。⑤ 也就是说，后福特制生产对于情感、知识、文化的创造，克服了以往那种围绕物质产品生产所导致的劳动抽象化、碎片

---

① ［德］韩炳哲：《精神政治学》，关玉红译，中信出版社2019年版，第20页。

② 夏莹、牛子牛：《主体性过剩：当代新资本形态的结构性特征》，《探索与争鸣》2021年第9期。

③ ［美］迈克尔·哈特、［意］安东尼奥·奈格里：《帝国——全球化的政治秩序》，杨建国、范一亭译，江苏人民出版社2005年版，第337—338页。

④ ［美］迈克尔·哈特、［意］安东尼奥·奈格里：《帝国——全球化的政治秩序》，杨建国、范一亭译，江苏人民出版社2005年版，第339页。

⑤ ［美］迈克尔·哈特、［意］安东尼奥·奈格里：《帝国——全球化的政治秩序》，杨建国、范一亭译，江苏人民出版社2005年版，第340页。

化状态，其情感创造的特质对于人类互动关系的建构，具有重建社会关系本质的意味。

这种非物质劳动概念与西方关于劳动的传统观点十分不同。以哈贝马斯和阿伦特等人为代表的传统观点认为，劳动是仅仅用于维系生命的工具活动，只有政治行动与智力活动才是体现高于动物的"人"的领域。这个认识可以追溯到亚里士多德对制作（生产劳动）、实践（政治行动）和理论（智力活动）的区分，而由于他们把马克思主义视为这一传统的推延，也就把马克思的劳动概念彻底工具化，从而走向技术主义社会观，弃绝了劳动解放的可能性。①② 在这个意义上，哈贝马斯在劳动之上补充交往互动的"重建历史唯物主义"工作，固然彰显了可贵的理论勇气，但实际已经背离了马克思的劳动哲学观；而阿伦特对于劳动的贬低和对政治公共领域的推崇，则彻底与整个现代性传统相抵牾。相比较而言，非物质劳动理论从资本主义内部揭示了走向其自我扬弃的潜能，更契合于马克思的批判方法。马克思在《资本论》中指出，相比于以往生产方式的技术基础的保守性质，现代工业在本性上是不断革命的，它通过机器、化学过程和其他科学方法在生产中的应用，使工人劳动过程的社会结合不断地随着生产的技术基础的变化而发生变革。"因此，大工业的本性决定了劳动的变换、职能的更动和工人的全面流动性。"③ 问题在于，这一趋势产生于大工业对资本关系和分工的再生产中，它必然伴随着剥削与异化等人道灾难。所以，真正"生死攸关的问题"是如何使各种关系适应并推动这一内在于资本主义的"规律"——劳动的变换、工人尽可能多方面的发展——得到正常的实现，进而"用适应于不断变动的劳动需求而可以随意支配的人，来代替那些适应于资本的不断变动的剥削需要而处于后备状态的、可供支配的、大量的贫穷工人人口；用那种把不同社会职能当做互相交替的活动方式的全面发展的个人，来代替只是承担一种社会局部职能的

---

① ［德］尤尔根·哈贝马斯：《认识与兴趣》，郭官义、李黎译，学林出版社 1999 年版，第 41—42 页。

② ［美］汉娜·阿伦特：《人的境况》，王寅丽译，上海人民出版社 2009 年版，第 91—95 页。

③ 《马克思恩格斯文集》第 5 卷，人民出版社 2009 年版，第 560 页。

局部个人"①。

在今天，马克思揭示的这一资本运动规律越发清晰地呈现在非物质劳动中。"这类非物质劳动迫使我们质疑劳动和劳动力的传统定义，因为它们将各种不同类型的工作技能结合起来：与文化—信息内容相关的知识技能；用于联合创造力和想象力、技术劳动和体力劳动的动手技能；在社会关系的管理和社会合作（这些活动是其中的一部分）的构成中的创业技能。"② 这种劳动观的变化喻示了基于大工业生产的分工逻辑的扬弃，它不仅试图打破脑力工作和体力工作的传统划分，并且意味着建基于经济—政治、劳动—闲暇、生活—工作二元划分的整个现代性建制面临重构的趋势。当然，这并不是说在非物质劳动中就已经实现了劳动解放的理想，恰恰相反，大量的非物质劳动正成为新的资本掠夺剩余价值的对象，成为卷入资本关系的价值化活动。但"同样很明白，由各种年龄的男女个人组成的结合劳动人员这一事实，尽管在其自发的、野蛮的、资本主义的形式中，也就是在工人为生产过程而存在，不是生产过程为工人而存在的那种形式中，是造成毁灭和奴役的祸根，但在适当的条件下，必然会反过来转变成人道的发展的源泉"③。今天亦如是。

---

① 《马克思恩格斯文集》第 5 卷，人民出版社 2009 年版，第 561 页。
② ［意］毛里齐奥·拉扎拉托：《非物质劳动》（上），高燕译，《国外理论动态》2005 年第 3 期。
③ 《马克思恩格斯文集》第 5 卷，人民出版社 2009 年版，第 563 页。

结语 历史唯物主义的理论形态及中国语境

历史唯物主义作为科学历史观，绝不是对历史过程作单纯的实证化描述，而是以超越"资本的文明"、实现"自由联合体"为定向的理论，亦即把科学社会主义内化为理论的实践指向。不同于空想社会主义对未来图景作抽象建构，马克思的科学社会主义和共产主义是从资产阶级政治—经济关系的内在批判中确立起来的。对资产阶级政治—经济关系的批判即政治经济学批判，它构成了历史唯物主义切入现实、把握社会基本矛盾及趋势的方法。在当前，如何基于改革开放40多年来社会主义市场经济发展的背景，以历史唯物主义把握当代中国道路的实质，明确政治经济学批判在创造更多的自由空间、建构新时代的美好生活等方面对于当代中国人所具有的理论价值，是推进历史唯物主义具体化的重要课题。

（一）问题与立场：超越"资本的文明"的理论定向

现代社会首先是一个经济型社会，人们围绕着商品的生产、分配、交换、消费等经济活动相互联结成一个社会关系的整体。不同于自然经济时代，建构现代社会关系的物质—技术基础是资本主义大工业。工业生产打破了以血缘伦理为纽带的封建田园诗般的社会的自然形式，通过把人从政治等级和依附性的人身关系中解放出来，建构出物化的社会形式（商品生产），以此把人确立为具有相互独立性的个体，完成了从"人的依赖关系"向"以物的依赖性为基础的人的独立性"的转变。可以说，从时代发生转折的那一刻起，导致世道和人心变迁的整个资本主义生产方式就注定成为席卷一切的力量："资产阶级，由于一切生产工具的迅速改进，由于交通的极其便利，把一切民族甚至最野蛮的民族都卷到文明中来了。……它迫使一切民族——如果它们不想灭亡的话——采用资产阶级的生产方式；它迫使它们在自己那里推行所谓的文明，即变成资产者。"①

从一个较长的历史时段来看，早在 18 世纪启蒙思想家卢梭的著作中就已经开始了对资产者文明的反思，马克思则属于后来者居上。与其他启蒙思想家不同，卢梭的批判对象不再是王权与贵族，而是资产者。他认为资产者的出现和取得统治预示着人类开始走向永久的堕落，由此他第一个开辟了反对资产者的战场。按照德拉·沃尔佩（Galvano DellaVolpe）的看法，不同于洛克、孟德斯鸠、康德、贡斯当等人所确立的议会制民主政治，卢梭确立起了社会主义民主的传统，并在后来被马克思、恩格斯、列宁等人加以发展。前者拥护的是一种公民自由（Civil liberties）（政治自由），后者走向了平等主义的（社会的）自由。② 德拉·沃尔佩的这一区分固然在一定意义上为社会主义概念的合法性提供了思想史的论证，但不容忽视的一点是，恰恰是卢梭所缔造的这一思想传统，在以塔尔蒙（J. F. Talman）为代表的另一类思想史叙事中却被描绘为"极权主义民主的起源"③。笔者无意过多关注二者对卢梭解读的孰是孰非，甚至也无意于像德拉·沃尔佩那样去梳理社会主义的思想法统。因为问题在于，对这一传统无论是称颂抑或反对，二者皆对马克思与卢梭乃至其他反资本主义理论之间存在的根本差异重视不足，而正是这些差异性才构成了马克思主义的独特本质，乃至是厘定其思想史方位的关键所在。反之，上述同质化的思想史叙事以资本主义/社会主义、政治自由/社会自由、自由/平等、民主/极权等二元论的话语切入，所呈现的是一种非历史的理性建构的政治概念，其结果不仅难以澄清社会主义与资本主义两种不同文明类型的内在关系，甚至还造成了思想上的更大混乱。而一旦忽视了这一点，马克思主义便会很容易落入塔尔蒙、哈耶克（F. Hayek）等人所加以扭曲的极权主义叙事当中。

事实上，从卢梭推崇"高贵的野蛮人"以及把现代文明本身视为一股倒行

---

① 马克思、恩格斯：《共产党宣言》，人民出版社 1997 年版，第 31—32 页。

② ［意］加尔维诺·德拉-沃尔佩：《卢梭和马克思》，赵培杰译，重庆出版社 1993 年版，第 101 页。

③ ［以］J. F. 塔尔蒙：《极权主义民主的起源》，孙传钊译，吉林人民出版社 2004 年版，"绪论"第 1—16 页。

逆施的力量可见，其思想中蕴含了强烈的反现代性倾向，这与注重社会历史之辩证展开的历史唯物主义观点截然不同。此外，如果对近代欧洲社会主义和共产主义思想史稍加辨析也会发现，正是由于空想社会主义所秉有的自然主义和浪漫主义特质，它们才称其为"乌托邦"。关于这一点，在青年马克思对蒲鲁东、傅立叶、圣西门等人的"粗陋的共产主义"的批判中清晰可见。相比之下，马克思从早期基于私有财产批判得出哲学共产主义立场到逐步立足于唯物史观、走向科学社会主义的进程，其有关"扬弃"资本主义的思想始终意味着一种更具辩证性的态度，由此与卢梭以来的浪漫主义、保守主义、乌托邦主义等反现代性思潮划清了界限。在哲学共产主义层面，只要认识到私有财产的本质是劳动，那么资本主义感性生活就不过是人的生命对象性本质的异化现实、是非现实性的存在。进一步，真正的共产主义也不再是"向贫穷的、需求不高的人……的非自然的简单状态的倒退"，而应是"私有财产即人的自我异化的积极的扬弃，因而是通过人并且为了人而对人的本质的真正占有"①。作为私有财产之积极扬弃的共产主义意味着自然主义和人道主义的和解，而和解的结果就是"社会"的概念——"社会是人同自然界的完成了的本质的统一，是自然界的真正复活，是人的实现了的自然主义和自然界的实现了的人道主义"②。应该看到，这种社会概念首先揭示了下面这一事实：人总是在社会层面上才具有享受、活动的能力，而这种能力是交往的本质，因此人是一种"社会存在物"。个人即使不采取与他人共同的生命的直接的活动形式，也仍然是社会生活的表现和确证。因此，特殊的个人是"现实的、单个的社会存在物"，而一当他意识到自己的这种社会性，自我意识就上升为"类意识"。私有财产的排他性使人的感觉异化为"拥有的感觉"、使人变得"愚蠢而片面"，丧失掉了生命原本的丰富性，所以人的社会性和类本性在资本主义社会中恰恰是受压制的。

在这个意义上，作为私有财产之扬弃的共产主义就不只是其"最初的形式"③上那种重置产品分配的诉求，而是要求实现人的全部存在方式的变革，

---

① 马克思：《1844 年经济学哲学手稿》，人民出版社 2000 年版，第 79—80、81 页。

② 马克思：《1844 年经济学哲学手稿》，人民出版社 2000 年版，第 83 页。

③ 事实上，马克思关于共产主义的"最初的形式"不仅仅指空想社会主义，同样也包括古典政治经济学派的李嘉图社会主义学派等早期社会主义思想，他们也借助分配关系来理解社会主义。

因而具有一种存在论意涵："对象性的现实在社会中对人来说到处成为人的本质力量的现实，成为人的现实，因而成为人自己的本质力量的现实，一切对象对他来说也就成为他自身的对象化，成为确证和实现它的个性的对象，成为他的对象，这就是说，对象成为他自身。"① 按照阿尔都塞（Louis Pierre-Althusser）式结构主义的看法，"对象化"这个带有浓厚黑格尔色彩的概念似乎表明马克思仍处于"唯心主义总问题"之内，但如果联系到 1845 年后马克思在《德意志意识形态》等文本中仍把客观力量与人的主体性统一作为社会革命的目标，那么，关于马克思哲学的"断裂论"就难以成立。"由于这种共产主义革命而转化为对下述力量的控制和自觉的驾驭，这些力量本来是由人们的相互作用产生的，但是迄今为止对他们来说都作为完全异己的力量威慑和驾驭着他们。"② 在此时的语境中，异化是自然形成的分工的结果，那种与主体相抵牾的"力量"的源泉从私有财产深化为生产力概念。这一范畴的变化说明马克思已经不再从概念上逻辑地推论共产主义，而是开始立足于社会历史，科学地认识到共产主义是从"消灭现存状况的现实的运动"中诞生的。

上述认识逻辑的深化，说明历史唯物主义是基于社会运动的客观进程来把握文明的历史变迁，而不像近代契约论那样进行政治理性的抽象建构。这就需要充分认识现实历史中所形成的肯定性的力量，并通过对这些力量间的矛盾关系分析把握社会运动的潜在趋势，这就是生产力所具有的重要意义。在马克思那里，生产力不仅在同交往形式（生产关系）相统一的意义上是推动社会矛盾运动的核心范畴，更重要的是，生产力的巨大增长和高度发展将使个人从地域性的存在成为世界历史性的存在，并为人的自由个性的实现准备了物质财富前提。相反，如果没有这种发展，"那就只会有贫穷、极端贫困的普遍化；而在极端贫困的情况下，必须重新开始争取必需品的斗争，全部陈腐污浊的东西又要死灰复燃"③。基于对资本主义生产方式的把握，马克思径直指出，"资产阶级在历史上曾经起过非常革命的作用"④，并在这时（《共

---

① 马克思：《1844 年经济学哲学手稿》，人民出版社 2000 年版，第 86 页。
② 《马克思恩格斯文集》第 1 卷，人民出版社 2009 年版，第 542 页。
③ 《马克思恩格斯文集》第 1 卷，人民出版社 2009 年版，第 538 页。
④ 马克思、恩格斯：《共产党宣言》，人民出版社 1997 年版，第 29 页。

产党宣言》）立足于唯物史观的高度，把资本主义（生产）称为"文明""文明的国家"，把资本主义危机分析为一种"文明过度"——生产力与其所有制关系的不适应性。① 社会革命的目标就是要解放被束缚的生产力，使之重新成为联合起来的个人所共同占有的社会性力量，由此完成对"资本的文明"的超越从而迈向新的文明类型。超越"资本的文明"的力量既不是唯心主义的"历史理性"或"精神"，亦非人本主义的"类意识"和"爱的宗教"，而是根源于资本自身的建构与解构的辩证本性。"资本一方面会导致这样一个阶段，在这个阶段上，社会上的一部分人靠牺牲另一部分人来强制和垄断社会发展（包括这种发展的物质方面和精神方面的利益）的现象将会消灭；另一方面，这个阶段又会为这样一些关系创造出物质手段和萌芽，这些关系在一个更高级的社会形式中，使这种剩余劳动能够同物质劳动一般所占用的时间的更大的节制结合在一起。"② 在马克思看来，这就要求必须通过探析资本运动的规律以切中其开启更高级的文明类型的内在潜能，并最终依赖革命阶级通过重建社会所有制结构推动资本主义生产力向社会力量的转变，使资本运动中所生产的共同性的要素转化为真正的社会性。

可以说，从青年马克思的哲学共产主义到立足于唯物史观的科学社会主义，无论理论话语发生了怎样的变化，超越"资本的文明"的理论定向在其思想中具有一贯性。在历史唯物主义层面，"超越"的实质就是通过辩证地扬弃资本主义现实从而进入下一个"否定之否定"的历史性阶段。在此过程中，科学社会主义是唯物史观的终极理想，唯物史观是科学社会主义的建构路径。总体来说，这一实现了主体与结构、现有与应有、自然主义与人道主义的辩证统一的科学社会主义不仅比自由主义的个人概念、存在主义的自由概念、浪漫主义的自然概念和保守主义的共同体概念都更加彻底地意识到了人类自由的现实界限，并且更深刻地洞察到：正是基于人性所禀赋的历史深度，从而其始终具有面向未来敞开的无限丰富性。总之，历史唯物主义是在充分继承与扬弃"资本的文明"的意义上来推进人的主体自由的，在这个意义上马

① 马克思、恩格斯：《共产党宣言》，人民出版社1997年版，第31、32、33页。
② 马克思：《资本论》第3卷，人民出版社2004年版，第928页。

克思是启蒙哲学的激进继承者。

（二）路径与方法：历史唯物主义切入现实的方式

在一定意义上，唯物史观的建构之路就是对"资本的文明"的内在超越之路，而这一超越之所以可能，用海德格尔的话来说，就在于马克思"深入到历史的本质性的一度中去了"①。这一"深入"过程包括两个阶段：首先是出离传统的意识哲学的内在性论域，进入以物质生活的生产为本体的社会存在论，并通过社会存在批判揭示意识内在性的形成机制，实现了从形而上学批判向意识形态与现实批判的过渡；其次，在现实批判的逼迫下，必须从关于物质生活生产本体的社会存在论进入以资本主义生产为主体的历史特殊性的分析中，因为只有在历史特殊性的分析中才能穿透物化表象，揭示出资本主义社会这一实体的内部矛盾的自我展开路径，从而以内在批判的方式揭示历史运动的总趋势。

（1）出离意识内在性的一般唯物史观建构

按照马克思的自述，他从最初热衷文学、中经法学最后转入哲学。而一进入哲学领域，他很快就制造了一场炸毁西方形而上学的哲学革命。对这一即将开启的哲学革命，青年马克思进行了如此描绘："任何真正的哲学都是自己时代的精神上的精华，因此，必然会出现这样的时代：那时哲学不仅在内部通过自己的内容，而且在外部通过自己的表现，同自己时代的现实世界接触并相互作用。那时，哲学不再是同其他各特定体系相对的特定体系，而变成面对世界的一般哲学，变成当代世界的哲学。"② 在马克思看来，新哲学不应再"爱好宁静孤寂，追求体系的完满，喜欢冷静的自我审视"，而是由于其世界性、现实性，秉有可以在一切公开场合讨论宗教事务的启蒙诉求（而后激进化为"批判的武器"）。所以，新哲学将不再是学院派的、静观的、体系的，而是在其本性上是介入的、行动的、实践的，即"哲学实践"。

那么，这种"哲学实践"何以可能？按照海德格尔的诊断，自笛卡尔以

---

①　［德］海德格尔：《关于人道主义的书信》，熊伟译，载吴晓明主编《当代学者视野中的马克思主义哲学：西方学者卷上》，北京师范大学出版社 2012 年版，第 38 页。

②　《马克思恩格斯全集》第 1 卷，人民出版社 1995 年版，第 220 页。

来的西方近代形而上学在其本性上是一种意识哲学，而"意识"就是"识—在"（Bewusst-sein），亦即"意识性存在"，所以意识的根本特点是其内在性（immanent）。尽管形而上学一直都把"存在"视为目标，但它却始终无法超出意识内在性的论域，因为它必须在意识中通过范畴化、理性化的过程来综合表象，结果所能把握到的仍然只有意识本身的规定性。事实上，在笛卡尔和康德那里，自我意识及其运作机制无论被怎样精细化地探讨，它都无法从意识自身这一封闭的区域中脱离出来。至于黑格尔，表面上看来，绝对精神似乎以否定性的能动原则穿透了意识的静观性，但其实只不过是在内在性旗帜下的一种复杂化处理："将思维结构内部的逻辑假设关系同时看作思维在发生学上的构成性关联（Konstitutionszusammenhang），这样一来，被抛弃的起源问题对自身以及对我们伪装成内在性的持存（Bestand），辩证法则以演绎的方式伪装成真理的绝对体系。"① 问题在于，正是由于忘记了意识自身的"起源问题"，唯心主义才不仅变得抽象化、神秘化，并且自进入现代性（资本主义）以来，它彻底成了资本权力在现代社会中进行全面布展的共谋者。其共谋性当然不仅指涉黑格尔主义的国家哲学所特有的保守主义，事实上直接指涉资本主义对于哲学及整个意识形态领域的生产性。在这方面，正如相关的研究指出的，康德的先天统觉来源于商品交换的现实抽象，而黑格尔辩证法成为资本逻辑的无意识表达②，这些都说明旧哲学已经彻底落入了资本主义的抽象统治之中，也就是说，旧哲学之于时代的非反思性恰好证明其不再秉承启蒙精神了。在这个意义上，马克思敏锐地把握到青年黑格尔派的批判是软弱无力的，因为尽管他们开始谈论着比古典哲学更加世俗化的"类""唯一者""人"，但他们实际上不过是"用词句反对这些词句"、用一个抽象反对另一个抽象罢了。其根源在于，青年黑格尔派无法超出意识内在性的论域，从而难以通过批判为现实的人的解放提供根据。

基于对旧哲学的诊断，马克思确立起以"现实的个人"及其物质生产实践为出发点的唯心主义批判，其要义不在于以某种（物）本体取代另一种

---

① ［德］阿尔弗雷德·索恩-雷特尔：《脑力劳动与体力劳动：西方历史的认识论》，谢永康、侯振武译，南京大学出版社 2015 年版，第 126 页。

② 张梧：《〈资本论〉对黑格尔辩证法的透视与重构》，载于《哲学研究》2019 年第 4 期。

（观念）本体，也就是说，它不是一种替代关系，而是一种解释关系，这种解释定位于对思维自身综合能力的真实来源进行揭示。这种揭示在其本性上不是自然—生物性的，而是一种社会—历史性的，因为"这些哲学家（青年黑格尔派——引者注）没有一个想到要提出关于德国哲学和德国现实之间的联系问题，关于他们所作的批判和他们自身的物质环境之间的联系问题"①。这就意味着，马克思对唯物主义和唯心主义、社会存在和社会意识之间关系的重置，并不能简化为"颠倒"关系，而是在社会—历史发生学层面上揭示"批判"和"物质环境"之间的"联系问题"。这种"联系问题"表明，唯物主义必须能够澄明思维能力的真实"来源"，也就是对唯心主义没能继续反思的范畴、观念给出其现实根据和理由，而唯心主义之所以没能持续地反思，就在于它脱离不开意识内在性的统治。现在，马克思指出了意识内在性的最后根据必须在存在的内在性中去寻求："意识［dasBewuβtsein］在任何时候都只能是被意识到了的存在［dasbewuβteSein］，而人们的存在就是他们的现实生活过程。"② 在这里，意识是如何出离内在性的？ 在马克思看来，意识不论就其内容还是形式方面当然都是"存在"，但"存在"既不超验也非其内在性上的持存，而是"现实生活过程"。由于人的生活取决于生产，"这同他们的生产是一致的——既和他们生产什么一致，又和他们怎样生产一致。因而，个人是什么样的，这取决于他们进行生产的物质条件"③。因此，"存在就是生产过程"④。这意味着不是意识承诺存在，恰恰相反，是存在（社会生活）自身"反射和反响"为意识。在这个意义上，作为纯粹意识的哲学是脑力劳动与体力劳动分工的产物，也可以说，它是存在的自我生产与自我展开："从这时候起意识才能现实地想象：它是和现存实践的意识不同的某种东西；它不用想象某种现实的东西就能现实地想象某种东西。从这时候起，意识才能摆脱世界而去构造'纯粹的'理论、神学、哲学、道德等等。"⑤

---

① 《马克思恩格斯文集》第1卷，人民出版社2009年版，第516页
② 《马克思恩格斯文集》第1卷，人民出版社2009年版，第525页。
③ 《马克思恩格斯文集》第1卷，人民出版社2009年版，第520页。
④ ［德］海德格尔：《关于人道主义的书信》，载熊伟译，载吴晓明主编《当代学者视野中的马克思主义哲学：西方学者卷上》，北京师范大学出版社2012年版，第44页。
⑤ 《马克思恩格斯文集》第1卷，人民出版社2009年版，第534页。

通过对意识的社会历史发生学阐释，马克思一方面说明任何意识形态领域的矛盾都是"因为现存的社会关系同现存的生产力发生了矛盾"，因此必须"用这个世俗基础的自我分裂和自我矛盾来说明"①，这就为马克思超越青年黑格尔派的宗教批判、进入市民社会批判提出了理论上的更高要求，亦即实现了从关于现实生活的"副本"（观念）批判向"原本"（现实）批判的推进；另一方面，马克思通过市民社会批判开辟的新理论打开了社会认识论的新方向，亦即实现了从"主体关于世界的认识何以可能、思维如何切中实在"向"哲学思维方式是如何产生的、它又对社会建构发生什么作用"的"哲学总问题"转换。马克思的探讨路径展示了那种外在的、法律般的客体性领域和个人的、自我规定性的主观意识领域之间的僵化对立不过是社会生活形式的内在相关性的不同维度而已，通过转化问题方式，这种对立将在社会形式之构成的批判分析中被解决。在这个意义上，意识形态与社会存在的分离其实只是思维的逻辑规定，意识形态作为社会形式自身的建构，具有满足社会再生产的功能。马克思对意识与社会形式之相关性的探讨，正喻示了后来西方马克思主义意识形态批判的新方向。

（2）深入历史特殊性之中的政治经济学批判方法

从哲学史来看，马克思引入物质生产对于克服唯心主义具有划时代的意义。但正如被政治经济学家当作出发点的鲁滨孙式的个人实际上不过是一定社会历史条件的产物，同样，对生产的理解也必须超越资产阶级经济学"想入非非的陈词滥调"，"因此，说到生产，总是指一定社会发展阶段上的生产"，而真正作为历史唯物主义之"本题"被马克思予以研究的则是"现代资产阶级生产"。② 资产阶级政治经济学造成了这样的抽象，即对不同时代的生产加以混同，形成了抽象的"生产一般"，却没有看到不同时代生产的差异性才是本质性的。约翰·穆勒、亚当·斯密、大卫·李嘉图都从生产一般出发，把一切生产中所需的要素归纳为几个十分简单的规定，由此把资产阶级生产关系"当作社会一般的颠扑不破的自然规律偷偷地塞了进来"③，这就导

---

① 《马克思恩格斯文集》第 1 卷，人民出版社 2009 年版，第 535、500 页。
② 《马克思恩格斯全集》第 30 卷，人民出版社 1995 年版，第 26 页。
③ 《马克思恩格斯全集》第 30 卷，人民出版社 1995 年版，第 28 页。

致资产阶级关系被自然化、永恒化，因此，"所谓一切生产的一般条件，不过是这些抽象要素，用这些要素不可能理解任何一个现实的历史的生产阶段"①。那么，这种抽象性是如何产生的？马克思指出，当古典经济学把资本仅仅看作"客体化的劳动"从而将其视为永存的自然关系时，它恰好抛弃了使生产工具、生产资料等成为资本的那个"特殊"规定，而这个"特殊"规定正是使资本成为资本的历史性条件，这才是政治经济学批判的对象。那么，如何才能把握住这个"特殊"的"一定的关系"呢？这就需要回到政治经济学批判的方法。

首先是总体性的分析方法。按照政治经济学的一般见解，资本主义生产运动的整个过程仿佛是一种简单的线性关系：生产是社会成员对自然的开发与占有，分配决定了成员分取社会产品的比例，交换则是个人用他所获取的分配额去换取需要的对象，而它们最终在消费中成为享受、占有的对象。马克思认为这种观点停留于"肤浅的表象"，人为地割裂现实的过程，"好像这种割裂不是从现实进到教科书中去的，而相反地是从教科书进到现实中去的"②。按照现实本身的运动来看，它们实际上构成了一个总体的各个环节、一个统一体内部的差别，因此应该从生产与分配、交换、消费的联系中进行范畴规定。这样，消费就不在生产之外，而是与生产相互规定、相互建构，"在这个过程中，生产是实际的起点，因而也是起支配作用的要素。消费，作为必需，作为需要，本身就是生产活动的一个内在要素"③。同样，分配也必须在与生产的相互规定中才能被理解。因为分配结构取决于生产结构，不同阶级参与生产的一定方式决定其在分配中的形式。在这一点上，古典政治经济学从表象出发，"直觉地把分配形式看成是一定社会中的生产各要素借以得到确定的最确切的表现"④。即使号称关注生产的李嘉图，也仍然把产品在三大阶级之间的分配看作政治经济学的主题。马克思指出，无论产品分配还是要素分配（生产资料、劳动工具）都属于生产本身内部的问题，生产有其条

①　《马克思恩格斯全集》第 30 卷，人民出版社 1995 年版，第 29 页。
②　《马克思恩格斯全集》第 30 卷，人民出版社 1995 年版，第 31 页。
③　《马克思恩格斯全集》第 30 卷，人民出版社 1995 年版，第 35 页。
④　《马克思恩格斯全集》第 30 卷，人民出版社 1995 年版，第 37 页。

件和前提，它们构成了生产的要素。这些要素可能最初是自然发生的东西，但通过一代又一代的生产和再生产，就转化为历史的东西了，并以历史的结果呈现在面前。如果不能批判地揭示这个历史结果的前提和条件，那就只能停留在表层上，只能获得一些实证的、经验的认识。就此而言，马克思从"一定的生产"出发总体地揭示各环节的内在联系，敞开了深入分析资本主义历史性本质的视域。

其次是从抽象上升到具体的科学方法。在马克思之前，古典政治经济学家也经常谈论生产，但他们所走的是一条从具体到抽象的路子：从人口、民族、国家等具体范畴开始，然后从中抽象出一般的关系，如分工、货币、价值，最后再抽象到世界市场，等等。但这种方法是一条歧途，它无法把握到资本主义生产的历史特殊性的本质。真正科学的方法应该是从抽象到具体的方法："具体之所以具体，因为它是许多规定的综合，因而是多样性的统一。因此它在思维中表现为综合的过程，表现为结果，而不是表现为起点，虽然它是现实的起点，因而也是直观和表象的起点。"① 譬如，相比于人口这个"具体"的起点而言，阶级则是更底层的"抽象"，但相比于阶级，雇佣劳动、资本则又是一个"抽象"，如此等等。显而易见，这一抽象—具体的辩证法带有浓厚的黑格尔色彩，但不同于黑格尔把辩证的综合看作精神的自否定过程，马克思强调范畴的综合只是"思想具体"，是思维着的头脑的产物，它不能取代头脑之外独立着的"实在主体"。而作为辩证过程的承担者的实在主体，不是观念主体，而是社会主体。"因此，就是在理论方法上，主体，即社会，也必须始终作为前提浮现在表象面前。"② 社会主体具有历史性，所呈现出来就是资本主义社会，而政治经济学批判就是揭示具体呈现的"资产阶级社会的特殊的运动规律"③。从历史过程总体来看，资产阶级社会的特殊规律既蕴含于人类历史的普遍规律之中，又在其内部孕育了走向新的历史性阶段的普遍性要素。如果具体的资本增殖与资本运动被理解为历史过程的结果，那么，就需要把这一历史过程的前提（生产关系）研究清楚，而这只有从抽

---

① 《马克思恩格斯全集》第 30 卷，人民出版社 1995 年版，第 42 页。
② 《马克思恩格斯全集》第 30 卷，人民出版社 1995 年版，第 43 页。
③ 《马克思恩格斯文集》第 3 卷，人民出版社 2009 年版，第 601 页。

象到具体的科学方法才能做到。事实上，《资本论》的写作正是依据这一方法，从商品这一资本主义经济的细胞出发，依其内在逻辑向货币、资本一般以及资本积累等一切具体范畴的升华。从商品范畴出发，意味着要把商品范畴进一步分析为价值、交换价值、劳动、分工等向上的不断展开。这里存在一个理解困难，即人们往往把马克思对商品的进一步"抽象"视为超历史的东西，仿佛价值、分工、劳动都是任何社会形态所共有的非历史性的范畴。这样，科学抽象法就成了非历史的范畴向商品、货币、资本等具体范畴的上升。① 这当然是一种误解。因为从抽象到具体只是思维中对范畴进行不断分析综合的结果，而不能将这些"抽象"范畴看作一切社会中的实在。事实上，马克思经济分析中的每一个范畴都不能被超历史的解释，并且它们必须在资本主义生产关系这一特殊性的历史方位上被具体地理解。因为"在经济学上从这种简单性上来把握的'劳动'，和产生这个简单抽象的那些关系一样，是现代的范畴"②。也就是说，作为商品前提的劳动看似是抽象存在于一切时代的范畴，但作为价值来源的劳动却具有独特性："资本主义劳动不仅将自身对象化为物质产品——一切社会形式都是如此，同时，它也将自身对象化为客观化的社会关系。"③ 在这个意义上，只有在资本主义社会关系中，劳动才表现为二重性的创造使用价值和价值的活动，而不是一般意义上的物质产品创造者。通过政治经济学批判的方法，马克思深化了此前以一般物质生产建构唯物史观的逻辑规定，走向了对历史特殊的资产阶级社会发生、发展规律的分析。一般而言，资本主义生产领域根本无法仅仅依据人与自然间的物质变换来理解，相反，它的根本社会关系是由二重化劳动所建构的结构性整体。这一整体以准客观、准自然的形式呈现在我们面前，它不再像以前的社会形态中那样作为公开社会互动领域的方式而存在，而是把人和人的关系表现为物和物的关系。因此，只有穿透商品交换的表象、深入资本主义劳动的历史特殊性的分析，才能避免对资本主义进行外部的抽象

---

① ［日］见田石介：《〈资本论〉的方法》，沈佩林译，山东人民出版社 1992 年版，第 6—7 页。

② 《马克思恩格斯全集》第 30 卷，人民出版社 1995 年版，第 44—45 页。

③ ［加］莫伊舍·普殊同：《时间、劳动与社会统治：马克思的批判理论再阐释》，康凌译，北京大学出版社 2019 年版，第 184 页。

否定，进而从资本运动所展开的矛盾运动过程中展开内在性批判。也正是在这个意义上，马克思以唯物史观科学地指认了资本主义的产生、发展与消亡的必然趋势，并承认在其内部孕育了通往新的文明类型的历史性道路，这是历史科学的运思路径。

（三）治理与政治：中国道路对历史唯物主义的建构

恩格斯晚年曾指出这一现象，许多自称接受唯物史观的人，恰恰把历史唯物主义作为他们"不研究历史的借口"，以便把历史唯物主义抽象化的"运用"来裁剪各种历史事实。这样，历史唯物主义就立即转变为"自己的对立物"①。是故，运用历史唯物主义的方法把握中国社会现实，恰恰是要超越历史唯物主义的一般规定，进入对历史的特殊性（以中国社会这一"实在主体"的运动为内容）的分析。在一定意义上，中华民族之所以能够屹立在世界民族之林，当代中国特色社会主义道路之所以能够取得巨大成功，恰恰是摆脱了以往把马克思主义当作固定结论并自觉基于中国社会这一实在主体的特殊性来揭示历史唯物主义本真精神的结果。因此，中国社会主义的改革开放不能仅仅被看作历史唯物主义在当代中国社会现实中的"运用"，相反，更合理的解释是：中国特色社会主义的历史性实践本身就建构、发展了历史唯物主义，从而才使马克思主义中国化成为一个不断运动、开放的过程。

事实上，早在战争年代毛泽东同志就曾指出"公式的马克思主义者"的危害性，强调"马克思主义的普遍真理和中国革命的具体实践完全地恰当地统一起来"②的根本意义，但晚年毛泽东同志在这个问题上却产生了重大失误。在毛泽东同志逝世之后的一段时间里，关于中国的道路选择问题我们曾面临巨大的迷惘，其中，摆在中国面前的既有遵循传统的教条式社会主义的"老路"，也有否定社会主义、全盘照搬西方新自由主义的"歧路"。在这个历史的紧要关头，邓小平同志创造性地选择了一条中国特色的社会主义的现代化之路，即中国道路。历史证明，这既是一条独立自主的新路，也是一条

---

① 《马克思恩格斯文集》第10卷，人民出版社2009年版，第586、583页。
② 《毛泽东选集》第2卷，人民出版社1991年版，第707页。

正路。按照一些流俗的观点，邓小平同志的"猫论"似乎是一种简单的经验主义或实用主义，以此淡化"姓资姓社"的问题。这是一种简单化的误解。从总体来看，社会主义乃是作为改革开放的前提来看待的，而"改革是社会主义制度的自我完善"①。也就是说，改革开放绝不是所谓对"姓资姓社"这一原则性问题进行搁置，更不是对社会主义的背离，而是基于建设社会主义之内在诉求所提出的大计，为此他提出"姓资姓社"的判断标准："应该主要看是否有利于发展社会主义社会的生产力，是否有利于增强社会主义国家的综合国力，是否有利于提高人民的生活水平。"② 正如人类生存第一个前提、一切历史的第一个前提是：人们为了能够创造历史，必须能够生活，而为了满足生活，首先就要解决吃饭问题，所以生产物质生活本身是"第一个历史活动"。邓小平同志指出："不坚持社会主义，不改革开放，不发展经济，不改善人民生活，只能是死路一条。"③ 在这个意义上，邓小平同志把生产力作为判断"姓资姓社"的标准可以说具有高度的历史唯物主义意蕴，对回归生产力的强调彻底祛除了笼罩在中国社会上空的意识形态纷争和思想迷雾。根据生产力的标准，社会主义和资本主义的争论不仅是一个理论问题，更是一个实践问题。唯物史观认为，一定的社会存在决定一定的社会意识，一切意识形态的争论都能从现实的社会矛盾中被求解；对于社会主义者而言，必须用行动解决困惑，用事实回答问题，归根结底，也就是要从中国社会的治理实践中开辟出现实的社会主义之路。

中国改革开放的必然性在于，社会主义改造完成后，在忽视生产力的客观发展水平下仍坚持"以阶级斗争为纲"，造成了政治和经济之间的极端"错位"，导致以国家吞没社会。改革开放从根本上扭转了这一"错位"，强调必须通过大力发展生产力来消灭剥削、消除两极分化、实现共同富裕，这显然更加符合社会主义的本质。如果说在马克思那里，政治经济学批判就是对市民社会（资本主义）关系的和谐、自然、永恒性叙事的批判，从而揭示资产阶级经济关系的政治性，那么，中国改革开放则强调了彼时最大的政治就是

①　《邓小平文选》第 3 卷，人民出版社 1993 年版，第 142 页。
②　《邓小平文选》第 3 卷，人民出版社 1993 年版，第 372 页。
③　《邓小平文选》第 3 卷，人民出版社 1993 年版，第 370 页。

发展经济。前者以资本主义批判为鹄的，后者以社会主义建设为初衷。前者是历史唯物主义的原初理论形态，后者可以说是中国语境下的历史唯物主义的具体在场，这种不同全因各自处于不同的历史特殊性的阶段。

从"以阶级斗争为纲"向"以经济建设为中心"转移，本质上是"政治"向"治理"的转型。社会主义革命遵循政治的逻辑，社会主义现代化建设则需要治理的逻辑。当改革开放把发展生产力作为社会主义建设的中心任务时，意味着中国特色社会主义必然要提出一套既不同于传统社会主义也非资本主义的治理方式。

对于社会主义治理路径的探索，邓小平同志的一个重要创见就是把市场和资本主义进行了切割，摆脱了以往把市场和资本主义、计划和社会主义画等号的错误认识，通过把计划和市场理解为手段，创造性地提出了"社会主义市场经济"概念。"计划多一点还是市场多一点，不是社会主义与资本主义的本质区别。计划经济不等于社会主义，资本主义也有计划；市场经济不等于资本主义，社会主义也有市场。计划和市场都是经济手段。社会主义的本质，是解放生产力，发展生产力，消灭剥削，消除两极分化，最终达到共同富裕。"① 计划依靠的是行政权力，市场依靠的是资本的隐性权力。如果说自由主义患有天然的国家恐惧症，以往马克思主义则把资本看作恶魔，避之唯恐不及。社会主义市场经济的构想则改变了传统马克思主义者对资本的恐惧，认识到资本并不天然是恶魔，而是只有当资本本身成为目的时才变得邪恶。在社会主义市场经济中，资本和政府权力都是用来组织扩大社会再生产的社会关系力量，二者都是为社会主义政权所用的治理手段。社会主义引入资本作为治理手段的理由在于认识到了政府权力的效能是有限的。这种有限性不只是基于社会成员因其在计划性生产中的被动地位而导致的积极性不足，更重要的是，政府权力的实施来源于官员和技术专家，而只要承认人的理智有限性，那么由人所作出的任何决策都难免存在一定的盲目性和可能的失误。而一旦失败，则使官员承担了与其能力所不相称的责任。因此，接受资本作为组织扩大社会再生产的力量，就不再根据个人意志而是遵照价值规律来决

---

① 《邓小平文选》第 3 卷，人民出版社 1993 年版，第 373 页。

定要素配置，从而靠市场规律调节生产。市场调节会使社会生产具有更大的灵活性、丰富性，最大限度地发挥了社会成员的劳动积极性和创造性，有助于提高生产效率和技术创新。资本主义经验对此提供了很好的证明。因此，中国道路之所以能取得成功，正是不断总结自身发展中的经验教训，合理吸收资本主义治理经验的结果。"总之，社会主义要赢得与资本主义相比较的优势，就必须大胆吸收和借鉴人类社会创造的一切文明成果，吸收和借鉴当今世界各国包括资本主义发达国家的一切反映现代社会化生产规律的先进经营方式、管理方法。"①

　　从治理根据而言，尽管自由主义正确指出了确实不存在能够对经济进程予以通盘把握的个人，但却不能因此否定社会主义的治理。因为科学社会主义不是从超验的理性中建构的，相反，它是"那种消灭现存状况的现实的运动"，而这个运动的条件是从现有的前提中产生的。② 以个体的有限性为前提，唯物史观承认主体性的发挥是受历史客观性所制约的，指出"人类始终只提出自己能够解决的任务，因为只要仔细考察就可以发现，任务本身，只有在解决它的物质条件已经存在或者至少是在生成过程中的时候，才会产生"③。在一定意义上，改革开放正是由于意识到共产主义的最终实现无法超越生产力这一物质前提的制约所展开的，但不同于依赖自然合理性的自由主义治理，社会主义治理来源于历史的合理性。所谓自然合理性的治理实则依赖个人的合理性行为，结果却造成了社会整体在生产上的非理性；历史合理性的治理则是超越个人合理性行为的一种更深刻的力量，它既对以往社会进程中所显露出来的一切发展的积极要素进行吸收，同时也注意总结、归纳发展中的经验教训，最终都用于更好地满足社会主义建设这一总体目标。在这个意义上，计划和市场作为社会主义的治理手段也有其历史的特定性，随着社会进程的展开，它们将被更有效的治理方式所替代，也就是恩格斯所说的未来"对人的统治将由对物的管理和对生产过程的领导所代替"。归根结底，社会主义相较于资本主义更好地发展了生产力、更好地解决了共同富裕问题，这才是二

---

①　《邓小平文选》第 3 卷，人民出版社 1993 年版，第 373 页。

②　《马克思恩格斯文集》第 1 卷，人民出版社 2009 年版，第 539 页。

③　《马克思恩格斯文集》第 2 卷，人民出版社 2009 年版，第 592 页。

者的本质区别。认识到这一点，就必须在资本主义全球化时代始终保持清醒的头脑，对于因发展中的社会问题所浮现出的各种新自由主义、民粹主义、无政府主义倾向予以坚决抵制，因为中国人民只有始终坚持走中国特色社会主义道路，才能确保中国现代化选择的是一条对"资本的文明"的内在超越之路。

参考文献

一 马克思主义经典著作

《马克思恩格斯全集》第1卷，人民出版社1995年版。

《马克思恩格斯全集》第2卷，人民出版社1957年版。

《马克思恩格斯全集》第3卷，人民出版社2002年版。

《马克思恩格斯全集》第4卷，人民出版社1958年版。

《马克思恩格斯全集》第27卷，人民出版社1972年版。

《马克思恩格斯全集》第30卷，人民出版社1995年版。

《马克思恩格斯全集》第31卷，人民出版社1998年版。

《马克思恩格斯文集》第1卷，人民出版社2009年版。

《马克思恩格斯文集》第2卷，人民出版社2009年版。

《马克思恩格斯文集》第3卷，人民出版社2009年版。

《马克思恩格斯文集》第4卷，人民出版社2009年版。

《马克思恩格斯文集》第8卷，人民出版社2009年版。

《马克思恩格斯文集》第9卷，人民出版社2009年版。

《马克思恩格斯文集》第10卷，人民出版社2009年版。

［德］马克思、恩格斯：《共产党宣言》，人民出版社1997年版。

［德］马克思：《1844年经济学哲学手稿》，人民出版社2000年版。

［德］马克思：《资本论》第1—3卷，人民出版社2004年版。

［德］马克思：《剩余价值学说史》，郭大力译，北京理工大学出版社2011
　　年版。

《马克思恩格斯〈资本论〉书信集》，人民出版社1976年版。

《毛泽东选集》第1—4卷，人民出版社1991年版。

《邓小平文选》第1卷，人民出版社1994年版。

《邓小平文选》第2卷，人民出版社1994年版。

《邓小平文选》第3卷，人民出版社1993年版。

二 中文著作

陈培永：《福柯的生命政治学图绘》，中国社会科学出版社2017年版。

季陶达编著：《英国古典政治经济学》，人民出版社1978年版。

李惠斌、李义天编：《马克思与正义理论》，中国人民大学出版社2010年版。

唐正东：《从斯密到马克思——经济哲学方法的历史性诠释》，江苏人民出版社2009年版。

田冠浩、袁立国：《重建现代性的三次浪潮》，中央编译出版社2015年版。

吴晓明主编：《当代学者视野中的马克思主义哲学：西方学者卷上》，北京师范大学出版社2012年版。

张盾、田冠浩：《黑格尔与马克思政治哲学六论》，学习出版社2014年版。

张一兵：《回到马克思》，江苏人民出版社2009年版。

张一兵主编，张一兵、周嘉昕著：《资本主义理解史》第一卷《马克思恩格斯资本主义科学批判构架的历史生成》，江苏人民出版社2009年版。

郑天喆主编：《〈共产党宣言〉研究》，中央编译出版社2014年版。

中国社会科学院哲学研究所西方哲学史研究室编：《国外黑格尔哲学新论》，中国社会科学出版社1982年版。

邹诗鹏：《激进政治的兴起：马克思早期政治与法哲学批判手稿的当代解读》，复旦大学出版社2012年版。

三 中文译著

［德］阿尔弗雷德·索恩-雷特尔：《脑力劳动与体力劳动：西方历史的认识论》，谢永康、侯振武译，南京大学出版社2015年版。

［德］斐迪南·滕尼斯：《共同体与社会——纯粹社会学的基本概念》，林荣远译，北京大学出版社2010年版。

［德］尤尔根·哈贝马斯：《认识与兴趣》，郭官义、李黎译，学林出版社1999年版。

［德］海因里希·罗门：《自然法的观念史和哲学》，姚中秋译，上海三联书店2007年版。

［德］韩炳哲：《精神政治学》，关玉红译，中信出版社2019年版。

［德］黑格尔：《法哲学原理》，范扬、张企泰译，商务印书馆1961年版。

［德］卡尔·柯尔施：《卡尔·马克思——马克思主义的理论和阶级运动》，熊子云、翁延真译，重庆出版社1993年版。

［德］康德：《历史理性批判文集》，何兆武译，商务印书馆1990年版。

［德］康德：《判断力批判》，邓晓芒译，杨祖陶校，人民出版社2002年版。

［德］马克思·舍勒：《资本主义的未来》，刘小枫主编，曹卫东等译，北京师范大学出版社2014年版。

［德］特奥多·阿多尔诺：《否定的辩证法》，张峰译，重庆出版社1993年版。

［德］瓦·图赫舍雷尔：《马克思经济理论的形成和发展》，马经青译，人民出版社1981年版。

［法］弗雷德里克·巴斯夏：《财产、法律与政府》，秋风译，商务印书馆2012年版。

［法］弗雷德里克·巴斯夏：《和谐经济论》，王家宝等译，中国社会科学出版社1995年版。

［法］雷蒙·阿隆：《社会学主要思潮》，葛智强等译，上海译文出版社1988年版。

［法］卢梭：《政治经济学》，李平沤译，商务印书馆2013年版。

［法］路易·阿尔都塞：《保卫马克思》，顾良译，商务印书馆2006年版。

［法］路易·阿尔都塞：《来日方长：阿尔都塞自传》，蔡鸿滨译，上海人民出版社2013年版。

［法］路易·阿尔都塞、艾蒂安·巴里巴尔：《读〈资本论〉》，李其庆、冯文光译，中央编译出版社2008年版。

［法］米歇尔·福柯：《必须保卫社会》，钱翰译，上海人民出版社2010年版。

［法］米歇尔·福柯：《规训与惩罚：监狱的诞生》，刘北成、杨远婴译，生

活・读书・新知三联书店 2007 年版。

［法］米歇尔・福柯：《生命政治的诞生》，莫伟民、赵伟译，上海人民出版
社 2018 年版。

［法］皮埃尔・罗桑瓦隆：《乌托邦资本主义——市场观念史》，杨祖功等译，
社会科学文献出版社 2004 年版。

［法］蒲鲁东：《什么是所有权》，孙署冰译，商务印书馆 1963 年版。

［法］让-吕克・南希：《无用的共通体》，郭建玲等译，河南大学出版社 2016
年版。

［法］萨伊：《政治经济学概论》，陈福生、陈振骅译，商务印书馆 1963 年版。

［法］雅克・朗西埃：《歧义：政治与哲学》，刘纪蕙等译，西北大学出版社
2015 年版。

［古希腊］柏拉图：《理想国》，郭斌和、张竹明译，商务印书馆 1986 年版。

［加］莫伊舍・普殊同：《时间、劳动与社会统治：马克思的批判理论再阐
释》，康凌译，北京大学出版社 2019 年版。

［加］威尔・金里卡：《当代政治哲学》（上），刘莘译，上海三联书店 2004
年版。

［罗马］查士丁尼：《法学总论——法学阶梯》，张企泰译，商务印书馆 1989
年版。

［美］丹・希勒：《数字资本主义》，杨立平译，江西人民出版社 2001 年版。

［美］E. K. 亨特：《经济思想史——一种批判性的视角》，颜鹏飞总译校，上
海财经大学出版社 2007 年版。

［美］弗雷德里克・詹姆逊：《重读〈资本论〉》，胡志国、陈清贵译，中国
人民大学出版社 2015 年版。

［美］汉娜・阿伦特：《康德政治哲学讲稿》，曹明、苏婉儿译，上海人民出
版社 2013 年版。

［美］汉娜・阿伦特：《论革命》，陈周旺译，译林出版社 2007 年版。

［美］汉娜・阿伦特：《马克思主义与西方政治思想传统》，孙传钊译，江苏
人民出版社 2012 年版。

［美］汉娜・阿伦特：《人的境况》，王寅丽译，上海人民出版社 2009 年版。

［美］亨利·威廉·斯皮格尔：《经济思想的成长》上册，晏智杰等译，中国
　　社会科学出版社 1999 年版。

［美］马克·波斯特：《信息方式：后结构主义与社会语境》，范静哗译，商
　　务印书馆 2000 年版。

［美］迈克尔·哈特、［意］安东尼奥·奈格里：《大同世界》，王行坤译，中
　　国人民大学出版社 2015 年版。

［美］迈克尔·哈特、［意］安东尼奥·奈格里：《帝国——全球化的政治秩
　　序》，杨建国、范一亭译，江苏人民出版社 2005 年版。

［美］默瑞·N. 罗斯巴德：《古典经济学：奥地利学派视角下的经济思想史
　　（第二卷）》，张凤林等译，商务印书馆 2012 年版。

［美］默瑞·N. 罗斯巴德：《亚当·斯密以前的经济思想：奥地利学派视角下
　　的经济思想史（第一卷）》，张凤林等译，商务印书馆 2012 年版。

［美］帕森斯：《社会行动的结构》，张明德等译，译林出版社 2003 年版。

［美］乔治·麦卡锡：《马克思与古人——古典伦理学、社会正义和 19 世纪政
　　治经济学》，王文扬译，华东师范大学出版社 2011 年版。

［美国］塞缪尔·弗莱施哈克尔：《分配正义简史》，吴万伟译，译林出版社
　　2010 年版。

［美］施特劳斯：《什么是政治哲学》，李世祥等译，华夏出版社 2011 年版。

［美］托尔斯坦·凡勃伦：《科学在现代文明中的地位》，张林、张天龙译，
　　商务印书馆 2012 年版。

［美］沃格林：《没有约束的现代性》，张新樟、刘景联译，华东师范大学出
　　版社 2007 年版。

［美］西奥多·W·舒尔茨：《论人力资本投资》，吴珠华等译，北京经济学院
　　出版社 1990 年版。

［美］谢尔登·S. 沃林：《政治与构想：西方政治思想的延续和创新：扩充
　　版》，辛亨复译，上海人民出版社 2009 年版。

［美］约瑟夫·克罗普西：《国体与经体：对亚当·斯密原理的进一步思考》，
　　邓文正译，上海人民出版社 2005 年版。

［美］约瑟夫·熊彼特：《经济分析史　第二卷》，杨敬年译，商务印书馆

1992 年版。

［美］约瑟夫·熊彼特：《经济分析史　第三卷》，朱泱等译，商务印书馆 1994 年版。

［美］约瑟夫·熊彼特：《经济分析史　第一卷》，朱泱等译，商务印书馆 1991 年版。

［美］詹姆斯·L·多蒂、德威特·R·李：《市场经济读本》，林季红等译，江苏人民出版社 2005 年版。

［日］柄谷行人：《跨越性批判——康德与马克思》，赵京华译，中央编译出版社 2011 年版。

［日］见田石介：《〈资本论〉的方法》，沈佩林译，山东人民出版社 1992 年版。

［日］今村仁司等：《马克思、尼采、弗洛伊德、胡塞尔：现代思想的源流》，卞崇道、周秀静等译，河北教育出版社 2002 年版。

［瑞典］福克斯、［加］莫斯可主编：《马克思归来》（上），"传播驿站"工作坊译，华东师范大学出版社 2016 年版。

［瑞士］西斯蒙第：《政治经济学新原理》，何钦译，商务印书馆 1964 年版。

［斯洛文尼亚］斯拉沃热·齐泽克：《意识形态的崇高客体》，季广茂译，中央编译出版社 2014 年版。

［匈］伊什特万·洪特、［加］米凯尔·伊格纳季耶夫编：《财富与德性：苏格兰启蒙运动中政治经济学的发展》，李大军等译，浙江大学出版社 2013 年版。

［意］葛兰西：《实践哲学》，徐崇温译，重庆出版社 1990 年版。

［意］吉奥乔·阿甘本：《神圣人：至高权力与赤裸生命》，吴冠军译，中央编译出版社 2016 年版。

［意］加尔维诺·德拉-沃尔佩：《卢梭和马克思》，赵培杰译，重庆出版社 1993 年版。

［英］彼罗·斯拉法主编：《李嘉图著作和通信集》第八卷，寿进文译，商务印书馆 1987 年版。

［英］彼罗·斯拉法主编：《李嘉图著作和通信集》第五卷，蔡受百译，商务印书馆 1983 年版。

［英］彼罗·斯拉法主编：《李嘉图著作和通信集第一卷：政治经济学及赋税原理》，郭大力、王亚南译，商务印书馆1962年版。

［英］伯尔基：《马克思主义的起源》，伍庆、王文扬译，华东师范大学出版社2007年版。

［英］大卫·李嘉图：《政治经济学及赋税原理》，郭大力、王亚南译，译林出版社2011年版。

［英］戴维·麦克莱伦：《马克思传》，王珍译，中国人民大学出版社2016年版。

［英］哈罗德·J·拉斯基：《欧洲自由主义的兴起》，林冈、郑忠义译，中国人民大学出版社2012年版。

［英］杰弗·霍奇森：《资本主义、价值和剥削》，于树生、陈东威译，商务印书馆2013年版。

［英］卡尔·波兰尼：《大转型：我们时代的政治与经济起源》，冯钢、刘阳译，浙江人民出版社2007年版。

［英］坎南编：《亚当·斯密关于法律、警察、岁入及军备的演讲》，陈福生、陈振骅译，商务印书馆1962年版。

［英］克拉克：《经济危机理论：马克思的视角》，杨健生译，北京师范大学出版社2011年版。

［英］克里斯托弗·J·贝瑞：《苏格兰启蒙运动的社会理论》，马庆译，浙江大学出版社2013年版。

［英］莱姆克等：《马克思与福柯》，陈元等译，华东师范大学出版社2007年版。

［英］马尔萨斯：《人口原理》，朱泱等译，商务印书馆1992年版。

［英］迈克尔·莱斯诺夫：《社会契约论》，刘训练等译，江苏人民出版社2006年版。

［英］迈克尔·欧克肖特：《政治中的理性主义》，张汝伦译，上海译文出版社2004年版。

［英］迈克尔·佩罗曼：《资本主义的诞生——对古典政治经济学的一种诠释》，裴达鹰译，广西师范大学出版社2001年版。

［英］米克：《劳动价值学说的研究》，陈彪如译，商务印书馆1963年版。

［英］史蒂文·卢克斯：《马克思主义与道德》，袁聚录译，高等教育出版社2009年版。

［英］斯图亚特·西姆：《后马克思主义思想史》，吕增奎、陈红译，江苏人民出版社2011年版。

［英］S. H. 里格比：《马克思主义与历史学》，吴英译，译林出版社2012年版。

［英］唐纳德·温奇：《亚当·斯密的政治学》，褚平译，译林出版社2010年版。

［英］托马斯·霍吉斯金：《通俗政治经济学》，王铁生译，商务印书馆1996年版。

［英］威廉·汤普逊：《最能促进人类幸福的财富分配原理的研究》，何慕李译，商务印书馆1986年版。

［英］西尼尔：《政治经济学大纲》，蔡受百译，商务印书馆1977年版。

［英］休谟：《人性论》，关文运译，商务印书馆1980年版。

［英］亚当·弗格森：《文明社会史论》，林本椿、王绍祥译，浙江大学出版社2010年版。

［英］亚当·斯密：《道德情操论》，谢宗林译，中央编译出版社2008年版。

［英］亚当·斯密：《国富论　Ⅰ-Ⅲ卷（全译本）》，谢宗林、李华夏译，中央编译出版社2011年版。

［英］亚当·斯密：《国富论　Ⅳ-Ⅴ卷（全译本）》，谢宗林译，中央编译出版社2011年版。

［英］亚历山大·布罗迪编：《苏格兰启蒙运动》，贾宁译，浙江大学出版社2010年版。

［英］约翰·勃雷：《对劳动的迫害及其救治方案》，袁贤能译，商务印书馆1959年版。

［英］约翰·米尔斯：《一种批判的经济学史》，高湘泽译，商务印书馆2005年版。

陈越编：《哲学与政治：阿尔都塞读本》，吉林人民出版社2004年版。

四 期刊

白刚：《〈资本论〉如何证明了唯物史观》，《华中科技大学学报》（社会科学版）2017 年第 3 期。

崇明：《契约·团结·共和》，《读书》2013 年第 7 期。

程晓：《人力资本与人的发展》，《哲学研究》2017 年第 2 期。

高雪：《审美意识形态批判与马克思社会哲学的辩证重构》，《华中科技大学学报》（社会科学版）2021 年第 4 期。

蓝江：《一般数据、虚体、数字资本——数字资本主义的三重逻辑》，《哲学研究》2018 年第 3 期。

孙乐强：《超越"机器论片断"：〈资本论〉哲学意义的再审视》，《学术月刊》2017 年第 5 期。

孙亮：《历史唯物主义视域中解放的双重逻辑建构——从〈资本论〉的"商品起点论"谈起》，《黑龙江社会科学》2018 年第 2 期。

孙正聿：《"现实的历史"：〈资本论〉的存在论》，《中国社会科学》2010 年第 2 期。

孙正聿：《〈资本论〉与马克思主义哲学》，《学习与探索》2014 年第 1 期。

唐正东：《非物质劳动与资本主义劳动范式的转型——基于对哈特、奈格里观点的解读》，《南京社会科学》2013 年第 5 期。

田冠浩：《历史唯物主义的政治哲学理由》，《江苏社会科学》2017 年第 2 期。

魏小萍等：《马克思的劳动价值论及其同古典经济学的四个决裂——德国柏林工业与经济学院海里希教授访谈》，《马克思主义研究》2012 年第 7 期。

夏莹、牛子牛《主体性过剩：当代新资本形态的结构性特征》，《探索与争鸣》2021 年第 9 期。

仰海峰：《历史唯物主义的双重逻辑》，《哲学研究》2010 年第 11 期。

袁立国：《青年马克思论"真正的民主制"与共产主义》，《黑龙江社会科学》2017 年第 2 期。

张凇纶、张盾：《从个人原则到社会原则："道德政治"谱系中的黑格尔》，《哲学研究》2013 年第 4 期。

张盾：《马克思政治哲学中的个人原则与社会原则》，《中国社会科学》2013
年第 8 期。

张梧：《〈资本论〉对黑格尔辩证法的透视与重构》，《哲学研究》2019 年第
4 期。

张一兵：《马克思历史唯物主义中的社会定在概念》，《哲学研究》2019 年第
6 期。

五　汉译外文论文

［比］亨利·霍本：《资本主义劳动优化的历史：泰勒制、福特制和丰田主
义》，邢文增译，《海派经济学》2008 年第 1 期。

［日］宫田惟史：《马克思与联合体——资本主义内部孕育着新社会的因素》，
盛福刚译，《马克思主义哲学研究》2017 年第 2 期。

［意］毛里齐奥·拉扎拉托《非物质劳动（上）》，高燕译，《国外理论动态》
2005 年第 3 期。

［意］毛里齐奥·拉扎拉托《非物质劳动（下）》，高燕译，《国外理论动态》
2005 年第 4 期。

［美］卢卡斯·斯坦奇科：《生产的正义》，亓光译，《国外理论动态》2014 年
第 2 期。

六　外文著作

M. Cohen, T. Nagel and T. Scanlon（eds.）, *Marx, Justice and History*, NJ:
Princeton University Press, 1979.

Fredric Jameson, *Representing Capital*; *A Reading of Volume One*, London · New
York: Verso Press, 2011.

Andre Gorz. *Farewell to the Working Class*: *An Essay on Post-Industrial Socialism*,
trans. Mike Sonenscher, London: Pluto Press, 1982.

M. C. Howward and J. E. king, *The political Economy of Marx*（2nd Edition）,
Longman Group Limited, 1985.

Fredric Jameson, *Representing Capital*; *A Reading of Volume One*, London · New

York: Verso Press, 2011.

R. L. Meek, *Social Science and the Ignoble Savage*, Cambridge University Press, 2011.

R. Peffer, *Marxism, Morality and Social Justice*, Princeton University Press, 1990.

John E. Roemer, *Free to Lose: An Introduction to Marxist Economic Philosophy*, Cambridge, Massachusetts: Harvard University Press, 1988.

后　记

　　本书是对我所主持的国家社会科学基金青年项目"历史唯物主义与古典经济学理论传承关系研究"结项成果做进一步修改和完善而成的。能够进入这一研究领域，首先要感谢我的授业恩师张盾教授。跟随张老师学习哲学是我一生的荣幸，张老师无论在学术品位、学术眼光，还是学术判断力等各个方面，都深深地影响了我，令我去追随、学习。囿于才智不足，我与老师所认可的学术水准还尚远，但我愿永远以老师的学术人生为榜样砥砺自己，虽不能致、心向往之。此外，我还要感谢师母对我和妻子多年来的关爱，让我们倍感温暖。

　　感谢妻子高雪女士，这些年来我们相互促进、彼此信任、共同进退，让生活成为"值得过的"。

　　感谢孙正聿老师、孙利天老师、贺来老师对我的提携，亦感谢白刚、王庆丰、王福生、曲红梅、田冠浩诸位师友长期以来的关爱和帮助。感谢吉林大学哲学社会学院和吉林大学哲学基础理论研究中心对我的接纳，在吉大工作的每一天都是幸福的！感谢我的学生杨慧宇，她为书稿付出了辛苦劳动。本书中的绝大多数内容都曾以论文发表在《哲学研究》、《马克思主义与现实》、《社会科学》、《山东社会科学》、《江海学刊》、《社会科学辑刊》、《内蒙古社会科学》、《华中科技大学学报》（人文社科版）、《西南大学学报》（社会科学版）、《北京行政学院学报》、《马克思主义哲学研究》、《黑龙江社会科学》等期刊上，对这些期刊和编辑老师们多年来的支持和帮助，在此致以衷心的谢意！

袁立国

2025 年 3 月 23 日于长春